KURSBUCH

GESAMTBAND

A2

Pluspunkt Deutsch

von Friederike Jin, Jutta Neumann und Joachim Schote

Cornelsen

Pluspunkt Deutsch A2

Neue Ausgabe
Deutsch als Zweitsprache
Kursbuch
Gesamtband

Symbole

- Hörverstehensübung (Hörtext auf CD)
- Phonetikübung mit CD
- Partnerübung
- Portfolio-Übungen

Im Auftrag des Verlages erarbeitet von Friederike Jin,
Jutta Neumann und Joachim Schote

In Zusammenarbeit mit der Redaktion:
Maria Funk (verantwortliche Redakteurin), Andrea Mackensen,
Gunther Weimann (Projektleitung)

Redaktionelle Mitarbeit: Dieter Maenner
Bildredaktion: Katharina Hoppe-Brill
Unter besonderer Mitwirkung von: Georg Krüger

Beratende Mitwirkung: Annekatrin Bach (Colmnitz), Nicola Ferling (Mannheim),
Ina Schiffhauer (Berlin), Dr. Vesna Stanicic-Burchards (Norderstedt)

Illustrationen: Matthias Pflügner
Gesamtgestaltung und technische Umsetzung: SOFAROBOTNIK, Augsburg und München

Autoren von Pluspunkt Deutsch · Der Integrationskurs: Georg Krüger und Matthias Merkelbach

www.cornelsen.de

1. Auflage, 1. Druck 2010

Alle Drucke dieser Auflage sind inhaltlich unverändert und können im Unterricht nebeneinander verwendet werden.

Druck: CS-Druck CornelsenStürtz, Berlin

ISBN 978-3-06-024288-7

Inhalt gedruckt auf säurefreiem Papier aus nachhaltiger Forstwirtschaft.

Pluspunkt Deutsch • Neue Ausgabe auf einen Blick

Pluspunkt Deutsch • Neue Ausgabe ist ein Grundstufenlehrwerk für Erwachsene ohne Deutsch-Vorkenntnisse. Es ist besonders geeignet für Lernende mit unterschiedlichen Voraussetzungen und Lernerfahrungen. **Pluspunkt Deutsch • Neue Ausgabe** orientiert sich eng an den Vorgaben des neuen Rahmencurriculums für Integrationskurse und setzt die Kannbeschreibungen des Gemeinsamen europäischen Referenzrahmens konsequent um. Das Lehrwerk führt zum *Zertifikat Deutsch* und bereitet auf den *Deutsch-Test für Zuwanderer* vor.

Das **Kursbuch** enthält vierzehn Lektionen, vier fakultative Stationen und einen Anhang.
Jede Lektion beginnt mit einer bilderreichen Auftaktseite, die an den Wortschatz und das Thema heranführt. Es folgen drei Doppelseiten, auf denen der Lernstoff in thematisch abgeschlossenen Blöcken kleinschrittig präsentiert wird. Im Vordergrund stehen Themen des alltäglichen Lebens und ihre sprachliche Bewältigung, wobei die Grundfertigkeiten Sprechen, Hörverstehen, Leseverstehen und Schreiben systematisch und integriert trainiert werden. Die Doppelseite *Alles klar!* bietet Übungen zur aktiven Selbstevaluation. Die abschließende *Gewusst-wie*-Seite fasst die wichtigsten Redemittel und grammatischen Strukturen übersichtlich zusammen.
Die fakultativen Stationen bieten auf jeweils zwei Doppelseiten Möglichkeiten zur spielerischen Wiederholung des Gelernten, stellen Berufe aus verschiedenen Bereichen vor und bereiten gezielt auf den *DTZ* vor.
Der Anhang umfasst:
– Phonetikübungen, die den einzelnen Lektionen zugeordnet sind,
– eine systematische Zusammenfassung der Grammatik,
– eine Liste der unregelmäßigen Verben sowie der Verben mit Präpositionen,
– die Hörtexte, die nicht in den Lektionen abgedruckt sind,
– eine alphabetische Wortliste mit den jeweiligen Fundstellen und
– Bildkarten zur Wiederholung und Vertiefung wichtiger Wortfelder.

Die **Audio-CD** enthält alle Hörtexte und Phonetikübungen aus dem Kursbuch.

Das **Arbeitsbuch** mit eingelegter **Lerner-Audio-CD** unterstützt die Arbeit mit dem Kursbuch. Es enthält ein umfangreiches Übungsangebot mit ausgewiesenen Übungen zur Binnendifferenzierung. Auf den *Deutsch-Plus*-Seiten wird das Gelernte vertieft und explizit das Hör- und Leseverstehen trainiert. Die letzte Doppelseite enthält den Lernwortschatz der Lektion sowie ein gezieltes Wortschatztraining mit Lerntipps. In den Stationen können die Lernenden ihren Sprachlernstand selbst überprüfen. Außerdem finden Sie hier weitere Übungen zur Vorbereitung auf den *DTZ*. Am Ende jedes Teilbandes finden sich bebilderte Grammatikkarten zur Wiederholung wichtiger Grammatikstrukturen.

Die **Handreichungen für den Unterricht** enthalten Tipps für den Unterricht, Vorschläge für Differenzierungsmaßnahmen sowie Kopiervorlagen.

Die **Unterrichtshilfe interaktiv** mit Textanalysetool macht Ihre Unterrichtsvorbereitung noch einfacher. Mit verschiedenen Werkzeugen können Sie schnell und einfach eigene Arbeitsblätter erstellen und ein Analysetool hilft Ihnen, eigene Texte an den Lernstand Ihres Kurses anzupassen. Zusätzlich finden Sie Tests und Diktate zu jeder Lektion.

Unter **www.cornelsen.de/pluspunkt-neu** gibt es für die Arbeit mit **Pluspunkt Deutsch • Neue Ausgabe** Zusatzmaterialien, Übungen und didaktische Tipps sowie interessante Links.

Viel Spaß und Erfolg mit **Pluspunkt Deutsch • Neue Ausgabe** wünschen

Autoren und Cornelsen Verlag

Inhalt

Seite		Sprachhandlungen	Grammatik
9	Lektion 1 **Meine Geschichte**	• über Erfahrungen in Deutschland sprechen • über Sprachenlernen sprechen • Lerntipps geben	• *seit* + Dativ • Possessivartikel • Perfekt mit *sein* oder *haben* (Vertiefung)
19	Lektion 2 **Medien**	• über Medien sprechen • etwas begründen • die eigene Meinung sagen • Vorschläge machen und auf Vorschläge reagieren	• Nebensätze mit *weil* • Nebensätze mit *dass*
29	Lektion 3 **Endlich Wochenende**	• über das Wochenende sprechen • sagen, wohin man geht/fährt • eine SMS schreiben und beantworten • einen Dialog im Restaurant führen	• *ja, nein* und *doch* • Wechselpräpositionen mit Dativ und Akkusativ
39	Lektion 4 **Schule**	• über die Schule in Deutschland sprechen • über die Vergangenheit sprechen • Briefe aus der Schule • beim Elternabend	• Modalverben im Präteritum • Nebensätze mit *wenn*
49	Station 1	Wiederholung, Berufe im Hotel und in der Gastronomie, Prüfungsvorbereitung DTZ: Hören	
53	Lektion 5 **Am Arbeitsplatz**	• Gespräche am Arbeitsplatz führen • etwas erklären • eine Mitteilung schreiben • höfliche Bitten	• Nebensätze mit Fragewort • Personalpronomen im Dativ • Demonstrativartikel *dies-*
63	Lektion 6 **Wohnen nach Wunsch**	• über die Wohnlage sprechen • eine Wohnung suchen • telefonisch auf eine Anzeige reagieren • Nachbarn kennenlernen • über das Renovieren sprechen	• reflexive Verben • *legen/liegen* und *stellen/stehen*
73	Lektion 7 **Feste feiern**	• über Feste und Geschenke sprechen • Einladungen verstehen und darauf reagieren • Komplimente machen und darauf reagieren • Glückwünsche aussprechen • Kleidung beschreiben • eine Kursparty organisieren	• das Datum • Adjektivdeklination nach dem unbestimmten Artikel • Verben mit Dativ und Akkusativ
85	Station 2	Wiederholung, Handwerksberufe, Prüfungsvorbereitung DTZ: Lesen	

Themen und Texte	Rahmencurriculum für Integrationskurse / Gemeinsamer europäischer Referenzrahmen
• die eigene Geschichte • Sprachlerntypen • Texte: Kurzbiographie	• Kann einfach und kurz über seine/ihre Gründe für die Migration sprechen. • Kann einfach und kurz von seinen/ihren Erfahrungen berichten. • Kann individuelle Sprachlernbedürfnisse und Ziele äußern. • Kann sich über die Bedeutung des Erlernens der Zielsprache für die eigene Zukunft äußern.
• Medien • rund ums Internet • Fernsehen und Radio • Email und Co • Texte: Fernsehprogramm Grafik Zeitungsartikel	• Kann in Zeitungen und Zeitschriften, auch online, thematische Schwerpunkte und Rubriken verstehen und das Gewünschte auswählen. • Kann kurzen Berichten in Zeitungen oder im Internet wichtige Informationen entnehmen. • Kann Fernseh- und Radiowerbung für vertraute Produkte relevante Informationen entnehmen. • Kann geläufige Befehle in deutschsprachigen Versionen von Office-Programmen verstehen.
• Wochenendpläne • per SMS verabreden • im Restaurant • Was machen wir am Sonntag? • Texte: E-Mail, Speisekarte	• Kann, auch telefonisch, mit einfachen Mitteln eine Reservierung tätigen. • Kann in einer Gaststätte gewünschte Speisen und Getränke bestellen.
• Schulfächer und Schulnoten • das Schulsystem in Deutschland • Schule früher und heute • Texte: Briefe aus der Schule	• Kann mit einfachen Worten wesentliche Informationen zum Betreuungs- bzw. Ausbildungssystem im Herkunftsland geben. • Kann das Wesentliche von einfachen Informationsschreiben der Schule verstehen. • Kann zurückzugebende Abschnitte von Elternmitteilungen ausfüllen. • Kann an einem Elternabend die für ihn/sie wichtigsten Informationen verstehen.
• im Büro • Situationen am Arbeitsplatz • Texte: Mitteilungen	• Kann einfache schriftliche Informationen verstehen. • Kann sich mit einfachen Worten telefonisch krankmelden. • Kann Kollegen eine kurze Notiz mit einer wichtigen Information hinterlassen. • Kann einfache mündliche Anweisungen verstehen. • Kann in einfacher Form einen Terminvorschlag machen und auf einen Terminvorschlag reagieren.
• Wohnen und renovieren • im Baumarkt • Texte: Wohnungsanzeigen Mietvertrag Baumarktprospekt	• Kann sich in Tageszeitungen, Wochenblättern oder dem Internet über den Wohnungsmarkt informieren. • Kann Wohnungsanzeigen die für ihn/sie relevanten Informationen entnehmen. • Kann, auch telefonisch, mit einfachen Worten einen Besichtigungstermin vereinbaren. • Kann einem Mietvertrag für ihn/sie wichtige Informationen entnehmen.
• Feste und Feiertage • Geschenke • Hochzeit • Feiern interkulturell • Texte: Einladungen Interkultureller Kalender	• Kann z. B. Kollegen, Freunde oder befreundete Eltern fragen, ob sie zu einer Feier mitkommen, und einen Termin mit ihnen ausmachen. • Kann sich für eine Einladung bei Kollegen oder Freunden bedanken und zusagen oder freundlich und mit Angabe eines Grundes absagen. • Kann mit einfachen Worten ein Kompliment aussprechen und sich für ein Kompliment bedanken. • Kann jemandem gratulieren und mit einfachen Worten gute Wünsche aussprechen und sich für gute Wünsche bedanken.

Inhalt

Seite		Sprachhandlungen	Grammatik
89	**Lektion 8** Neue Chancen	• über die eigenen Ziele sprechen • sich über Weiterbildungsmaßnahmen informieren • sich für einen Kurs anmelden	• Nebensätze mit *damit* • Verben mit Präpositionen
99	**Lektion 9** Gesund leben	• über gesundes Leben sprechen • über Arztbesuche sprechen • sich über ein Medikament informieren • sich bei der Krankenkasse informieren	• *niemand, wenige, viele* und *alle* • das Verb *lassen*
109	**Lektion 10** Arbeitssuche	• über Arbeitssuche sprechen • über Eigenschaften im Beruf sprechen • ein Bewerbungsgespräch führen • einen Lebenslauf schreiben	• Nebensätze mit *ob* • Wunschsätze mit *würde gern(e)* + Infinitiv • Ratschläge mit *sollte*
119	**Lektion 11** Von Ort zu Ort	• eine Reise im Reisebüro buchen • die Notrufzentrale anrufen • Dialoge auf der Reise • eine Reise planen	• Relativsätze im Nominativ und Akkusativ
129	**Station 3**	Wiederholung, Pflegeberufe, Prüfungsvorbereitung DTZ: Sprechen	
133	**Lektion 12** Treffpunkte	• sich über interkulturelle Erfahrungen austauschen • über Vereine und ehrenamtliches Engagement sprechen • mit Ämtern und Behörden telefonieren	• Relativsätze mit Präpositionen
143	**Lektion 13** Banken und Versicherungen	• ein Konto eröffnen • erklären, wie man Geld am Automaten abhebt • über Versicherungen sprechen • etwas reklamieren	• Wortbildung: Komposita • *zu* + Adjektiv
153	**Lektion 14** Freunde und Bekannte	• über Freundschaften sprechen • über Wünsche und Gefühle sprechen • kleine Gedichte verstehen und schreiben	• Fragewörter und Präpositionalpronomen (*da/wo* + Präposition)
163	**Station 4**	Prüfungsvorbereitung: Deutschtest für Zuwanderer	
	Anhang	Phonetik 174; Grammatik 185; Unregelmäßige Verben 200; Verben mit Präpositionen 203; Hörtexte 204; Wortliste 223; Antwortbögen 233, Bildkarten 235	

Themen und Texte	Rahmencurriculum für Integrationskurse / Gemeinsamer europäischer Referenzrahmen
• Weiterbildungskurse • Finanzierung von Weiterbildungskursen • telefonische Anmeldung • Texte: Kursprogramm Flyer	• Kann die wichtigsten Informationen über Aus- und Weiterbildungsinhalte verstehen. • Kann einfachen Anzeigen zu Aus- und Weiterbildungsangeboten wichtige Informationen entnehmen. • Kann sagen, was er/sie kann, bisher gemacht hat und zukünftig machen möchte. • Kann einen einfachen, klaren Aushang schreiben und eine Dieenstleistung anbieten.
• gesunde Ernährung • Kinder beim Arzt • Gespräch mit der Krankenkassse • Gespräch in der Apotheke • Texte: Ratgeber	• Kann Ratgebern relevante Informationen zum Thema Gesundheit entnehmen. • Kann im Gespräch mit dem Arzt einfache Informationen zum Gesundheitszustand geben und einfache Verhaltensweisen verstehen. • Kann Informationen bei der Krankenkasse erfragen.
• Bewerbungen • Eigenschaften von Arbeitnehmern • Texte: Stellenanzeigen Lebenslauf	• Kann mithilfe einer Vorlage einen tabellarischen Lebenslauf schreiben. • Kann im Bewerbungsgespräch einfache Informationen verstehen und darauf reagieren. • Kann im Bewerbungsgespräch mit einfachen Worten sein/ihr Einverständnis mit bestimmten Arbeitsbedingungen ausdrücken oder eigene Vorstellungen äußern und Rückfragen stellen.
• Reisen • Situationen auf Reisen • Buchung einer Reise • Reiseplanung • Texte: Reiseführer	• Kann eine Reise mit dem Zug oder Flugzeug am Schalter oder telefonisch buchen. • Kann einen Platz am Schalter oder telefonisch reservieren. • Kann äußern, dass er/sie einen bestimmten Platz reserviert hat. • Kann einen Notruf telefonisch oder an der Notrufsäule absetzen.
• soziale Kontakte in Deutschland und im Herkunftsland vergleichen • Nachbarschaft • Vereine und Organisationen • Texte: Internetseite Zeitungsartikel	• Kann auf einfache Art seine/ihre Meinung über erlebte oder beobachtete Aspekte des Lebens in Deutschland mitteilen. • Kann sich mit einfachen Worten über seine/ihre interkulturellen Erfahrungen austauschen. • Kann sich telefonisch verbinden lassen.
• auf der Bank • Versicherungen • Kaufen und reklamieren • Texte: Prospekt	• Kann sich über Banken und Versicherungen informieren. • Kann kurzem und klarem Informationsmaterial wichtige Informationen entnehmen. • Kann sich über Bankdienstleistungen informieren. • Kann am Schalter beim Kauf von Bankdienstleistungen die erforderlichen Auskünfte geben. • Kann grundlegende Informationen zu Produkten erfragen.
• Freundschaft • Gedichte • Texte: Zeitungsartikel Fragebogen	

Sprache im Kurs

1. Schreiben Sie.

2. Hören Sie.

3. Ergänzen Sie.

4. Kreuzen Sie an.

5. Lesen Sie.

6. Spielen Sie Dialoge.

Sie lernen:
- über Erfahrungen in Deutschland sprechen
- über Sprachenlernen sprechen und Lerntipps geben
- „seit“ + Dativ
- Possessivartikel
- Perfekt mit „sein“ und „haben“

1 Meine Geschichte

1a Ü1–4

Machen Sie ein Interview mit Ihrem Partner / Ihrer Partnerin. Tragen Sie die Orte in eine Deutschlandkarte ein.

Woher kommen Sie?
Wo in Deutschland haben Sie schon gewohnt (und gearbeitet)? Wie lange?
Wo wohnen (und arbeiten) Sie jetzt?
Haben Sie Verwandte oder Freunde in Deutschland? Wo wohnen sie?
Welche Städte kennen Sie noch in Deutschland? Wie finden Sie die Städte?

1b Ü5

Stellen Sie Ihren Partner / Ihre Partnerin vor.

Das ist ...
Er/Sie kommt aus ...
Er/Sie hat schon in ... gewohnt/gearbeitet.
... liegt in der Nähe von ...
Er/Sie wohnt schon seit ... Jahren in ...
Seine/Ihre Verwandten wohnen in ...
Er/Sie kennt ...
Er/Sie findet ... interessant/langweilig/sauber/...
Er/Sie mag ... nicht. Die Stadt ist zu klein/groß/laut/hektisch/schmutzig/...

A Die eigene Geschichte erzählen

1a Ü6

Gerald Asamoah erzählt. Lesen Sie und ordnen Sie die Bilder zu.

◯ Ich bin 1976 in Mampong (Ghana) geboren und ich bin dort auch zur Schule gegangen. Meine Eltern haben mein Heimatland aus politischen Gründen verlassen. Ich bin erst noch in Ghana geblieben.

◯ 1990 bin ich zu meinen Eltern nach Deutschland gekommen. Wir haben in Hannover gewohnt und ich bin dort zur Schule gegangen. Ich habe immer schon gern und gut Fußball gespielt, deshalb bin ich Profifußballer geworden. 1998 haben die Ärzte eine Herzkrankheit festgestellt. Ich hatte Angst, aber ein amerikanischer Arzt hat mir geholfen. 1999 bin ich nach Gelsenkirchen umgezogen und ich habe bei Schalke 04 weiter Fußball gespielt. Da habe ich auch die deutsche Staatsbürgerschaft beantragt. 2001 und 2002 waren gute Jahre. Ich habe mit Schalke 04 den Pokal gewonnen und wir sind deutscher Vizemeister geworden. Ich habe in der deutschen Nationalmannschaft angefangen und 2002 sind wir Vizeweltmeister geworden.

◯ Im Jahr 2007 habe ich die „Gerald Asamoah Stiftung für herzkranke Kinder" gegründet. Ich habe viel Geld verdient und ich möchte mit meinem Geld kranken Kindern in meiner Heimat helfen. Ich bin verheiratet und seit dem 26. 2. 2007 Vater von Zwillingen.

1

2
GERALD ASAMOAH STIFTUNG FÜR HERZKRANKE KINDER

3

1b **Lesen Sie noch einmal und ergänzen Sie den Zeitstrahl.**

1976 → 1990 → 1998 → 2001/2002 → 2007

1c **Wie war das für Herrn Asamoah? Positiv 🙂 oder negativ ☹️? Ergänzen Sie in 1b.**

2 Ü7+8

Suchen Sie zu den Verben die Perfektformen in 1a. Schreiben Sie sie in eine Tabelle.

gehen – verlassen – bleiben – kommen – wohnen – spielen – werden – feststellen – umziehen – helfen – beantragen – gewinnen – anfangen – gründen – verdienen

!

Perfekt mit *sein* →	**Perfekt mit *haben***
er ist gekommen	er hat gewohnt
aber: er ist geblieben	
er ist geworden	

Perfekt mit „sein"	*Perfekt mit „haben"*
ich bin gegangen	*sie haben verlassen*
…	…

3a

Schreiben Sie Karten und ordnen Sie: regelmäßig, unregelmäßig, ohne *ge*-.

bleiben

er ist geblieben

!

regelmäßig ***ge…(e)t***	**unregelmäßig**	**ohne *ge-***
er hat **ge**wohnt	er ist **ge**blieben	er hat verlassen
er hat fest**ge**stellt	er ist um**ge**zogen	

3b Ü9

Spielen Sie Memory mit den Karten.

4 Ü10+11

Erzählen Sie die Lebensgeschichte von Gerald Asamoah.

5

Machen Sie einen Zeitstrahl für wichtige Stationen in Ihrem Leben und berichten Sie im Kurs.

B Wie haben Sie das geschafft?

1a Ü12

Was passt zu welchem Foto? Hören Sie und ordnen Sie zu. 1.2

A

D

B

E

C

1. Studenten an der Universität
2. Als junge Mutter
3. Probleme über Probleme
4. Meine Familie heute
5. Das macht mir Spaß

1b Herr Taskin erzählt. Hören Sie und kreuzen Sie in 1a an: Welche Fotos passen? 1.3

1c Hören Sie noch einmal und beantworten Sie die Fragen im Kurs. 1.3

1. Woher kommen Herr und Frau Taskin?
2. Wo haben sie studiert?
3. Wo hat Herr Taskin nach dem Studium gearbeitet?
4. Warum sind sie nach Deutschland gekommen?
5. Wer hat ihnen geholfen?

1d Frau Taskin erzählt. Hören Sie und kreuzen Sie an: Was ist richtig? 1.4

1. Wie war es am Anfang für Herrn Taskin?
   - A ○ Er hat sofort eine Arbeit gefunden.
   - B ○ Er hat einen Sprachkurs gemacht.
   - C ○ Er hatte keine Probleme mit den Ämtern und Behörden.
2. Was hat Frau Taskin gemacht?
   - A ○ Sie hat oft ihre Verwandten und Freunde getroffen.
   - B ○ Sie war depressiv.
   - C ○ Sie hat einen Sprachkurs gemacht.
3. Was macht Frau Taskin jetzt?
   - A ○ Sie arbeitet als Russischlehrerin in einer Schule.
   - B ○ Sie ist krank.
   - C ○ Sie ist aktiv in einem Verein.

2a *Unsere* oder *eure*? Ergänzen Sie.

Ü13–17

!

Possessivartikel
wir – unser/unsere
ihr – euer/eure
sie – ihr/ihre

- Wo sind ________ Kinder geboren?
- ________ Söhne sind in Afghanistan geboren, ________ Töchter sind in Deutschland geboren.
- Hatten ________ Kinder Probleme in der deutschen Schule?
- Nein, überhaupt nicht. Sie sprechen besser Deutsch als wir.
- Welche Sprachen sprechen ________ Kinder noch?
- ________ Söhne sprechen Russisch, leider nur ein bisschen Farsi und natürlich Deutsch. ________ Töchter sprechen alle drei Sprachen.

2b Erzählen Sie über die Kinder von Herrn und Frau Taskin.

Ihre Söhne sind in Afghanistan geboren, ihre ...

3 Arbeiten Sie in Gruppen. Welche Erfahrungen haben Sie in Deutschland gemacht? Was finden Sie wichtig? Machen Sie ein Plakat für Ihre Gruppe.

Ü18

Was finden Sie in Deutschland gut / nicht so gut? Was war/ist schwierig für Sie?
Was haben Sie schon geschafft? Was möchten Sie noch schaffen?
Wer hat Ihnen geholfen? Wer kann Ihnen helfen?

C Sprachen lernen

1 Wofür brauchen Sie Deutsch? Sammeln Sie im Kurs.

Ich möchte mit meinen Nachbarn sprechen.

Ich brauche Deutsch für ...

2a Sprachlerntypen. Lesen Sie und ordnen Sie die Bilder zu.

Ü19–21

1

2

3

4

◯ Schreiben ist für mich wichtig. Ich muss jedes neue Wort zu Hause auf Wortkarten schreiben. Ich lese auch viel. Dann kann ich gut lernen.

◯ Ich mache nicht gern Fehler. Ich spreche lieber nicht so viel, aber ich lerne die Regeln und mache Übungen. Ich lerne auch viele Wörter. Dann kann ich die Sprache richtig gut lernen und dann kann ich auch mit Deutschen sprechen.

◯ Der Lehrer soll viel vorsprechen. Ich höre genau zu und spreche nach. Neue Wörter spreche ich immer laut. Manchmal sitze ich zu Hause und spreche deutsche Wörter. Mein Mann findet das lustig, aber für mich ist das wichtig, so kann ich die Wörter gut behalten.

◯ Ich möchte immer alles ausprobieren. Ich lerne neue Sätze auswendig und probiere sie mit Deutschen. Das macht mir Spaß und so lerne ich am besten. Ich habe auch nicht so viel Zeit für Hausaufgaben und schriftliche Übungen.

2b Lesen Sie die Texte noch einmal. Wer macht was gern? Machen Sie eine Tabelle.

Typ 1	Typ 2	Typ 3	Typ 4
	schreiben,		

3 Welcher Lerntyp ist Ihr Partner / Ihre Partnerin? Schreiben Sie Fragen und machen Sie ein Interview. Stellen Sie ihn/sie im Kurs vor.

Was macht Ihnen Spaß?
Können Sie besser hören oder lesen?
Wie lange ...?
Wie ...?

4a Tipps von Deutschlernern. Hören Sie und kreuzen Sie an: Was ist richtig? 1.5

Ü22

1. Herr Marin:
   - A ☐ Grammatik ist wichtiger als die Wörter.
   - B ☐ Die Wörter sind wichtiger als die Grammatik.
2. Frau Abiska:
   - A ☐ Man darf keine Angst vor Fehlern haben.
   - B ☐ Man darf nicht viele Fehler machen.

4b Wie finden Sie die Tipps? Sprechen Sie im Kurs.

Ich finde Grammatik ist wichtig, aber ...

5 Geben Sie Lerntipps. Schreiben Sie ein Problem auf einen Zettel. Sammeln Sie die Zettel ein und mischen Sie sie. Jede/r liest ein Problem vor. Die anderen geben Tipps.

1. Ich kann nicht üben, ich habe so wenig Kontakt mit Deutschen.
2. Ich verstehe die Deutschen nicht. Sie sprechen so schnell und so kompliziert.
3. Ich brauche viele Wörter. Wie kann ich gut neue Wörter lernen?
4. Ich kann nicht gut schreiben, ich mache immer so viele Fehler.

Du kannst (vielleicht) ... Sie können (vielleicht) ...	mit den Nachbarn Deutsch sprechen. sagen: Bitte sprechen Sie langsam. erst die CDs hören und nachsprechen.
Du musst (unbedingt) ... Sie müssen (unbedingt) ...	viel sprechen. einen Kurs besuchen (z. B. einen Tanzkurs oder Computerkurs). jeden Tag ein bisschen schreiben. langsam sprechen.
Du darfst ... / Sie dürfen ...	keine Angst haben.

1 Alles klar!

Kommunikation

1a Schreiben Sie Fragen.

1. Name? Wie heißen Sie?
2. Heimat?
3. Wohnort?
4. Verwandte?
5. Städte in Deutschland?

1b Beantworten Sie die Fragen in 1a.

2a Hören Sie und kreuzen Sie an: Was ist richtig? 1.6

1. Was macht Frau Akin sehr gern?
   - A ○ Hören.
   - B ○ Sprechen.
   - C ○ Lesen.
   - D ○ Schreiben.

2. Was macht sie nicht so gern?
   - A ○ Hören.
   - B ○ Sprechen.
   - C ○ Lesen.
   - D ○ Schreiben.

3. Wofür braucht Frau Akin Deutsch?
   - A ○ Für den Beruf.
   - B ○ Sie möchte mit den Nachbarn sprechen.
   - C ○ Sie möchte mit dem Mathematiklehrer sprechen.

2b Wofür brauchen Sie Deutsch? Was machen Sie gern? Schreiben Sie fünf Sätze.

Wortschatz

3 Gegenteile. Welche Wörter gehören zusammen?

1. schwierig – **2.** bleiben – **3.** gehen – **4.** hektisch – **5.** langweilig – **6.** sauber

A interessant – **B** kommen – **C** einfach – **D** verlassen – **E** schmutzig – **F** ruhig

1. C,

4 **Was passt zusammen?**

nach Deutschland	1	A	gewinnen
die Staatsbürgerschaft	2	B	kommen
das Heimatland	3	C	studieren
einen Pokal	4	D	verlassen
Fußballprofi	5	E	umziehen
an einer Universität	6	F	beantragen
von einer Wohnung in eine andere	7	G	werden

Grammatik

5 **Schreiben Sie Sätze im Perfekt mit den Wörtern aus Übung 4.**

6 ***Sein* oder *haben*? Ergänzen Sie die richtige Form.**

Er ________ vor drei Jahren nach Deutschland gekommen. Drei Monate ________ er bei Verwandten gewohnt, dann ________ er eine Wohnung gefunden. Seine Freunde ________ ihm geholfen. Seine Frau ________ dann auch nach Deutschland gekommen. Sie ________ zusammen zu einer Sprachschule gegangen und sie ________ einen Deutschkurs gemacht.

7 **Possessivartikel. Spielen Sie im Kurs.**

Flüssig sprechen

8 **Hören Sie zu und sprechen Sie nach.** 1.7

1 Gewusst wie

Kommunikation

Über Erfahrungen in Deutschland sprechen

Ich habe meine Heimat aus politischen Gründen verlassen und ich bin 2007 nach Deutschland gekommen. Ich habe zuerst bei Verwandten in Köln gewohnt und dann bin ich nach München umgezogen.
Am Anfang war es schwer / nicht so schwer / leicht / ...
Unsere Kinder sind in Deutschland zur Schule gegangen. Sie hatten keine Probleme. Sie haben schneller Deutsch gelernt als wir.
Ich habe keine Arbeit als Lehrerin gefunden, deshalb habe ich als Verkäuferin gearbeitet.
Wir hatten viele Probleme mit Behörden, aber unsere Verwandten haben uns geholfen.

Über Sprachenlernen sprechen

Für mich ist Schreiben ganz wichtig. Ich schreibe immer jedes neue Wort.
Ich spreche viel Deutsch. Ich spreche mit Deutschen oder auch mit Leuten aus meinem Deutschkurs. Dann kann ich am besten lernen.

Lerntipps geben

Sie können sagen: Bitte sprechen Sie langsam.
Sie können vielleicht einen Kurs an der Volkshochschule besuchen, z. B. einen Tanzkurs oder einen Computerkurs.

Grammatik

Perfekt mit *sein* und Perfekt mit *haben*

Perfekt mit *sein* →
er ist gekommen
...
aber: er ist geblieben
er ist geworden

Perfekt mit *haben*
er hat gewohnt
...

Seit + Dativ

Ich bin **seit einem** Jahr in Köln.

Possessivartikel

	m		n		f		Pl.	
wir	unser	Sohn	unser	Haus	unsere	Tochter	unsere	Kinder
ihr	euer		euer		eure		eure	
sie (Pl.)	ihr		ihr		ihre		ihre	
Sie	Ihr		Ihr		Ihre		Ihre	

Sie lernen:

- über Medien sprechen
- etwas begründen
- die eigene Meinung sagen
- Vorschläge machen und auf Vorschläge reagieren
- Nebensätze mit „weil" und „dass"

2

Medien

1 Was machen die Leute auf dem Foto? Erzählen Sie.

Ü1

ein Buch / eine Zeitung lesen – mit dem MP3-Player Musik hören – am Computer arbeiten – im Internet surfen – mit dem Gameboy spielen – mit dem Handy telefonieren

Das Mädchen in der Mitte ...

2 Wann, wo und warum benutzen Sie diese Medien?

Ü2+3

wann?
täglich – morgens – mittags – nachmittags – abends – ...

wo?
im Zug – zu Hause – in der Schule – ...

warum?
wichtig – unwichtig – spannend – interessant – langweilig – entspannend – erreichbar sein – ...

Das Handy benutze ich täglich. Ich muss immer erreichbar sein.

Ich lese abends gern ein Buch. Das finde ich entspannend.

i

(immer) am Morgen = morgens
(immer) am Mittag = mittags
(immer) am Abend = abends

A Rund ums Internet

1 Ü4

Was kann man im Internet machen? Sammeln Sie im Kurs.

Preise vergleichen — Internet — chatten

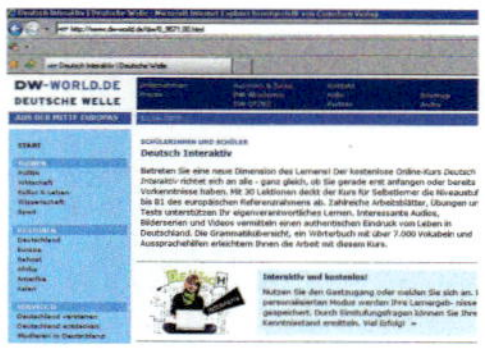
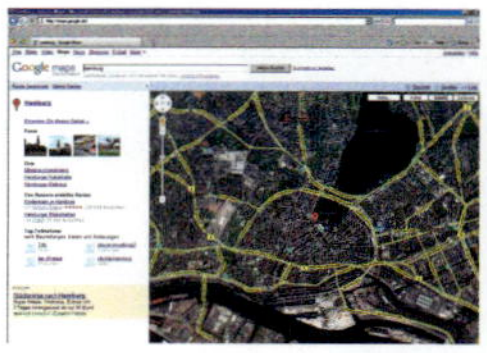

Im Internet kann man einkaufen. *Man kann ...* *Ich suche im Internet oft ...*

2a

Was glauben Sie: Wie wichtig ist für diese Menschen das Internet? Sprechen Sie im Kurs.

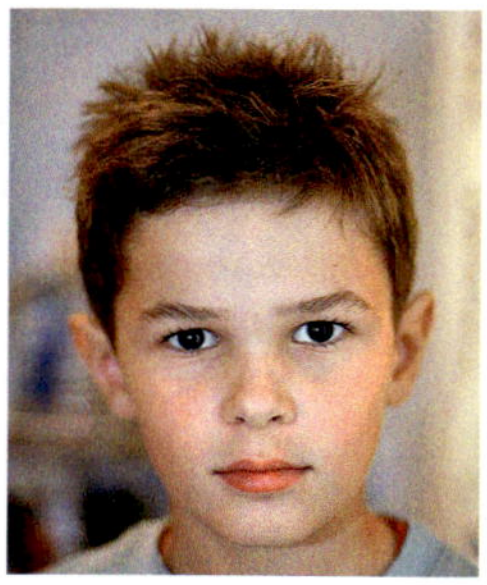

Julian, Schüler

Heinrich Merz, Rentner

Eleni Kostas, Übersetzerin

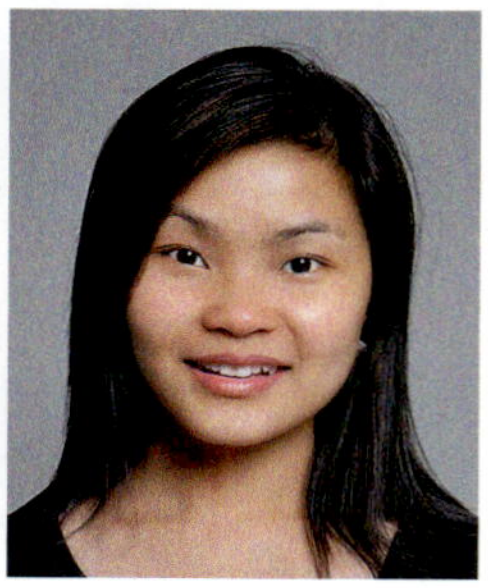

Lin Yan, Studentin

Ich denke, Julian benutzt gern das Internet. *Frau Kostas ist Übersetzerin. Vielleicht ...*

	wichtig/unwichtig	Warum?
Julian	wichtig	
Heinrich Merz		
Eleni Kostas		
Lin Yan		

2b

Was sagen die Menschen? Hören Sie. Waren Ihre Vermutungen richtig? 1.8

2c Hören Sie die Interviews noch einmal und ordnen Sie zu. 1.8

Warum findet Julian das Internet gut?	1	A	Weil Bücher besser sind.
Warum braucht Herr Merz kein Internet?	2	B	Weil es dort Deutschübungen gibt.
Warum ist das Internet für Frau Kostas wichtig?	3	C	Weil man dort Wörterbücher findet.
Warum findet Lin Yan das Internet praktisch?	4	D	Weil man Online-Spiele spielen kann.

(1 – D)

!

Warum?

Lin Yan findet das Internet praktisch. Es gibt dort Deutschübungen.
Lin Yan findet das Internet praktisch, **weil** es dort Deutschübungen gibt.

3 Warum? Schreiben Sie Sätze mit *weil*.

Ü5–9

Warum braucht Herr Merz das Internet nicht?

1. Er liest lieber Bücher.
   Herr Merz braucht das Internet nicht, *weil er lieber Bücher liest.*
2. Er hat es auch früher nicht gebraucht.
   Herr Merz braucht das Internet nicht, ____________

Warum findet Lin Yan das Internet praktisch?

3. Sie kann mit ihren Freunden in China chatten.
   Lin Yan findet das Internet praktisch, ____________
4. Das Internet ist auch für das Studium nützlich.
   Lin Yan findet das Internet praktisch, ____________

4 Ist das Internet wichtig für Sie? Schreiben Sie Sätze und berichten Sie im Kurs.

Das Internet ist für mich wichtig, weil ich Zeitungen aus meiner Heimat lesen kann.

Das Internet ist für mich nicht wichtig, weil …

B Fernsehen und Radio

1a Das Fernsehprogramm. Finden Sie ein Beispiel für jede Rubrik.

Ü10

DAS ERSTE

20.15 Tatort: Tödliche Souvenirs

16.05 Giraffe, Erdmännchen & Co. Zoogeschichten 770-712
16.30 Rad: Tour de France 96-996
live 6. Etappe: Gérone – Barcelona
TIPP Dazw. Tagesschau → 89
17.30 Brisant 7-793
18.00 Verbotene Liebe 17-422 Daily Soap, Deutschland 2009
18.25 Marienhof 3-752-625
18.50 Eine für alle – Frauen können's besser 82-354 Daily Soap, D 2009
19.20 Quiz mit Jörg Pilawa 424-996
19.45 Wissen vor 8 2-065-462 Was bedeutet „pasteurisiert"?
19.55 Börse im Ersten 9-341-441
20.00 Tagesschau 65-422

TV-KRIMI
20.15 Tatort: Tödliche Souvenirs A/D 02. Regie: Peter Sämann Im Lahnenberger Alpenhotel werden Gäste in Serie gemeuchelt, Kommissar Eisner (Harald Krassnitzer) tappt im Dunklen.

ZDF

20.15 Afrika – Wohin mein Herz …

6.00 Kinderprogramm U. a.: **6.25** Yakari **8.00** Bibi Blocksberg **8.25** 1, 2 oder 3 **9.00** pur+ Bibi und Tina **10.35** Löwenzahn
11.00 heute 82-487
11.05 Die Küchenschlacht – der Wochenrückblick 5-192-278
13.00 heute 89-079
13.05 ZDFwochen-journal 366-568
14.00 Die Verbrechen des Professor Capellari: Zerbrechliche Beweise TV-Krimi, D 2001 → 34 586-926
15.30 Der Traum vom Auswandern (1/4) 73-384 neu

TV-MELODRAM
20.15 Afrika – Wohin mein Herz mich trägt (2/2) 8-786-243 D 06. Nach dem Tod der Eltern haben Antonia (Sophie Schütt) und Bianca (Carolina Vera) viel zu tun, um die Farm in Namibia zu erhalten. Bei der Testaments-

SAT.1

20.15 Dich schickt der Himmel

17.00 Niedrig und Kuhnt – Kommissare ermitteln 2-755 Hätt' ich dich heut' erwartet
17.30 Niedrig und Kuhnt 5-842 **oder Regionalprogramme**
18.00 Das Sat.1-Magazin 6-571
18.30 Anna und die Liebe 1-262 Telenovela, D 2009. Anna freut sich über ihre Freundschaft mit Vanessa (Maike von Bremen)
19.00 Lenßen & Partner 9-649 Ermittlersoap Das Muttersöhnchen
19.30 K 11 – Kommissare im Einsatz 1-620
20.00 Sat.1-Nachrichten 72-709

FUSSBALL
19.45 Fußball 5-418-691
live Internationales Testspiel Marc Hagemann kommentiert. Die Bundesliga beginnt am 7. August mit dem ersten Spiel des Deutschen Meisters
20.45 Boxen 713-056 Titelkampf im Cruisergewicht

der Fernsehfilm
die Kindersendung
das Quiz
die Nachrichten
der Krimi
der Tierfilm
die Sportsendung

Tatort ist ein Krimi.

1b Wann kommen die Sendungen? Fragen und antworten Sie.

Wann kommt die Tagesschau?

Sie kommt um …

1c Was für eine Sendung ist das? Hören Sie. 1.9

Ü11

Nummer eins ist ein Krimi.

2 Bringen Sie ein Fernsehprogramm mit und planen Sie einen Fernsehabend.

Ü12–14

Wollen wir … sehen? / Möchtest du … sehen?

☺ Ja gern. / Ja, das ist eine gute Idee. / Ja, das finde ich spannend.

☹ Nicht so gern, ich möchte lieber … / Nein, ich mag kein/e … / Nein, … finde ich langweilig.

GEZ Für einen Fernseher oder ein Radio müssen Sie bei der GEZ eine Gebühr bezahlen. Haben Sie keinen Fernseher, aber einen Computer? Dann müssen Sie auch eine Gebühr bezahlen.

3a Was glauben Sie: Wie lange nutzen die Menschen diese Medien pro Tag?

Fernsehen – Zeitschriften – Internet – Radio – Tageszeitungen – Bücher

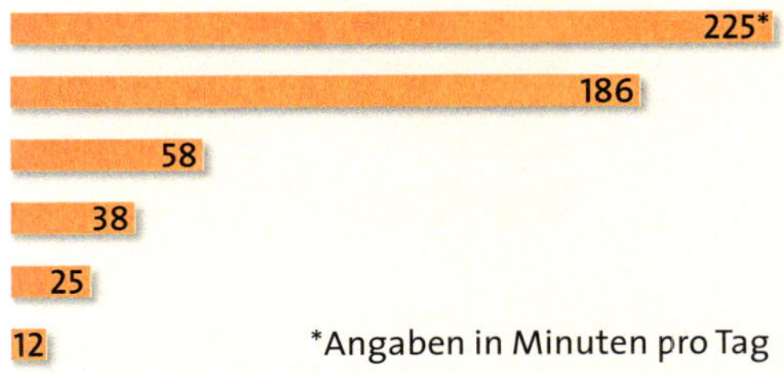

*Angaben in Minuten pro Tag

Fernsehen 225 Min. – Radio 186 Min. – Internet 58 Min. – Tageszeitung 38 Min. – Bücher 25 Min. – Zeitschriften 12 Min.

3b Lesen Sie den Text. Schreiben Sie Fragen zum Text. Beantworten Sie dann die Fragen.

Ü15

Alle sprechen vom Internet und vom Fernsehen, das Radio ist nur selten Gesprächsthema. Aber: Das Radio ist nach dem Fernsehen immer noch das Medium Nummer 2! Die Menschen hören pro Tag im Durchschnitt 186 Minuten Radio. Am Morgen hören sie Radio beim Frühstück, sie schalten das Autoradio ein, weil es Verkehrsmeldungen gibt. Auch bei der Arbeit läuft das Radio. Es bietet Informationen aus der ganzen Welt, den Wetterbericht und Musik und man hört immer die Uhrzeit.

Welches Medium ist auf Platz eins? *Wann ...?*
Wie lange hören ...? *Was ...?*

4a Hören Sie die Radiowerbung. Welche Werbung passt? Ordnen Sie zu. 1.10

◯ **Entspannung am Abend**
Büning Abendtee
100g nur € ______

◯ **Viele Sonderangebote**
bei Elektro Hanser
Fernseher jetzt nur € ______

4b Hören Sie noch einmal und ergänzen Sie die Preise. 1.10

5 Wählen Sie ein Produkt aus und machen Sie einen Werbespot. Spielen Sie im Kurs.

„Hallo wach"
Kaffee

Diätmenü
„Schlanke
Linie"

Wohlfühlsessel
„Feierabend"

bequem – entspannend nach der Arbeit – Pause – für den großen Hunger – gesund – macht schlank – gibt Energie – ...

6a Meinungen über das Fernsehen. Hören Sie die Diskussion. Kreuzen Sie an: Wer findet das Fernsehen gut, wer findet es schlecht? 1.11

Ü16

	🙂	☹
1. Frau Hegel	▢	▢
2. Herr Friedrichsen	▢	▢
3. Frau Wissmann	▢	▢
4. Herr Gottfried	▢	▢

6b Was sagen die Personen? Hören Sie noch einmal und ordnen Sie zu. 1.11

Frau Hegel 1 — C

Herr Friedrichsen 2

Frau Wissmann 3

Herr Gottfried 4

A Es gibt zu viel Werbung.

B Das Radio hat mehr Informationssendungen.

C Das Fernsehen bietet gute Informationen.

D Kinder können in Kindersendungen viel lernen.

6c Die eigene Meinung sagen. Ergänzen Sie die Sätze.

Ü17

!

Das Fernsehen **bietet** gute Informationen.

Ich finde, **dass** das Fernsehen gute Informationen **bietet**.

1. Frau Hegel: Ich finde, *dass das Fernsehen gute Informationen* ________
2. Herr Friedrichsen: Ich denke, *dass* ________
3. Frau Wissmann: Ich meine, ________
4. Herr Gottfried: Es ist gut, ________

7 Was meinen Sie? Fragen und antworten Sie.

Ü18+19

Sehen Kinder zu viel fern?
Informiert das Fernsehen schlechter als Zeitungen?
Brauchen wir heute noch Bücher?
Bietet das Internet mehr als andere Medien?

Ich meine, dass ...
Ich denke, dass ...
Ich finde, dass ...
Ich bin dafür, dass ...
Ich bin dagegen, dass ...
Ich finde es gut/schlecht, dass ...
Es ist gut/schlecht, dass ...

Findest du, dass Kinder zu viel fernsehen?

Nein, ich denke, dass viele Kindersendungen gut sind.

Also, ich bin dagegen, dass Kinder immer fernsehen!

C E-Mail und Co

1a Ein E-Mail-Programm verstehen. Was passt? Ordnen Sie zu.

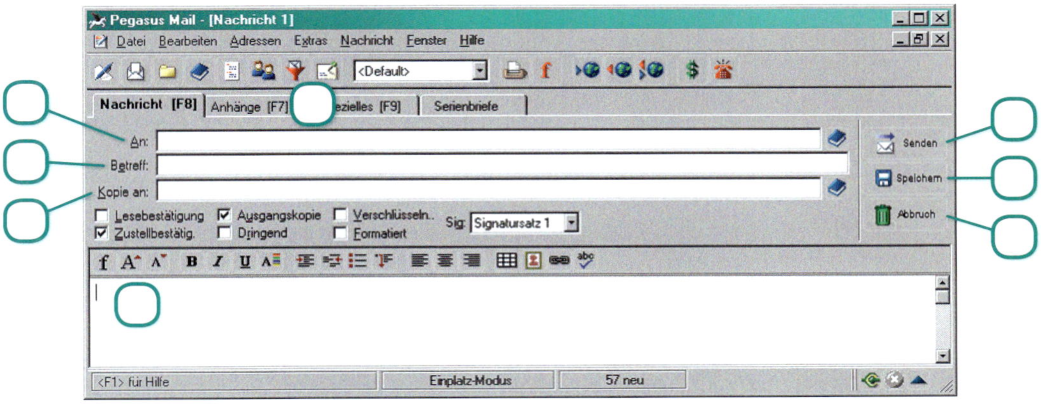

A Hier schreibt man den Text.
B Hier steht die E-Mail-Adresse vom Empfänger.
C Hier schickt man die E-Mail ab.
D Hier kann man Dateien anhängen.
E Hier kann man die E-Mail speichern.
F Hier kann man die E-Mail an weitere Personen schicken.
G Hier kann man die E-Mail wieder löschen.
H Hier schreibt man kurz das Thema.

1b Eine E-Mail schreiben. Wie machen Sie das? Erzählen Sie.

Ü20

das E-Mail-Programm öffnen – den Empfänger auswählen – den Betreff schreiben – den Text schreiben – Dateien anhängen – die E-Mail abschicken – das E-Mail-Programm schließen

Zuerst öffne ich das E-Mail-Programm. Dann ...

2 Projekt: Internetanbieter. Informieren Sie sich und berichten Sie im Kurs.

Haben Sie einen Internetzugang? Wie heißt Ihr Internetanbieter?
Wie viel kostet ein Internetzugang pro Monat? Vergleichen Sie die Preise.
Haben Sie eine E-Mail-Adresse?
Wo kann man E-Mail-Adressen bekommen?

2 Alles klar!

Kommunikation

1 Meinungen sagen. Ergänzen Sie die Sätze.

schlecht – meine – praktisch – dagegen – dafür

1. Ich finde das Radio ________, weil es viele Informationen gibt.
2. Ich bin ________, dass Kinder so viel fernsehen. Es ist nicht gut für sie.
3. Ich ________, dass viele Kinder mit dem Internet viel lernen können.
4. Ich bin ________, dass wir mehr lesen, denn Bücher sind besser als Fernsehen.
5. Die Krimis im Fernsehen sind oft ________ und nicht interessant.

2a Ordnen Sie den Dialog. Kontrollieren Sie dann mit der CD. 1.12

- ☐ Ja, gern.
- 1 Was kommt heute im Fernsehen?
- ☐ Ja, das stimmt. Das ist auch interessant.
- ☐ Super. Wollen wir dann lieber das Quiz sehen?
- ☐ Um 20.15 Uhr kommt ein Krimi. Hast du Lust?
- ☐ Hm, Krimis sehe ich nicht so gern. Ich glaube, dass es auch ein Quiz gibt.

2b Variieren Sie den Dialog und spielen Sie.

1. 19.00 Uhr: Nachrichten / Tiersendung
2. 20.15 Uhr: Sportsendung / Musiksendung
3. 22.00 Uhr: Fernsehfilm / Krimi

Wortschatz

3a Wie heißen die Medien? Schreiben Sie die Wörter mit Artikel.

1  ________

2  ________

3  ________

4  ________

5  ________

3b Ergänzen Sie die Sätze mit den Wörtern aus 3a.

1. Pia kann ohne ______________ nicht leben, weil sie gern im Internet surft.
2. Paul telefoniert nur mit dem ______________, weil er viel unterwegs ist.
3. Roman hört bei der Arbeit immer ______________. Dann kann er besser arbeiten.
4. Miriam liest abends gern die ______________ oder ein ______________.

Grammatik

4 Frau Beck ist krank. Schreiben Sie Sätze mit *weil*.

1. Warum bleibt Frau Beck heute zu Hause? Sie ist krank.

   Frau Beck bleibt heute zu Hause, weil ______________

2. Warum ruft sie in der Arztpraxis an? Sie braucht einen Termin.

   Sie ruft in der Arztpraxis an, weil ______________

3. Warum geht Frau Beck zur Apotheke? Sie holt dort Medikamente ab.

   ____

4. Warum geht es ihr am Nachmittag besser? Sie hat das Medikament genommen.

   ____

5 Unser Urlaub. Ergänzen Sie die Sätze.

1. Wir machen im Herbst Urlaub.
   Meine Frau ist dafür, dass ______________
2. Die Hotels sind dann billiger.
   Sie denkt, dass ______________
3. Urlaub im Sommer ist schöner.
   Ich finde, dass ______________

Flüssig sprechen

6 Hören Sie zu und sprechen Sie nach. 1.13

2 Gewusst wie

Kommunikation

Über Medien sprechen

Das Handy benutze ich täglich. Morgens lese ich immer die Tageszeitung. Mittags höre ich manchmal Radio und abends sehe ich fern. Das Internet ist für mich sehr wichtig, weil ich dort viele Informationen finde.

Etwas begründen

Ich benutze das Internet oft, weil ich es für meine Arbeit brauche.
Ich habe keinen Fernseher, weil ich lieber Bücher lese.

Die eigene Meinung sagen

Ich bin dagegen, dass Kinder so viel fernsehen.
Ich denke, dass es im Radio gute Informationssendungen gibt.
Es ist gut, dass man im Internet viele Informationen bekommt.

Vorschläge machen und auf Vorschläge reagieren

Wollen wir den Krimi sehen?

☺	☹
Ja, gern.	Nicht so gern, ich möchte lieber das Quiz sehen.
Ja, das ist eine gute Idee.	Nein, ich mag kein/e ...
Ja, das finde ich spannend.	Nein, das finde ich langweilig.

Grammatik

Nebensätze mit *weil*

Warum braucht Herr Merz das Internet nicht? Er liest lieber Bücher.
Herr Merz braucht das Internet nicht, **weil** er lieber Bücher liest.

Warum kauft sie das Kleid? Es sieht gut aus.
Sie kauft das Kleid, **weil** es gut aussieht.

Nebensätze mit *dass*

Kinder können in Kindersendungen viel lernen.
Ich finde, **dass** Kinder in Kindersendungen viel lernen können.

Sie lernen:

- über das Wochenende sprechen
- sagen, wohin man geht/fährt
- eine SMS schreiben und beantworten
- im Restaurant bestellen und bezahlen
- „ja", „nein" und „doch"
- Wechselpräpositionen mit Dativ und Akkusativ

3 Endlich Wochenende

1 Was machen die Leute auf den Fotos? Sammeln Sie und schreiben Sie Sätze.

Ü1+2

Foto 1: Kinder spielen. Zwei Frauen ...
Foto 2: Eine Frau kauft ein. Ein Mann ...

2 Was machen Sie oft samstags und sonntags? Erzählen Sie.

Ü3

Was machst du samstags?

Ich kaufe oft ein und ...

i
samstags = immer am Samstag
sonntags = immer am Sonntag

einkaufen – Eis essen – schwimmen – Freunde treffen – Kaffee trinken – Picknick machen – tanzen – grillen – lange frühstücken – spazieren gehen – essen gehen – die Zeitung lesen – lange schlafen

A Wohin gehen wir?

1 Wo ist Mark? Schreiben Sie.

1 

2 

3 

____ Deutschkurs ____ Disko ____ Fußballstadion

2a Wochenendpläne. Lesen Sie die E-Mail und kreuzen Sie an: richtig oder falsch?

Cc:
Betreff:
Anlagen: *keine*
Schriftart Schriftgr. F K U T

Hallo Niklas,
wie geht es dir? Mir geht es super, denn ich habe gestern meinen Deutschtest bestanden 🙂!!! Am Freitag komme ich nach Hause. Wollen wir etwas zusammen machen? Wir können in das neue Fußballstadion gehen. Oder wir gehen zuerst in die Stadt und danach in den Wald joggen. Und abends in die Disko? Im Kult Keller gibt es immer gute Musik! Schreib schnell zurück.
Bis bald
Mark

	R	F
1. Mark hat am Freitag eine Deutschprüfung.	○	○
2. Mark möchte ins Restaurant gehen.	○	○
3. Mark will tanzen gehen.	○	○

2b Wohin möchte Mark gehen? Lesen Sie noch einmal und unterstreichen Sie in 2a. Ergänzen Sie danach den Grammatikkasten.

Ü4

!

Wohin? + Akkusativ	**Wo? + Dativ**	*genauso:* an, auf, hinter, vor, über, unter, neben, zwischen	
in ____ Wald	**im** Wald		
in ____ Fußballstadion	**im** Fußballstadion		
in ____ Stadt	in **der** Stadt	in das = ins	an das = ans
in **die** Geschäfte	in **den** Geschäften	in dem = im	an dem = am

2c Wohin will Niklas gehen? Wählen Sie zwei Möglichkeiten und schreiben Sie Mark.

Lieber Mark,

vielen Dank für deine E-Mail. Toll, dass du kommst. Ich möchte sehr gern mit

dir ______________________________. Oder wir

gehen ______________________________.

Liebe Grüße
Niklas

3a Ü5–7

Im Café. Was sehen Sie auf Bild 1? Was passiert auf Bild 2? Schreiben Sie Sätze.

auf dem Tisch – unter dem Stuhl – im Glas – vor dem Café – neben der Tasse – über dem Stuhl

auf den Baum – ins Café – unter den Schirm – auf den Boden – neben die Katze – auf den Stuhl

Niklas und Mark sind im Café.
Der Löffel ist …

Sie laufen in …
Der Löffel fällt …

3b Ü8

Wo und wohin? Fragen und antworten Sie.

Wo ist der Kellner? – *Der Kellner steht vor dem Café.*

Wohin läuft der Kellner? – *Der Kellner läuft unter den Schirm.*

4 Ü9

Wo waren Sie am letzten Wochenende? Wohin sind Sie gegangen? Erzählen Sie.

B Bis Sonntag!

1a Lesen Sie die SMS und ergänzen Sie die Informationen.

Verfassen Aa T9
Ich habe einen neuen Job! Das müssen wir feiern. Am Sonntag 19 Uhr im El Sol? Oder habt ihr keine Zeit? LG Svenja

Verfassen Aa T9
Hi, doch, wir haben Zeit und kommen gern! Herzlichen Glückwunsch! Bis Sonntag, Pavel und Nina

Verfassen Aa T9
Liebe Svenja,
das ist super, aber leider habe ich keine Zeit. Ich muss arbeiten.
LG Marika

WAS?	______	**WO?**	______
WANN?	______	**WER KOMMT?**	______

1b Hören und lesen Sie den Dialog. Wer kommt? 1.14

Ü10

- Hallo Svenja, kommt Marika am Sonntag?
- Nein, sie muss arbeiten.
- Und Nina? Kommt sie auch nicht?
- Doch, sie kommt.
- Und was ist mit Pavel? Hat er keine Zeit?
- Doch, natürlich! Er kommt auch.

!

Hast du Zeit?	Ja. / Nein.
Hast du **keine** Zeit? Kommst du **nicht**?	Doch. / Nein.

2 Fragen und antworten Sie.

Ü11–13

Haben Sie die Hausaufgaben gemacht?
Haben Sie die Übung nicht verstanden?
Haben Sie heute keinen Unterricht?
Beginnt der Unterricht heute später?

Hast du keinen Hunger?
Schmeckt dir das Essen?
Isst du nicht gern Fisch?
Trinkst du gern Kaffee?

3 Schreiben Sie Fragen. Fragen und antworten Sie mit *ja*, *nein* oder *doch*.

4a Ü14

Im Restaurant. Lesen Sie und ordnen Sie die Fotos den Dialogen zu.

1 

2 

3 

◯ reservieren

- Ich möchte einen Tisch reservieren.
- Für wie viele Personen?
- Für vier Personen. Am Sonntagabend.
- Um wie viel Uhr?
- Um 20 Uhr.

◯ bestellen

- Möchten Sie bestellen?
- Ja, ich hätte gern das Steak.
- Gern, und was möchten Sie trinken?
- Ich nehme einen Rotwein.

◯ bezahlen

- Die Rechnung, bitte.
- Ich komme sofort. Zusammen oder getrennt?
- Zusammen, bitte.
- Das macht 67,20 Euro.
- 70 Euro. Stimmt so.
- Vielen Dank.

4b Hören Sie und kreuzen Sie in 4a an: Welches Foto passt? 1.15

4c Hören Sie noch einmal und ergänzen Sie die Reservierung. 1.15

SAMSTAG, 31. 07.		
18 Uhr		Herr Schmidt,
19 Uhr	Herr Meier,	2 Personen
20 Uhr	4 Personen	
21 Uhr		Frau Kuhn,
22 Uhr		3 Personen
23 Uhr		

5a Ü15–17

Im Restaurant. Wählen Sie eine Situation aus und schreiben Sie einen Dialog.

reservieren
- Ich möchte einen Tisch reservieren.
- Wann? Wie viele Personen?
- Am ... um ... Uhr.
- Ja, das geht. / Geht es später?

bestellen
- Möchten Sie bestellen?
- Ich hätte gern ... / Ich nehme ...
- Was möchten Sie trinken?
- Ich nehme ... / Eine/n ..., bitte.

bezahlen
- Die Rechnung, bitte.
- Getrennt oder zusammen?
- Getrennt. / Zusammen.
- Das macht dann ...
- Danke, stimmt so.

Restaurant am Park

Vorspeisen

Kartoffelsuppe	€ 3,20
Tomaten-Basilikum-Suppe	€ 3,40
Italienischer Salat	€ 5,65

Nachspeisen

Schokoladenquark	€ 2,75
Apfelstrudel mit Vanilleeis	€ 3,15
Zitroneneis mit Früchten	€ 3,40

Hauptspeisen

Rindergeschnetzeltes mit Champignons und Reis	€ 10,80
Spaghetti mit Basilikum-Pesto und Tomaten	€ 9,65
Matjesfilet mit Bratkartoffeln	€ 8,90
Schweinefilet in feiner Pfeffersauce mit Backkartoffel	€ 11,70
Schweineschnitzel mit Gemüse und Kartoffelsalat	€ 10,40
Sauerbraten mit grünen Bohnen und Klößen	€ 9,90

Getränke

Mineralwasser	0,2 l	€ 1,95
Aprikosensaft	0,2 l	€ 2,15
Apfel/Orangensaft	0,2 l	€ 2,00
Fanta/Cola/Sprite	0,2 l	€ 2,15
Bier	0,3 l	€ 2,30
Rotwein	0,2 l	€ 2,70
Weißwein	0,2 l	€ 2,70
Sekt	0,1 l	€ 3,20
Kaffee		€ 2,20
Cappuccino		€ 2,60
Espresso		€ 1,80
Tee		€ 2,20

5b Spielen Sie den Dialog im Kurs.

C Was machen wir am Sonntag?

1a Ü18 Was machen die Personen am Sonntag? Lesen Sie die Texte und unterstreichen Sie im Text.

Valerij Nekrasov (24), Hamburg
Mein Sonntag ist leider oft langweilig. Ich wohne erst seit fünf Monaten in Hamburg und habe hier noch keine Freunde. Meine Kollegen sind alle verheiratet und verbringen den Sonntag mit ihrer Familie. Oft gehe ich nach dem Frühstück spazieren oder ins Fitnessstudio. Manchmal bleibe ich zu Hause und sehe fern.

Familie Genc: Erdogan (36), Fatma (34), Ayse (8) und Schechmus (14), Berlin
Fatma: Im Sommer sind wir oft mit der ganzen Familie im Garten. Wir laden dann Verwandte und Freunde ein und grillen oder trinken Tee zusammen. Wir besuchen auch gern meine Schwiegereltern. Viele von unseren Verwandten leben in Berlin.
Ayse und Schechmus: Sonntags dürfen wir lange schlafen!!!

Ehepaar Hoffmann: Hans (68) und Helga (69), Bad Tölz
Wir sind beide Rentner und am Sonntag kommen oft unsere Kinder mit den Enkeln. Wir trinken dann Kaffee und essen Kuchen. Das Haus ist voll und wir haben viel Spaß zusammen. Manchmal sind wir allein. Dann lesen wir oder gehen spazieren.

1b Was möchten Sie noch von den Personen wissen? Fragen und antworten Sie.

Wer? – Was? – Wo? – Warum? – Wie? – Wann? – Wohin? – Seit wann?

Seit wann wohnt Familie Genc in Berlin?

Ich glaube, dass Familie Genc schon lange in Berlin wohnt.

2 Was haben Sie am Wochenende in Ihrer Heimat gemacht? Was machen Sie in Deutschland? Erzählen Sie.

3 Alles klar!

Kommunikation

1 Was machen wir? Lesen Sie die SMS und schreiben Sie eine Antwort.

Verfassen Aa T9
Hi, hast du morgen Abend Zeit? Gehen wir ins Kino? Oder essen? Fragst du auch Anna?
LG Sonja

Hallo Sonja,

______

______

2a Im Restaurant. Wer sagt was? Markieren Sie: Kellner – grün, Gast – rot.

Guten Tag. – Was nehmen Sie? – Guten Tag, die Speisekarte, bitte. – Wir hätten gern das Steak mit Pommes Frites und Salat. – Und was möchten Sie trinken? – Wir möchten zahlen. – Das macht dann 23,80 Euro. – 25 Euro, stimmt so. – Zusammen oder getrennt? – Zusammen. – Cola und ein Mineralwasser, bitte.

2b Schreiben und spielen Sie die Dialoge.

- *Guten Tag.*
- *Guten Tag, die Speisekarte, bitte.*
- *Was*
- ______
- ______
- ______
- ______

- *Wir möchten zahlen.*
- *Zusammen oder*
- ______
- ______
- ______

Wortschatz

3 Welches Wort passt nicht? Streichen Sie.

1. Vorspeise – Nachspeise – Speisekarte – Hauptspeise
2. Löffel – Glas – Gabel – Messer
3. verbringen – bestellen – bezahlen – reservieren
4. Fußballstadion – Fitnessstudio – Schwimmbad – Kino

Grammatik

4 Kreuzen Sie an: Was ist richtig?

1. Niklas und Mark gehen ○ im Restaurant ○ ins Restaurant.
2. Sie sitzen ○ am Tisch ○ an den Tisch.
3. Der Tisch ist ○ unter dem Schirm ○ unter den Schirm.
4. Die Speisekarte ist ○ auf den Tisch ○ auf dem Tisch.
5. Der Kaffee ist ○ in der Tasse ○ in die Tasse.
6. Eine Katze läuft ○ unter den Tisch ○ unter dem Tisch.
7. Der Kellner bringt die Teller ○ in die Küche ○ in der Küche.
8. Nach dem Essen gehen sie ○ im Kino ○ ins Kino.

5a Wo war Simone gestern? Schreiben Sie Sätze.

1. das Kino: *Simone war* ____________________
2. der Spielplatz: ____________________
3. die Stadt: ____________________

5b Wohin geht sie heute? Schreiben Sie Sätze.

1. das Café: ____________________
2. der Wald: ____________________
3. die Disko: ____________________

6 *Ja*, *nein* oder *doch?* Schreiben Sie Antworten.

1. Haben Sie morgen Abend Zeit? ☺ ____________________
2. Magst du keine Liebesfilme? ☹ ____________________
3. Möchten Sie diese Übung nicht schreiben? ☺ ____________________
4. Warst du gestern im Supermarkt? ☹ ____________________
5. Haben Sie am Wochenende Deutsch gelernt? ☺ ____________________
6. Tanzen Sie nicht gern? ☺ ____________________

Flüssig sprechen

7 Hören Sie zu und sprechen Sie nach. 1.16

3 Gewusst wie

Kommunikation

Über das Wochenende sprechen

Sonntags schlafe ich immer lange.
Samstags kaufe ich immer ein.
Sonntags sind wir oft im Garten.

Sagen, wohin man geht/fährt

Wir gehen gern ins Theater.
Im Sommer fahren wir ans Meer.
Mein Sohn geht um acht Uhr in die Schule.

Im Restaurant bestellen und bezahlen

Kellner	**Gast**
Möchten Sie bestellen?	Die Speisekarte, bitte.
Was nehmen Sie?	Ich hätte gern das Steak und einen Salat.
Und was möchten Sie trinken?	Wir nehmen eine Cola und ein Wasser.
Zusammen oder getrennt?	Die Rechnung, bitte.
Das macht 36,20 Euro.	Zusammen, bitte.
Vielen Dank.	Stimmt so.

Grammatik

Wechselpräpositionen

an, auf, hinter, vor, über, unter, neben, zwischen, in

Wohin? → Akkusativ	**Wo? → Dativ**	
in **den** Wald	**im** Wald	in das = ins
in **das** Fußballstadion	**im** Fußballstadion	in dem = im
in **die** Stadt	in **der** Stadt	an das = ans
in **das** Geschäft	in **die** Geschäfte	an dem = am

Ja, nein und *doch*

Hast du Zeit?	🙂 Ja, natürlich.
	☹ Nein, leider nicht.
Hast du keine Zeit?	🙂 Doch, ich habe Zeit.
	☹ Nein, heute habe ich keine Zeit.
Kommst du nicht?	🙂 Doch, natürlich komme ich.
	☹ Nein, ich kann leider nicht kommen.

Sie lernen:
- über die Schule in Deutschland sprechen
- über die Vergangenheit sprechen
- Briefe aus der Schule
- beim Elternabend
- Modalverben im Präteritum
- Nebensätze mit „wenn“

4

Schule

1a Ü1

Sehen Sie sich die Bilder an und hören Sie. Sammeln Sie Wörter im Kurs. 1.17

Lehrerin — **Schule** — Pause

1b Ü2

Schule in Ihrer Heimat. Erzählen Sie.

Meine Lehrerin war sehr nett.

In meiner Heimat müssen die Schüler ...

Mein Lehrer / Meine Lehrerin war streng/freundlich/...
Mein Lieblingsfach war ...
Wir hatten viele/wenige Hausaufgaben ...
In der Pause waren die Schüler auf dem Schulhof / in der Klasse/...
In den Ferien war/hatte ich ...
In unserer Heimat gibt es Noten von ... bis ...
In meiner Heimat haben die Schüler Unterricht in ...
In meiner Heimat hat man lange/kurze/viel Ferien.

Englisch

Geschichte

Kunst

Sport

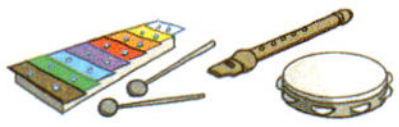
Musik

Physik

Deutsch

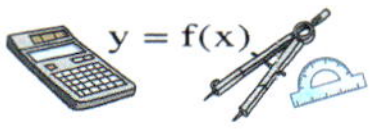

Mathematik

Biologie

Chemie

A Schulen in Deutschland

1 Welche Schulen in der Grafik kennen Sie? Erzählen Sie im Kurs.

In Deutschland gehen die Schüler bis zur 4. oder 6. Klasse in ...

Nach der Grundschule kann man ...

Meine Tochter / Mein Sohn besucht ...

2a Lesen Sie und markieren Sie die Schulwege von Meike und Sina in der Grafik.

Ü3+4

Frau Stoßberg, 43, Gütersloh

Meine Tochter Meike ist nur ein Jahr in die Kita gegangen. Mit sechs Jahren ist sie in die Grundschule gekommen. Meike hat dort schnell Freundinnen gefunden. Nach vier Schuljahren habe ich sie an der Realschule angemeldet. Meike findet Technik toll. Deshalb hat sie nach der 10. Klasse eine Ausbildung zur Kfz-Mechatronikerin bei der Firma Auto-Becker begonnen und ist jetzt im zweiten Ausbildungsjahr. Wenn sie einen guten Abschluss haben möchte, muss sie auch am Wochenende lernen. Drei Tage in der Woche ist sie in der Autowerkstatt und zwei Tage geht sie in die Berufsschule. Die Ausbildung gefällt ihr sehr. Wenn sie Glück hat, dann bleibt sie nach der Ausbildung in der Firma.

Sina Berger, 18, Düsseldorf

Ich bin mit drei Jahren in die Kita gekommen, weil meine Eltern beide arbeiten. Dann war ich vier Jahre in der Grundschule. Ich hatte gute Noten und deshalb bin ich auf das Gymnasium gekommen. Auf dem Gymnasium hatte ich am Anfang nicht so gute Noten und habe Nachhilfe bekommen. Doch jetzt ist das anders. Wenn meine Noten im Abitur sehr gut sind, kann ich Medizin studieren. Ich möchte endlich mal weg von zu Hause. Wenn ich einen Studienplatz in Rostock bekomme, dann lebe ich direkt am Meer. Aber meine Eltern möchten, dass ich in Düsseldorf studiere. Wenn ich hier bleibe, kann ich nämlich bei ihnen wohnen.

2b Was passt? Verbinden Sie die Sätze.

Ü5–7

Wenn Meike einen guten Abschluss haben möchte, **1**	**A** kann sie bei ihren Eltern wohnen.
Wenn Meike Glück hat, **2**	**B** dann lebt sie direkt am Meer.
Wenn Sina in Rostock studiert, **3**	**C** muss sie auch am Wochenende lernen.
Wenn Sina ein gutes Abitur macht, **4**	**D** kann sie Medizin studieren.
Wenn Sina in Düsseldorf studiert, **5**	**E** dann kann sie bei der Firma Auto-Becker bleiben.

!

Wenn Sina einen Studienplatz in Rostock	bekommt,	**(dann)**	lebt	sie direkt am Meer.
Wenn Meike einen guten Abschluss haben	möchte,	**(dann)**	muss	sie viel lernen.

3 Ausbildung oder Studium? Geben Sie Niklas Tipps.

Ü8

Wenn du eine Ausbildung machst, musst du drei Tage in der Woche arbeiten.
Wenn du studieren willst, ...

Ausbildung?

1. Du bekommst ein Gehalt.
2. Du gehst in die Berufsschule.
3. Du musst immer pünktlich sein.

Studium?

1. Du musst viel lernen.
2. Du musst fleißig sein.
3. Du lernst neue Menschen kennen.
4. Du verdienst erst kein Geld.

4a Was tun, wenn ...? Schreiben Sie Fragen.

Ü9

1. Sie haben Hunger.
2. Sie haben Langeweile.
3. Das Wetter ist gut und die Sonne scheint.
4. Das Wetter ist schlecht und es regnet.

Was machen Sie, wenn Sie Hunger haben?

4b Antworten Sie auf die Fragen in 4a.

Ü10

in ein Restaurant gehen – im Supermarkt einkaufen – Essen kochen – ein Buch lesen – ins Kino gehen – Freunde anrufen – spazieren gehen – ins Schwimmbad gehen – an den See fahren – zu Hause bleiben – fernsehen – die Wohnung aufräumen

Wenn ich Hunger habe, gehe ich in ein Restaurant.

5 Hören Sie und kreuzen Sie an: richtig oder falsch? 1.18

Ü11+12

	R	F
1. Yasmin hat auf dem Zeugnis eine Eins in Deutsch, aber eine Vier in Sport.	O	O
2. Wenn Marcel eine Ausbildung machen will, muss er eine Drei in Deutsch haben.	O	O
3. Svenja hat in allen Fächern eine Zwei oder eine Eins. Sie kann Medizin studieren.	O	O

i Noten in Deutschland

1 = sehr gut
2 = gut
3 = befriedigend
4 = ausreichend
5 = mangelhaft
6 = ungenügend

B Schule früher und heute

1a Lesen Sie die Texte. Wie war es früher? Wie ist es heute? Sammeln Sie im Kurs.

Ü13+14

Frau Sikorra: Wir sind damals bis zum Abitur in einer Klasse geblieben. Wir durften keine Fächer wählen. Heute dürfen die Kinder viel mehr Kurse auswählen. Früher wollten auch nicht so viele das Abitur machen. Viele wollten direkt arbeiten und Geld verdienen. Heute ist das anders.

Herr Andres: Wenn wir die Hausaufgaben nicht hatten, mussten wir länger in der Schule bleiben und nachsitzen. Aber wir mussten auch nicht so viel lernen. Heute müssen die Kinder sehr viel lernen, wenn sie einen guten Abschluss haben wollen.

Herr Pellegrini: Wir mussten früher aufstehen, wenn unser Klassenlehrer eine Frage gestellt hat. Heute dürfen die Kinder sitzen bleiben. Früher konnte man aber mit einem Hauptschulabschluss einen guten Beruf lernen. Heute ist das leider schwieriger.

Wir durften keine Fächer wählen. *Heute dürfen die Kinder ...*

!

	müssen	können	dürfen	wollen
ich	musste	konnte	durfte	wollte
du	musstest	konntest	durftest	wolltest
er/es/sie/man	musste	konnte	durfte	wollte
wir	mussten	konnten	durften	wollten
ihr	musstet	konntet	durftet	wolltet
sie/Sie	mussten	konnten	durften	wollten

1b Ergänzen Sie: *müssen, dürfen, können, durfte, konnte, musste.*

Ü15

1. Frau Sikorra __________ keine anderen Fächer wählen.
2. Heute __________ die Schüler viele Kurse wählen.
3. Herr Andres __________ nicht so viel für die Schule lernen.
4. Heute __________ die Schüler viel lernen.
5. Herr Pellegrini __________ nach der Hauptschule einen guten Beruf lernen.
6. Heute __________ die Schüler nicht so oft einen guten Beruf bekommen.

2a Ü16 **Wie war Ihre Schulzeit? Schreiben Sie Sätze.**

In meiner Schulzeit konnte / musste / durfte ich (nicht) ...

viele/wenige Hausaufgaben machen – in der Schule frühstücken / Mittag essen – viele Fächer wählen – nachsitzen – nachmittags Freunde/Freundinnen treffen

2b Ü17+18 **Unsere Schulzeit. Sammeln Sie in der Gruppe und machen Sie ein Plakat. Erzählen Sie anschließend im Kurs.**

Wir konnten ...

Wir mussten ...

Wir durften nicht ...

3 **Ein Elternabend. Hören Sie und kreuzen Sie an: Über welche Themen sprechen die Eltern und die Lehrerin?** 1.19

- O Ausflüge
- O Klassenkasse
- O Klassenfahrt
- O Sportunterricht
- O Klassenarbeiten
- O Schwimmunterricht
- O Handys
- O Fahrräder
- O Schulbücher

4 **Eltern fragen – Lehrer antworten. Schreiben und spielen Sie die Dialoge.**

Wie viel kostet das Übungsheft für Mathematik?

Es kostet 3,95 Euro.

Welche Bücher/Hefte/... brauchen die Kinder?
Dürfen die Kinder Taschengeld/Handys/MP3-Player mitnehmen?

Wie viel kostet die Klassenfahrt / der Ausflug / das Übungsheft?
Dürfen die Kinder allein nach Hause gehen?
Wann ist ...?

5a Briefe von der Schule. Wann und wo sind die Termine? Ergänzen Sie den Kalender.

Ü19

1

Liebe Eltern der 9c,

Unser Elternabend ist am 25. 05. um 19 Uhr in Raum 311

Wir sprechen über die Klassenfahrt:

1. Wohin fahren wir? Nach Berlin, München oder ins Sauerland?
2. Welche Hilfe gibt es bei den Kosten für die Fahrt?
3. Wie viel Taschengeld dürfen die Kinder mitnehmen?

Wenn Sie noch mehr Fragen haben, dann können wir sie gern besprechen.

Herzliche Grüße

Ihr Frank Neuhaus

2

Liebe Eltern der 7.2,

am 22. 04. gehen wir in den Film „Krabat". Geben Sie bitte Ihrem Kind für den Film 5 € mit. Die Schüler/innen sollen um 9.30 Uhr am Hauptbahnhof sein. Der Film ist um 11.45 Uhr zu Ende. Bitte holen Sie dann Ihr Kind ab.

Unterschreiben Sie bitte den unteren Abschnitt, wenn Ihr Kind allein nach Hause fahren darf. Ihr Kind muss den Abschnitt zur Schule zurückbringen.

Mit freundlichen Grüßen

Irene Beilig

✂ ....

Mein Kind darf nach dem Film am 22. 04. allein nach Hause gehen.

____

Unterschrift

Donnerstag, 22. 04.	**Dienstag, 25. 05.**

5b Lesen Sie die Texte noch einmal und beantworten Sie die Fragen.

Ü20

1. Was will der Lehrer von Klasse 9c mit den Eltern besprechen?
2. Wie heißt der Klassenlehrer?
3. Welchen Film will die Klasse 7.2 sehen?
4. Was sollen die Schüler mitbringen?
5. Wann sollen die Eltern die Kinder abholen?

4 Alles klar!

Wortschatz

1 Ergänzen Sie.

Noten – Lieblingsfach – Klasse – Nachhilfe – Ausflug – Elternabend – Ferien

1. Emre geht jetzt in die 7. ____________ . Sein ______________________ ist Sport.
2. Die Klassenlehrerin hat gesagt, dass Emre gute ____________ hat. Nur in Mathematik muss er wohl ______________________ bekommen.
3. Wir waren gestern beim ______________________ . Die Klasse macht vor den ______________ einen ________________ in den Zoo.

Kommunikation

2 Was mussten, durften, konnten, wollten Sie früher tun? Machen Sie ein Interview.

Durftest du mit 16 Jahren in die Disko gehen?

Nein, ich durfte nicht ...

in die Disko gehen – bei Freunden übernachten – um ... Uhr zu Hause sein – den Eltern helfen – viele/wenige Hausaufgaben machen – allein wegfahren

3 Frau Pessina hat einen Termin mit der Lehrerin in der Schule. Ordnen Sie den Dialog und kontrollieren Sie mit der CD. 1.20

- ◯ Ich denke, ja. Seine Noten sind fast alle gut. Was möchte er machen?
- ◯ Guten Tag, Frau Pessina. Mein Sohn Alexander ist jetzt in der 10. Klasse. Kann er einen guten Abschluss bekommen?
- ◯ Oh, danke, das ist nett. Und wann soll er die Bewerbungen schreiben?
- (1) Guten Tag, Frau Andres.
- ◯ Wenn er das Zeugnis im Januar bekommt, kann er einen Ausbildungsplatz suchen.
- ◯ Er will eine Ausbildung zum Koch machen.
- ◯ Koch? Das ist schön. Wenn er eine Bewerbung schreibt, kann ich ihm helfen.

Grammatik

4a Schreiben Sie Sätze.

1. wenn – frei habe – ich / ins Schwimmbad – gehe – dann – ich

   Wenn ich frei habe, dann ____________________

2. wenn – mich – besuchst – du / einen Kuchen – backe – ich

   Wenn ____________________

3. wenn – im Deutschkurs – bin – ich / meine Freundin – treffe – ich

   Wenn ____________________

4b Ergänzen Sie die Sätze.

einen Kaffee trinken – Blumen kaufen – ein Wörterbuch kaufen – sie zum Essen einladen – ins Kino gehen – Blumen mitbringen

1. Wenn ich heute Abend Zeit habe, ____________________
2. Wenn ich meine Freunde besuche, ____________________
3. Wenn ich nette Kollegen habe, ____________________
4. Wenn ich in die Stadt gehe, ____________________

5 Heute und damals. Ergänzen Sie die Verben im Präteritum.

Ich lebe erst seit einem Jahr in Deutschland. Ich komme aus Moldawien. Dort ____________ (*wollen*) ich immer Programmiererin werden. Doch das ____________ (*dürfen*) ich nicht sofort. Ich ____________ (*müssen*) erst eine Prüfung machen. Dann ____________ (*können*) ich studieren, aber nach einem Jahr ____________ (*wollen*) ich nicht mehr studieren. Das war nicht das Richtige für mich. Jetzt möchte ich gern eine Ausbildung machen und Hotelfachfrau werden.

Flüssig sprechen

6 Hören Sie zu und sprechen Sie nach. 1.21

4

Gewusst wie

Kommunikation

Über die Schule in Deutschland sprechen

In Deutschland gehen die Kinder bis zur 4. oder 6. Klasse in die Grundschule. Danach besuchen sie die Haupt- oder Realschule und machen dann eine Ausbildung. In einer Ausbildung arbeitet man bei einer Firma und besucht die Berufsschule.
Oder sie gehen nach der Grundschule auf das Gymnasium und machen Abitur. Wenn man Abitur hat, kann man an einer Universität studieren.

Über die Vergangenheit sprechen

Ich hatte viele/wenige Hausaufgaben.
Mein Lieblingsfach war Biologie.
Früher wollten viele direkt nach der Schule arbeiten und Geld verdienen.
Wir konnten damals in der Schule zu Mittag essen.

Beim Elternabend

Wo und wann ist der Elternabend?
Welche Bücher/Hefte brauchen die Kinder in der neuen Klasse?
Was kostet der Ausflug / die Klassenfahrt?

Grammatik

Nebensätze mit *wenn*

Wenn Sina einen Studienplatz in Rostock	bekommt,	(**dann**)	lebt	sie direkt am Meer.
Wenn Meike einen guten Abschluss haben	möchte,	(**dann**)	muss	sie viel lernen.

Sina lebt direkt am Meer,	**wenn** sie einen Studienplatz in Rostock	bekommt.
Meike muss viel lernen,	**wenn** sie einen guten Abschluss haben	möchte.

Modalverben im Präteritum

	müssen	**können**	**dürfen**	**wollen**
ich	mu**sste**	ko**nnte**	du**rfte**	wo**llte**
du	mu**sstest**	ko**nntest**	du**rftest**	wo**lltest**
er/es/sie/man	mu**sste**	ko**nnte**	du**rfte**	wo**llte**
wir	mu**ssten**	ko**nnten**	du**rften**	wo**llten**
ihr	mu**sstet**	ko**nntet**	du**rftet**	wo**lltet**
sie/Sie	mu**ssten**	ko**nnten**	du**rften**	wo**llten**

Sie mussten in der Schule immer aufstehen, wenn der Lehrer eine Frage gestellt hat.
Früher konnte man mit einem guten Hauptschulabschluss einen guten Beruf lernen.
Patrick durfte nach der Ausbildung in der Firma bleiben, weil er gute Noten hatte.
Früher wollten nicht so viele Abitur machen.

Station 1

Spiel und Spaß

1a Arbeiten Sie in Gruppen. Wählen Sie zusammen eine Person aus. Jede/r schreibt einen Text über diese Person. Schreiben Sie zu jeder Frage einen Satz.

1. Wie heißt die Person?
2. Wann und wo ist die Person geboren?
3. Wie viele Jahre war sie in der Schule?
4. Was hat die Person studiert? / Welchen Beruf hat sie gelernt?
5. Wo lebt die Person jetzt?
6. Ist die Person verheiratet?
7. Hat die Person Kinder? Wie viele?
8. Welche Hobbys hat die Person?

1b Vergleichen Sie Ihre Ergebnisse in der Gruppe und diskutieren Sie: Welche Sätze passen am besten zu der Person? Schreiben Sie dann einen gemeinsamen Text.

2 Arbeiten Sie in Gruppen. Wählen Sie ein Wort aus und schreiben Sie zu jedem Buchstaben ein weiteres Wort. Hängen Sie Ihre Ergebnisse im Kursraum auf.

Beispiel 1: Suchen Sie Wörter aus den Lektionen eins bis vier.

REGEL
ABITUR
DURCHSCHNITT
INHALT
ONLINE-SPIEL

Beispiel 2: Schreiben Sie Wörter zum Thema *Radio.*

VERKEHRSMELDUNGEN
UNTERHALTUNG
SENDUNG
INFORMATION
POLITIK

Berufe im Hotel und in der Gastronomie

1a Im Hotel Sonnenhof. Sehen Sie sich die Fotos an. Wo arbeiten die Leute und was machen sie?

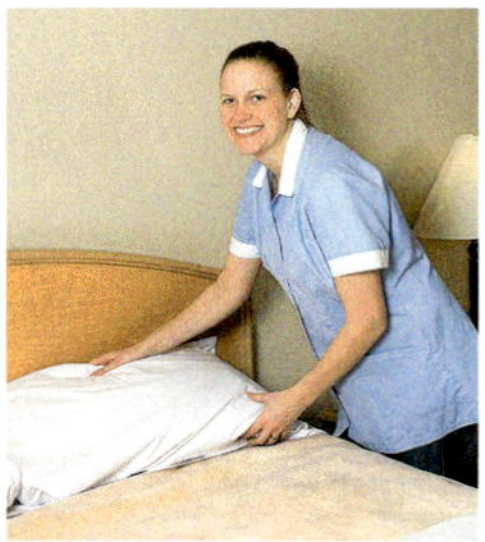

○ *Zimmermädchen*

○ *Koch*

○ *Hotelmanager*

○ *Hotelfachfrau*

Wo? im Büro – an der Rezeption – in den Gästezimmern – in der Küche
Was? die Gäste empfangen – das Essen zubereiten – Dienstpläne machen – die Gästezimmer aufräumen – Zimmerreservierungen machen – die Arbeiten im Hotel kontrollieren

Eine Hotelfachfrau arbeitet an der Rezeption. Sie empfängt die Gäste.

1b Hören Sie die Texte. Bringen Sie die Fotos in 1a in die richtige Reihenfolge. 1.22

1c Hören Sie die Texte noch einmal und kreuzen Sie an: richtig oder falsch? 1.22

	R	F
1. Veronika Burger ist Hotelmanagerin.	○	○
2. Sie hat ein Fachstudium gemacht.	○	○
3. Der Auszubildende muss noch drei Jahre lernen.	○	○
4. Er geht jeden Tag in die Berufsschule.	○	○
5. Für die Studentin ist die Arbeit im Hotel ein Nebenjob.	○	○
6. Alle Mitarbeiter vom Zimmerpersonal haben eine Ausbildung.	○	○
7. Der Hotelmanager hat den Beruf Hotelfachmann gelernt.	○	○
8. Er arbeitet seit fünf Jahren als Hotelmanager.	○	○

i

Die Ausbildung in Hotels und in der Gastronomie dauert drei Jahre, in der Gastronomie gibt es auch eine zweijährige Ausbildung. Wenn man Fortbildungen oder ein Fachstudium macht, hat man gute Karrieremöglichkeiten und kann zum Beispiel Hotelmanager werden.

2a Ordnen Sie zu und kontrollieren Sie dann mit der CD. 1.23

Ich wünsche Ihnen einen angenehmen Aufenthalt. – Sie bekommen Zimmer 327. Hier ist der Schlüssel. – Guten Tag. Können Sie bitte dieses Formular ausfüllen und unterschreiben?

- Guten Tag, mein Name ist Winter. Ich habe für drei Nächte ein Zimmer reserviert.
- ______________________________
- Ja, gern.
- ______________________________
- Vielen Dank.
- ______________________________

2b Variieren Sie den Dialog.

Der Gast hat zwei Zimmer für fünf Nächte reserviert. – Zimmer 511 und 512

3a Die Gäste haben viele Fragen. Was antwortet Veronika Burger? Ordnen Sie zu und kontrollieren Sie dann mit der CD. 1.24

Gäste			Frau Burger
Wie lange hat das Restaurant geöffnet?	1	A	Kein Problem, ich sage dem Zimmerservice Bescheid.
Ich möchte gern zwei Tage länger bleiben. Geht das?	2	B	Ich denke, es ist in fünf Minuten hier.
In der Mini-Bar ist kein Mineralwasser.	3	C	Ja, Sie können sich hier eine aussuchen.
Haben Sie Postkarten?	4	D	Bis 23.00 Uhr.
Wann kommt das Taxi?	5	E	Moment, da muss ich nachsehen ... Nein, tut mir leid, wir haben keine Zimmer frei.

3b Spielen Sie weitere Dialoge.

1. Beim Frühstück war der Kaffee kalt. – Die Kaffeemaschine hat nicht funktioniert.
2. Im Nebenzimmer waren in der letzten Nacht die Gäste sehr laut. Der Gast möchte ein anderes Zimmer. – Er kann morgen Zimmer 223 bekommen.
3. Ein Gast muss morgen früh aufstehen. Sie sollen ihn um 6.00 Uhr wecken.

Prüfungsvorbereitung DTZ: Hören

1 Lesen Sie die Tipps.

Vor dem Hören:
- Lesen Sie zuerst genau die Aufgaben. Sie haben vor jedem Hörtext zehn Sekunden Zeit.
- Unterstreichen Sie wichtige Informationen.

Beim Hören:
- Achten Sie auf die Wörter in den Aufgaben.
- Sie verstehen einige Wörter nicht? Das ist kein Problem. Sie müssen nicht alles verstehen! Aber Sie können das Wichtigste verstehen.

Nach dem Hören:
- Markieren Sie auf dem Antwortbogen IMMER eine Lösung – auch wenn Sie etwas nicht wissen.

richtig falsch

2a Hören Sie ein Gespräch und markieren Sie Ihre Lösungen auf dem Antwortbogen auf Seite 126. 1.25

1 Das Gespräch findet in der Apotheke statt.
2 Der Termin ist um
  A 11.00 Uhr.
  B 15.00 Uhr.
  C 15.30 Uhr.

2b Lesen Sie das Gespräch auf Seite 114 und unterstreichen Sie: Welche Wörter waren für die Aufgaben wichtig?

2c Markieren Sie: Welche Wörter und Sätze sind für die Aufgaben unwichtig?

3 Hören Sie ein weiteres Gespräch und markieren Sie Ihre Lösungen auf dem Antwortbogen auf Seite 126. 1.26

3 Herr Gonzalez und der Mann sind Kollegen.
4 Herr Gonzalez
  A stellt den Antrag zum ersten Mal.
  B hat in dem Antrag alles ausgefüllt.
  C will den Antrag zu Hause ausfüllen.

Sie lernen:

- Gespräche am Arbeitsplatz führen
- etwas erklären
- eine Mitteilung schreiben
- höfliche Bitten
- Nebensätze mit Fragewort
- Personalpronomen im Dativ
- Demonstrativartikel „dies-“

5

Am Arbeitsplatz

Markus Schmidt, Erzieher

Larissa Döll, Pilotin

Judith Klein, Kfz-Mechatronikerin

Daniel Adler, Florist

1a Ü1

Was machen die Leute? Sprechen Sie im Kurs.

Motor überprüfen / Autos reparieren – ein Flugzeug steuern / Instrumente kontrollieren – Kinder betreuen / mit Kindern spielen – Blumensträuße binden / Pflanzen verkaufen

1b Ü2

Typische Männer- und Frauenberufe. Wie ist das in Ihrem Land? Machen Sie eine Liste und vergleichen Sie im Kurs.

In meinem Heimatland arbeiten nur wenige Frauen als Busfahrerin.

Bei uns sind die meisten Polizisten Männer.

Sie arbeitet **als** Busfahrerin.

2 Ü3

Welchen Beruf haben Sie? Welchen Beruf finden Sie interessant? Warum?

Mir gefällt der Beruf Arzt, weil man viel Geld verdienen kann. Aber man muss studieren.

Mein Sohn möchte Pilot werden. Ich finde das interessant, aber die Ausbildung ist sehr schwer.

A Im Büro

1 Welche Situationen hören Sie? Kreuzen Sie an. 1.27

2a Lesen Sie den Dialog und markieren Sie: Wo steht das Verb *ist*?

- Kannst du mir sagen, wo mein Handy ist?
- Das ist doch in deiner Tasche!

> !
> **Wo** ist mein Handy?
> Kannst du mir sagen, **wo** mein Handy ist?

2b Formulieren Sie die Fragen um und lesen Sie die Dialoge zu zweit.

Ü4–6

1. Wie heißt der neue Kollege?
   - Kannst du mir sagen, wie ______
   - Sein Name ist Friesinger.
2. Wann kommt der Chef?
   - Können Sie mir sagen, ______
   - Ich glaube, er kommt um zehn Uhr.
3. Was heißt das?
   - Können Sie mir erklären, ______
   - Tut mir leid. Das verstehe ich auch nicht.

3 Ergänzen Sie das Verb *wissen* und die Fragen.

Ü7

wissen	
ich	**weiß**
du	**weißt**
er/es/sie	**weiß**
wir	wissen
ihr	wisst
sie/Sie	wissen

Wo sind die Belege für die Überweisungen? – Wer hat den Ordner mit den Rechnungen? – Warum hat der Chef angerufen? – ~~Was gibt es heute zum Mittagessen?~~

1. *Weißt* du, was *es heute zum Mittagessen gibt?*
2. ______ ihr, wo ______
3. ______ du, warum ______
4. ______ Sie, wer ______

4 Schreiben und spielen Sie Dialoge.

Ü8+9

- Name?
- Adresse?
- Uhrzeit?
- Hose/Preis?
- Elektroartikel/Wo?
- Schwimmbad/Öffnungszeiten?

Entschuldigen Sie / Entschuldige bitte, ...
Darf ich fragen, ...
Können Sie / Kannst du mir sagen, ...
Wissen Sie / Weißt du, ...

Natürlich, gern ...
Ja, selbstverständlich, ...
Tut mir leid, das weiß ich nicht.

5a Wie fragen die Personen? Hören Sie die Fragen und ordnen Sie zu. 1.28

höflich: ______ nicht höflich: *1,* ______

5b Hören Sie noch einmal und sprechen Sie nach. 1.28

1. Weißt du, wo meine Brille ist?
2. Darf ich fragen, wo Sie den Pullover gekauft haben?

5c Spielen Sie die Dialoge aus Übung 4 noch einmal höflich oder nicht höflich.

B Mitteilungen

1 Lesen Sie die Mitteilungen. Was passt? Ordnen Sie zu.

Ü10

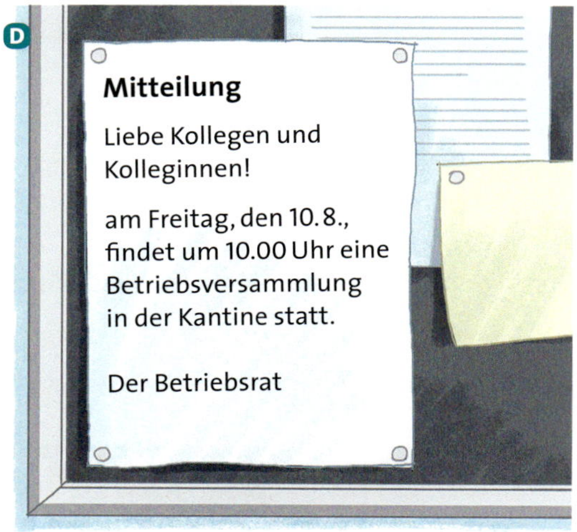

1. ◯ Die neue Kollegin braucht einen Schlüssel.
2. ◯ Die Mitarbeiter sollen am Freitagvormittag in die Kantine kommen.
3. ◯ Ein Arbeitskollege muss einen Termin verschieben.
4. ◯ Die Kolleginnen finden den Prospekt gut.

> **i**
> Für höfliche Bitten benutzt man oft die Formen *könntest du / könnten Sie:*
> **Könntest du** mir helfen?
> **Könnten Sie** ihr einen Schlüssel geben?

2 Wer sind die Personen? Lesen Sie und suchen Sie in den Texten A, B und C.

Ü11+12

1. Ich soll **ihm** helfen. ihm = ______
2. Er gefällt **ihnen** sehr gut. ihnen = ______
3. Könnten Sie **ihr** einen Schlüssel geben? ihr = ______

Nominativ	er	es	sie	sie (Pl.)
Dativ	ihm	ihm	ihr	ihnen

3 Herr Sodan und Frau Veit sind neu in Ihrer Firma. Wie können Sie ihnen helfen?

Ü13

Frau Veit: das Computerprogramm erklären – die Abteilung zeigen
Herr Sodan: die Werkstatt zeigen – seine Aufgaben erklären
Frau Veit und Herr Sodan: Tipps geben – die Pausenregeln erklären

Ich erkläre ihr ...

Ich zeige ihm ...

Ich gebe ihnen ...

4a Ordnen Sie die Mitteilung und schreiben Sie sie in Ihr Heft.

Ü14

- ◯ Vielen Dank
- ◯ ich bin von Montag bis Mittwoch unterwegs.
- (1) Liebe Frau Fink,
- ◯ Gunnar Weimass
- ◯ Könnten Sie bitte die Post in mein Büro bringen?

4b Schreiben Sie eine Mitteilung.

Ü15

Sie sind von Montag bis Freitag im Urlaub. Ein Kollege / Eine Kollegin soll am Dienstag und am Donnerstag die Blumen gießen.

5 Schreiben Sie weitere Mitteilungen.

Ü16

1. Sie haben um 17 Uhr eine Besprechung mit einem Kollegen / einer Kollegin. Sie müssen den Termin auf morgen 13 Uhr verschieben. Schreiben Sie eine kurze Notiz.
2. Sie gehen mit einem Freund / einer Freundin essen. Ihre U-Bahn hat Verspätung. Schreiben Sie eine SMS.
3. Sie haben morgen einen Arzttermin und kommen erst um elf Uhr ins Büro. Schreiben Sie eine E-Mail.

C Wie funktioniert das?

1a Hören Sie den Dialog und kreuzen Sie an: Was ist richtig? 1.29

- ○ **A** Frau Harris denkt, dass der Kopierer kaputt ist.
- ○ **B** Frau Harris findet, dass der alte Kopierer einfacher war.

1b Lesen und ergänzen Sie den Dialog.

Ü17–19

!

	Nom./Akk.	
m	dies**er**/dies**en**	Kopierer
n	dies**es**	Fach
f	dies**e**	Taste
Pl.	dies**e**	Fächer

dieser – dieser – diese – diese – dieses

- Der alte Kopierer war wirklich besser. ______ Kopierer ist so kompliziert.
- ______ Taste ist die Start-Taste. Der Kopierer hat drei Fächer. ______ Fächer sind für A4-Papier und ______ Fach ist für A3-Papier.
- Ja, aber ______ Kopierer hat noch so viele andere Tasten.

2a Was passt? Ordnen Sie zu.

Ü20

1. Dieses Fach ist für die SIM-Karte. ○
2. Wenn ich telefonieren will, drücke ich diese Taste. ○
3. Diese Anzeige ist für den Akku. ○
4. Wenn ich ein Foto machen will, drücke ich diesen Knopf. ○
5. Wenn ich das Gespräch beenden will, drücke ich diese Taste. ○

2b Haben Sie ein Handy? Fragen und erklären Sie, wie es funktioniert.

Wo schaltet man das Handy ein/aus?
Wie macht man Fotos?
Welche Taste muss ich drücken, wenn ...?
Wie schreibe ich eine SMS?
Wo spreche ich?
...

Hier.
Man drückt im Menü auf Foto und dann ...
Diese hier.

D Situationen am Arbeitsplatz

1a Hören Sie und ordnen Sie die Dialoge den Fotos zu. 1.30

1b Hören Sie die Dialoge noch einmal und beantworten Sie die Fragen. 1.30

Ü21

1. Wann geht Herr Frei zum Arzt?
2. Warum hat Frau Siegmann das Regal nicht eingeräumt?
3. Seit wann arbeitet Herr Fischer in der Firma?

2a In der Kantine. Schreiben und spielen Sie einen Dialog.

Ü22

- Platz noch frei? →
- → ja, Platz nehmen / neu in der Firma?
- ja, eine Woche hier / Name →
- → Name / die Arbeit – gefallen?
- ja, sehr gut / die Kollegen – nett, die Arbeit interessant

2b Spielen Sie zwei weitere Dialoge.

1. In der Spedition Schön
   Sekretärin: Sie arbeiten im Büro. Ein Mitarbeiter ruft an.
   Mitarbeiter/in: Sie rufen im Büro an. Sie sind krank und können heute nicht arbeiten.

2. Im Supermarkt Fröhlich
   Chef/in: Sie möchten wissen: Hat Ihr Mitarbeiter / Ihre Mitarbeiterin schon die Milch ins Kühlregal gestellt?
   Mitarbeiter/in: Sie hatten keine Zeit, weil im Supermarkt viele Kunden waren. Sie waren an der Kasse.

5 Alles klar!

Kommunikation

1a Ergänzen Sie die Mitteilung.

müssen – kann – Hallo – Grüße

Cc:
Betreff:
Anlagen: *keine*

_______ Marie,

wir _______ noch über den neuen Prospekt sprechen. Hast du heute Nachmittag Zeit? Ich _______ um 16 Uhr in dein Büro kommen.

Viele _______
Anna

1b Schreiben Sie eine Antwort.

heute keine Zeit / morgen 11 Uhr? – im Büro von Anna

Hallo Anna,

2 In der Kantine. Was passt zusammen? Verbinden Sie.

Darf ich fragen, wie Sie heißen? 1	A	Seit zwei Wochen.
Wie lange arbeiten Sie schon hier? 2	B	In der Elektroabteilung.
Gefällt Ihnen die Arbeit? 3	C	Natürlich, mein Name ist Smith.
In welcher Abteilung arbeiten Sie? 4	D	Ja, die Arbeit ist interessant und die Kollegen helfen mir.

Wortschatz

3 Wer macht was? Verbinden Sie.

Der Florist 1	A	steuert Flugzeuge.
Die Kfz-Mechatronikerin 2	B	betreut Kinder.
Der Erzieher 3	C	verkauft Blumen.
Die Pilotin 4	D	überprüft Motoren.

Grammatik

4 Ergänzen Sie die Fragen.

1. Wissen Sie, wo _____
2. Können Sie mir sagen, wann _____
3. Darf ich fragen, wie lange _____
4. Können Sie mir erklären, warum _____

5 Ergänzen Sie die Personalpronomen.

ihr – ihr – ihm – ihm – ihnen

Frau Markowski und Herr Amann sind neu in der Firma. Die Arbeit gefällt _____. Frau Markowski arbeitet in der Werkstatt. Ein Kollege hat _____ alles gezeigt. Der Kollege war sehr nett und sie hat _____ gedankt. Herr Amann arbeitet im Büro. Eine Kollegin hat _____ den Fotokopierer erklärt, aber er hat nur wenig verstanden. Herr Amann hat _____ nicht gedankt.

Flüssig sprechen

6 Hören Sie zu und sprechen Sie nach. 1.31

Gewusst wie

Kommunikation

Gespräche am Arbeitsplatz führen

- Sind Sie neu in der Firma?
- Ja, ich bin seit einer Woche hier.
- Gefällt Ihnen die Arbeit?
- Ja, sie ist sehr interessant.
- Wo arbeiten Sie?
- In der Elektroabteilung.

Eine Mitteilung schreiben

Hallo Anna,
ja, wir können heute Nachmittag über den Prospekt sprechen. Kommst du in mein Büro?
Viele Grüße
Marie

Höfliche Bitten

Könntest du mir bitte helfen?
Könnten Sie ihr bitte einen Schlüssel geben?

Etwas erklären

Hier schaltet man den Fotokopierer ein.
Diese Fächer sind für Papier.

Grammatik

Nebensätze mit Fragewort

Wo ist der Brief?
Weißt du, **wo** der Brief ist?

Personalpronomen im Dativ

Nominativ	Dativ
ich	mir
du	dir
er/es	ihm
sie	ihr
wir	uns
ihr	euch
sie (Pl.)/Sie	ihnen/Ihnen

- Hast du Peter das Buch gegeben?
- Ja, ich habe ihm das Buch schon gestern gegeben.

- Könnten Sie der neuen Kollegin bitte helfen?
- Nein, ich kann ihr leider nicht helfen. Ich habe keine Zeit.

Demonstrativartikel *dies-*

	Nominativ	Akkusativ
m	dies**er** Kopierer	dies**en** Kopierer
n	dies**es** Fach	dies**es** Fach
f	dies**e** Taste	dies**e** Taste
Pl.	dies**e** Fächer	dies**e** Fächer

- Welcher Kopierer ist neu?
- Dieser Kopierer.
- Welchen Knopf muss ich drücken?
- Diesen Knopf.

Sie lernen:

- über die Wohnlage sprechen
- eine Wohnung suchen
- Nachbarn kennenlernen
- über das Renovieren sprechen
- reflexive Verben
- „legen"/„liegen" und „stellen"/„stehen"

6 Wohnen nach Wunsch

1 Ü1

Wie wohnt man hier? Sammeln Sie Wörter zu den Fotos und schreiben Sie Sätze.

zentral – in der Innenstadt – langweilig – in einer Großstadt/Kleinstadt – ruhig – in einem Dorf – teuer – günstig – in einem Vorort – außerhalb

2 Ü2–4

Wo wohnen Sie? Wo möchten Sie gern wohnen? Warum?

viele/wenige Kontakte mit Nachbarn haben – Arbeit finden – viele Geschäfte – einen Garten haben – mit öffentlichen Verkehrsmitteln fahren – ausgehen ...

Ich wohne in ..., aber ich möchte gern außerhalb wohnen.

Ich wohne gern in einer Großstadt. Da brauche ich kein Auto.

Ich möchte lieber in einer Kleinstadt wohnen, weil ...

A Eine Wohnung suchen

1a Ü5

Lesen Sie die Anzeigen und markieren Sie die Informationen in den Anzeigen.

Wie groß? – Wie viele Zimmer? – Wie teuer?

1 **3 Zi-Wohnung,** EG, 75 qm, ruhig, S-Bahn 5 Minuten, KM 640 €, NK 150 €, Maklerprovision 2 Monatsmieten

Immobilien Franz
Tel. 03761/56818

2 Nachmieter gesucht
3-Zi-Wohnung in EFH,
sehr ruhig, keine Haustiere
KM 590,- €/NK 180,-
(3MM Kaution)

02552-2022
02552-2022
02552-2022
02552-2022
02552-2022

3 www.degewo.de

DEGEWO Mehr Stadt. Mehr Leben.

familienfreundlich, zentrale Lage,
4 Zimmer, 109,56 m²
716,75 € KM

DEGEWO
Kundenzentrum City
Tel. 030-98727192

1b Ü6+7

Hören und lesen Sie das Gespräch. Welche Anzeige hat Herr Khan gelesen? 1.32

- Schlosser.
- Guten Tag, mein Name ist Khan. Ich habe Ihre Anzeige gelesen, eine 3-Zimmer-Wohnung. Ist die Wohnung noch frei?
- Ja, sie ist noch nicht vermietet.
- Auf dem Zettel steht Kaution 3 MM. Was heißt das?
- Sie müssen eine Kaution von drei Monatsmieten bezahlen. Das sind 1770 €.
- Ach so, okay. Kann ich die Wohnung besichtigen?
- Natürlich, am Samstagvormittag um 10 Uhr?
- Gut, um zehn. Vielen Dank.

i

Kaution:	Sie geben dem Vermieter Geld als Sicherheit. Wenn Sie ausziehen und alles in Ordnung ist, bekommen Sie das Geld zurück.
Provision:	Der Makler bekommt für seine Vermittlungsarbeit eine Provision. Meistens sind es zwei oder drei Monatsmieten.
Ablöse/Abstand:	Manchmal möchte der Vormieter Geld, z. B. für einen teuren Teppichboden oder eine Einbauküche. Sie können über den Preis sprechen.

1c Variieren Sie den Dialog.

Ü 8

2 Zi-Whg. WM 600 €, Kaution 2 MM

4 Zi-Whg. WM 800 €, Besichtigungstermin: Freitagabend 20 Uhr

2 Sammeln Sie Fragen. Schreiben und spielen Sie dann Dialoge zu den Anzeigen in 1a.

3a Mietvertrag. Ergänzen Sie die Informationen.

17.09.2010 – P. Khan – Oldenburg

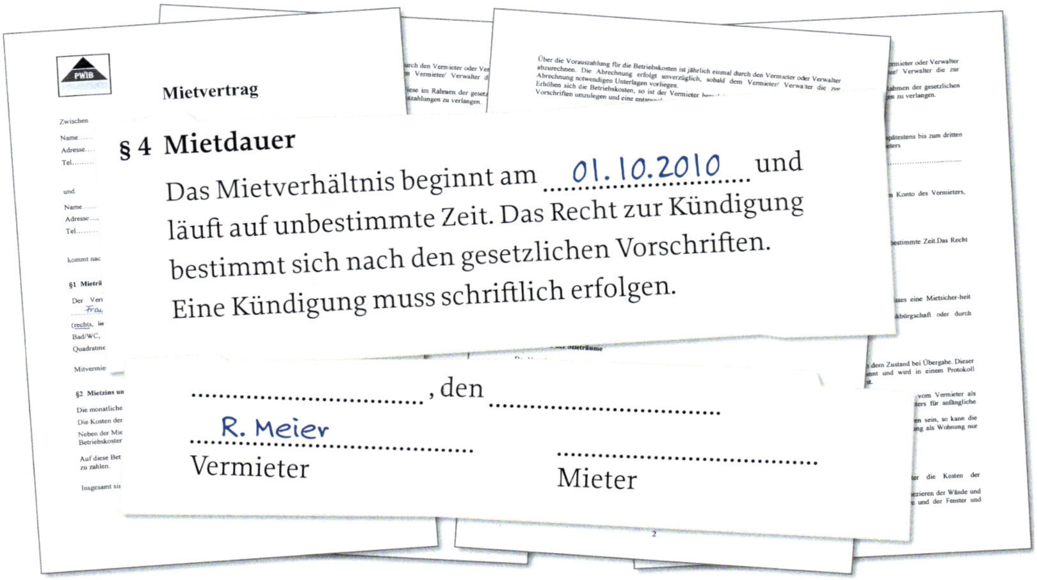

Mietvertrag

§ 4 Mietdauer

Das Mietverhältnis beginnt am 01.10.2010 und läuft auf unbestimmte Zeit. Das Recht zur Kündigung bestimmt sich nach den gesetzlichen Vorschriften. Eine Kündigung muss schriftlich erfolgen.

..................., den ....

R. Meier .... Vermieter

.... Mieter

3b Lesen Sie noch einmal und kreuzen Sie an: Was ist richtig?

1. Wie kann man kündigen?
- **A** ○ Nur mündlich.
- **B** ○ Nur schriftlich.
- **C** ○ Mündlich oder schriftlich.

2. Wie lange geht der Mietvertrag?
- **A** ○ Bis zum 17.09.2010.
- **B** ○ Bis zum 01.10.2010.
- **C** ○ Unbegrenzt.

4 Projekt: Hatten Sie schon einmal Probleme mit Ihrer Wohnung? Erzählen Sie. Wo kann man Hilfe bekommen?

Briefe vom Vermieter sind ein Problem. Auch mit dem Wörterbuch kann ich diese Briefe nicht verstehen.

Ich frage meine Freunde. Meistens kann mir jemand helfen.

Ich spreche immer mit meinen Nachbarn. Sie haben oft das gleiche Problem.

B Die neuen Nachbarn

1a Sehen Sie sich die Fotos an und hören Sie die Dialoge. Warum gehen Herr und Frau Olaru zu den Nachbarn? 1.33

1

2

3

1b Hören Sie noch einmal: Wie finden Sie die Nachbarn? 1.33

sympathisch – unsympathisch – freundlich – unfreundlich – nett – nicht nett

2a Lesen Sie den Dialog und ergänzen Sie die Sätze.
Ü9

- Guten Tag, wir möchten uns vorstellen. Wir sind die neuen Nachbarn, Olaru ist mein Name.
- Guten Tag, mein Name ist Blatt. Hoffentlich fühlen Sie sich hier wohl. Haben Sie Kinder?
- Ja, wir haben zwei Jungen, sie sind fünf und acht Jahre alt.
- Oh, das ist schön, ich habe auch zwei Jungen, Zwillinge. Sie sind sieben.
- Wir haben vorher in der Stadt gewohnt und die Wohnung war laut und klein. Hier haben wir Platz. Das ist wunderbar. Ich freue mich, dass wir diese Wohnung bekommen haben.

!

ich	freue mich
du	freust dich
er/es/sie/man	freut sich
wir	freuen uns
ihr	freut euch
sie/Sie	freuen sich

1. Guten Tag, wir möchten ______ vorstellen.
2. Hoffentlich fühlen Sie ______ hier wohl.
3. Ich freue ______, dass wir diese Wohnung bekommen haben.

2b Würfeln und sprechen Sie.
Ü10

sich freuen
sich wohl fühlen
sich vorstellen

ich | du | er/es/sie/man | wir | ihr | sie (Pl.)

3a Ein Gedicht. Hören Sie und sprechen Sie nach. 1.34

Ü11–13

Ich fühle mich gut.
Wie fühlst du dich?
Er fühlt sich stark.
Sie fühlt sich einsam.
Wir fühlen uns müde.
Fühlt ihr euch wohl?
Sie fühlen sich fantastisch.
Und wie fühlen Sie sich heute?

3b Schreiben Sie das Gedicht neu und tragen Sie es im Kurs vor.

🙂		🙁
prima, fantastisch, fit, wunderbar, super	jung, alt, etwas besser	allein, fremd, krank, matt, erschöpft, schwach

4a Eine romantische Geschichte. Ordnen Sie die Verben zu.

sich verlieben – sich entschuldigen – sich kennenlernen – sich streiten – sich küssen – sich trennen

4b Wo? Wann? Warum? Schreiben Sie die Geschichte.

Ü14

sie haben sich kennengelernt – sie haben sich verliebt – sie haben sich geküsst – sie haben sich gestritten – sie haben sich getrennt – sie haben sich entschuldigt

C Schöner wohnen

1 Kennen Sie die Sendung? Lesen Sie und erzählen Sie.

Wohnen nach Wunsch

Möchten Sie renovieren? Enie van de Meiklokjes und ihre Handwerksmeister suchen zusammen mit den Bewohnern neue Lösungen für ein Zimmer oder eine Wohnung. Sie räumen aus, streichen, tapezieren, suchen neue Möbel und dekorieren. Möchten Sie jemanden überraschen und eine Wohnung verschönern lassen? Bewerben Sie sich bei uns für „Wohnen nach Wunsch"!

2 Wie gefällt Ihnen das Zimmer? Sprechen Sie im Kurs.

Ü15

Links an der Wand steht ein Schrank. Der Schrank ist hässlich.

Die Tapete gefällt mir gut.

Auf dem Fußboden liegt ein Teppich. Der Teppich ist langweilig.

3a *Wohin?* oder *wo?* Schreiben Sie Fragen.

Ü16+17

Sie stellen den Schrank in die Ecke.

Der Schrank steht in der Ecke.

Wohin?	**Wo?**
stellen	stehen
legen	liegen

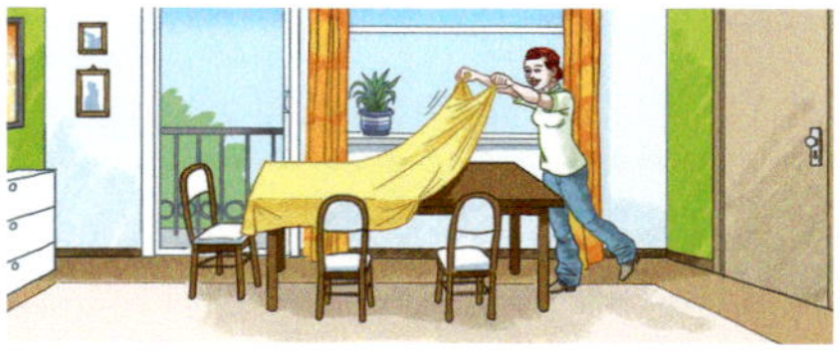

Sie legt die Decke auf den Tisch.

Die Decke liegt auf dem Tisch.

3b Schreiben Sie Sätze wie im Beispiel.

Ü18

Sie stellt die Vase auf den Tisch.

4a Im Baumarkt. Hören Sie und kreuzen Sie an: Was kauft Herr Tymoschenko? 1.35

Ü19

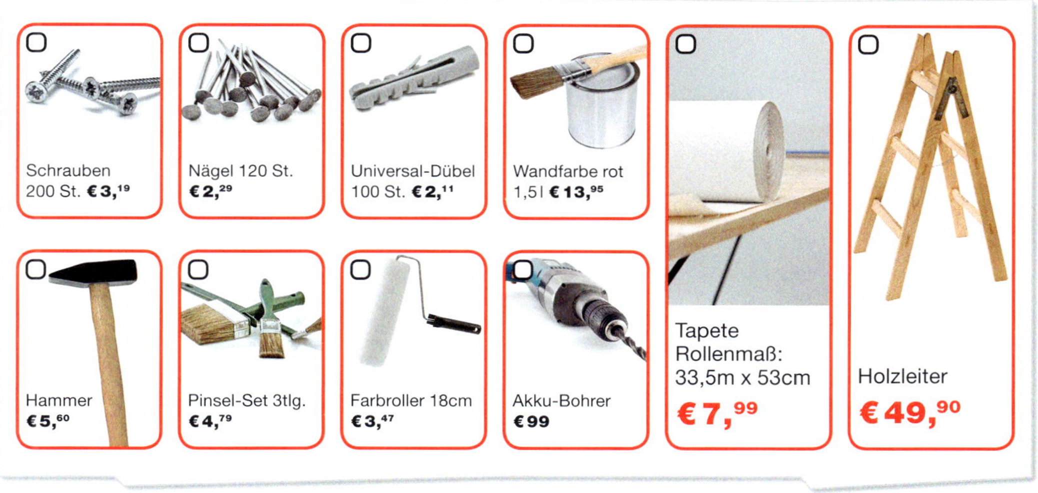

4b Variieren Sie den Dialog und spielen Sie ihn im Kurs.

Wohnung streichen – Wohnung tapezieren – ein Bild aufhängen – eine Lampe aufhängen – ...

Guten Tag, können Sie mir helfen?

Ja, gern. Was brauchen Sie?

5 Sie haben 1.000 € und können Ihren Kursraum renovieren. Was machen Sie? Wie renovieren und dekorieren Sie den Raum? Diskutieren Sie im Kurs.

6 Alles klar!

Wortschatz

1a Gegenteile. Was passt zusammen?

mündlich	1	A	ruhig
sympathisch	2	B	vermietet
stark	3	C	schriftlich
zentral	4	D	außerhalb
laut	5	E	unsympathisch
frei	6	F	schwach

1b Welche Wörter aus 1a passen? Ergänzen Sie.

1. Wir wohnen nicht mehr in der Innenstadt, wir wohnen jetzt ________________ .
2. Die Wohnung hat uns sofort gefallen und wir hatten Glück, sie war noch ________ .
3. Einen Mietvertrag kann man nicht ________________ kündigen.

Kommunikation

2 Ergänzen Sie den Dialog und hören Sie zur Kontrolle. 1.36

Was kostet die Wohnung? – Ja, gern. Danke schön. Auf Wiederhören. – Wo liegt die Wohnung? Kann ich sie besichtigen? – Guten Tag, mein Name ist Bayer. Ich habe Ihre Anzeige gelesen. Ist die Wohnung noch frei?

- Westerhoff.
- ____
- Nein, tut mir leid. Aber ich habe noch eine andere Wohnung: vier Zimmer im Erdgeschoss.
- ____
- 560€ plus Nebenkosten. Und ich nehme zwei Monatsmieten Kaution.
- ____
- Ja, natürlich. Die Wohnung ist in der Kaiserstraße 35. Sie können heute Abend um sieben kommen.
- ____

3 Schreiben Sie einen Dialog im Baumarkt und spielen Sie ihn im Kurs.

- Guten Tag, können Sie mir helfen? → Ja, gern, was kann ich für Sie tun?
- Ich möchte ... und brauche ... → ... haben wir da drüben.
- Wir haben auch ...
- Brauchen Sie auch ...?
- Ja/Nein, ...

Grammatik

4 Ergänzen Sie die Reflexivpronomen.

1. Entschuldigung, ich glaube, ich habe ________ noch nicht vorgestellt, mein Name ist Wang.
2. Mein Name ist Cortada und das ist Robert Eichel, wir haben ________ auf einer Party kennengelernt.
3. Oh, fühlen Sie ________ nicht gut?
   Doch, doch, es geht schon. Ich fühle ________ nur ein bisschen müde.
4. Die Kinder spielen wunderbar, sie haben ________ nicht einmal gestritten.
5. Bald sind Ferien, freust du ________? Ja, klar.

5 *Stellen* oder *stehen*? *Legen* oder *liegen*? Ergänzen Sie.

1. Kannst du bitte die Bücher ins Regal ________?
   Aber sie ________ doch schon im Regal.
2. Anna muss jetzt schlafen, ich ________ sie gleich ins Bett.
3. Ich weiß nicht, was ich machen soll. Luca ________ immer nur auf dem Sofa und hört Musik.

Flüssig sprechen

6 Hören Sie zu und sprechen Sie nach. 1.37

6

Gewusst wie

Kommunikation

Über die Wohnlage sprechen

Ich wohne zentral. Das ist praktisch, ich brauche kein Auto und kann mit den öffentlichen Verkehrsmitteln fahren.

Ich wohne außerhalb in einem kleinen Dorf. Hier hat man mehr Kontakte mit Nachbarn und wir haben auch einen Garten.

Eine Wohnung suchen

Ich habe Ihre Anzeige gelesen, ist die Wohnung noch frei?
Ich möchte die Wohnung gern besichtigen. Wann ist das möglich?

Nachbarn kennenlernen

Guten Tag, wir möchten uns vorstellen.
Wir sind die neuen Nachbarn, Olaru ist mein Name.
Wir haben vorher in einer kleinen Wohnung gewohnt. Wir freuen uns, dass wir diese Wohnung bekommen haben.

Über das Renovieren sprechen

Wir möchten die Wohnung streichen und tapezieren.
Wer kann die Lampen aufhängen?
Wir stellen den Schrank an die Wand neben die Tür.
Sie legen den Teppich vor das Sofa.

Grammatik

Reflexive Verben

	sich freuen
ich	freue **mich**
du	freust **dich**
er/es/sie/man	freut **sich**
wir	freuen **uns**
ihr	freut **euch**
sie/Sie	freuen **sich**

Wir freuen uns, weil wir eine gute Wohnung gefunden haben.
ebenso: sich fühlen, sich vorstellen, sich kennenlernen, sich verlieben, sich küssen, sich streiten, sich trennen, sich entschuldigen

Legen/Liegen und *stellen/stehen*

Wohin?
legen/stellen *(mit Präposition) + Akkusativ*

Sie **legen** den Teppich **auf den** Boden.
Sie **stellen** den Tisch **auf den** Teppich.

Wo?
liegen/stehen *(mit Präposition) + Dativ*

Der Teppich **liegt auf dem** Boden.
Der Tisch **steht auf dem** Teppich.

Sie lernen:

- über Feste und Geschenke sprechen
- Einladungen verstehen und darauf reagieren
- Komplimente machen und darauf reagieren
- das Datum
- Kleidung beschreiben (Adjektivdeklination nach dem unbestimmten Artikel)
- Verben mit Dativ und Akkusativ
- eine Kursparty organisieren

7 Feste feiern

1a Welche Feste auf den Fotos kennen Sie? Wann feiert man diese Feste?

Ü1

Ich glaube, das Foto oben links ist Weihnachten.

Weihnachten feiert man vom 24. bis zum 26. Dezember.

Vielleicht ist das Foto unten in der Mitte Silvester.

1b Was machen die Leute? Was ist typisch für die Feste?

2a Welche deutschen Feste und Feiertage kennen Sie?

Ü2–6

Der dritte Oktober ist in Deutschland ein Feiertag.

Welcher Tag ...?	Wann ...?
der erste Januar	am ersten Januar
der erste Erste	am ersten Ersten

2b Feste in Ihrer Heimat. Erzählen Sie.

A Einladungen

1 Ü7

Lesen Sie die Einladungen und ergänzen Sie die Tabelle.

1

Wir heiraten

Eva Roth
und Tobias Sedlmayr

Die Trauung ist
am 9. 9. 2010 um 10 Uhr
im Standesamt Freising,
Ruppertstraße 11

Die Hochzeitsfeier findet
im Hotel „Zur Post" statt.

Um Antwort wird gebeten
bis zum 20. 08. 10

2

Einladung zur Betriebsfeier der Natura GmbH

am Freitag, den 1. Juni
von 19 Uhr bis 1 Uhr

Gartenrestaurant „Eule",
Am Fuchspfad 1

Es spielen die
„River Girls"

3

Liebe Freunde!

Am 26. Mai werde ich 50!
Wollt ihr meinen Geburtstag mit mir feiern? Kommt ab 16 Uhr zu uns, Heeker Str. 5 in Ahaus, Tel.: 02561/85730
Wenn ihr kommt, sagt Bescheid. Ich freue mich!!

Susanne

	Einladung 1	Einladung 2	Einladung 3
Wer?			
Was?			
Wann?			
Wo?			

2a Ü8

Einladen und reagieren. Hören Sie und lesen Sie den Dialog zu zweit. 1.38

- Heitmann.
- Hallo, hier ist Susanne.
- Hi, Susanne, wie geht's dir?
- Danke, gut. Ich möchte dich gern zu meinem Geburtstag einladen. Hast du am Samstagabend Zeit?
- Samstag? Ja, klar, ich komme gern.
- Wunderbar! Dann bis Samstag.

2b Ü9

Schreiben Sie eine Einladung und spielen Sie im Kurs.

Ich möchte dich zu ... einladen.

🙂	😐	🙁
Ja, (ich komme) sehr gern.	Ich weiß noch nicht.	Oh, das tut mir leid, aber ich kann nicht kommen.
Oh, das ist schön. Klar komme ich.	Ich muss noch ... fragen.	Schade, da kann ich nicht.

3 Geschenke. Lesen Sie die Einladungen in Aufgabe 1 noch einmal. Was kann man wem schenken? Sammeln Sie und vergleichen Sie im Kurs.

Ü10

Eva:
Tobias:
Eva und Tobias:
Susanne:

	Dativ (Person)	Akkusativ (Sache)
Ich schenke	meinem Vater	ein Buch.
Ich schenke	ihm	ein Buch.

Man kann Susanne Blumen schenken.

Man kann ihr auch ein Parfüm schenken.

4 Was schenken Sie? Bilden Sie Sätze und erzählen Sie.

Ü11+12

Meinen Eltern	schenke ich	ein ...	zum Geburtstag.
Meinem Vater		eine ...	zur Hochzeit.
Meiner Mutter		einen ...	zum Jubiläum.
Meinen Freunden			...
Meinem Chef			

5 Was schenken Sie, wenn ...? Was kann man in Ihrem Land nicht schenken? Erzählen und vergleichen Sie.

Ü13

Was schenken Sie, wenn ein Freund / eine Freundin Geburtstag hat?
wenn Sie bei einem Kollegen zum Essen eingeladen sind?
wenn Sie in die Heimat fahren?

Wenn ich eingeladen bin, schenke ich meistens ...

Bei uns darf man kein ... schenken. Das macht man nicht.

Normalerweise schenkt man in meiner Heimat kein ...

B Hochzeit

1a Eva und Tobias heiraten. Welche Adjektive passen?

Ü14

elegant – schick – schwarz – weiß – eng – wunderschön – toll – romantisch

Das Brautkleid ist wunderschön.

Der Anzug ist elegant.

Die Hose ist ...

i Wenn man in Deutschland heiratet, muss man zum Standesamt gehen.

1b Ergänzen Sie die Endungen. Hören Sie dann und sprechen Sie nach. 1.39

Ü15+16

Die Braut trägt ein romantisch___, weiß___ Kleid, eine wunderschön___ Kette, einen klein___, weiß___ Schleier und elegant___ Handschuhe. Sie sieht fantastisch aus!

!

	Das ist/sind ...		Er/Sie trägt ...
(der)	ein/kein grauer Anzug	(den)	einen/keinen grauen Anzug
(das)	ein/kein weißes Kleid	(das)	ein/kein graues Kleid
(die)	eine/keine graue Hose	(die)	eine/keine graue Hose
(die) Pl.	kleine Ohrringe	(die) Pl.	kleine Ohrringe
	keine kleinen Ohrringe		keine kleinen Ohrringe

1c Beschreiben Sie den Bräutigam.

der Anzug – die Hose – das Hemd – die Krawatte

Der Bräutigam trägt ...

2 Hochzeitskleidung. Fragen Sie Ihren Partner / Ihre Partnerin und berichten Sie im Kurs. Wenn Sie möchten, bringen Sie Hochzeitsfotos mit.

Ü17+18

1. Was für ein Kleid / einen Anzug / eine Kette / Schuhe haben Sie getragen?
2. Was für ein Kleid / einen Anzug / eine Kette / Schuhe möchten Sie tragen?
3. Was trägt man in Ihrem Land?

!

Was für einen Anzug?
Was für ein Kleid?
Was für eine Kette?
Was für Schuhe?

3 Machen Sie Komplimente im Kurs und reagieren Sie darauf.

Ü19+20

Auf dem Foto sehen Sie echt toll aus!

Du sprichst schon so gut Deutsch.

- Du bist immer so freundlich/fröhlich/nett/hilfsbereit.
- Sie haben immer so tolle Ideen.

- Wirklich? Das ist nett von Ihnen/dir.
- Meinen Sie / Meinst du?
- Danke schön, Sie/du auch.

4a Eine Hochzeit mit Pannen. Hören Sie und ordnen Sie die Bilder. 1.40

4b Ordnen Sie die Sätze den Bildern zu und erzählen Sie die Geschichte.

Ü21

Die Freunde und Verwandten werfen Reis. – Sie gehen ins Restaurant. – Sie feiern. – Das Restaurant ist geschlossen. – Das Brautpaar tauscht Ringe. – Sie suchen ein anderes Restaurant.

5 Hochzeit weltweit. Wie feiert man in Ihrem Land Hochzeit? Erzählen Sie.

C Feiern interkulturell

1 **Party und Einladung zum Essen. Lesen Sie die Sätze und kreuzen Sie an: stimmt, stimmt nicht. Vergleichen und diskutieren Sie im Kurs.**

	stimmt		stimmt nicht	
	Party	Essen	Party	Essen
1. Ich komme pünktlich.	▢	▢	▢	▢
2. Ich bringe etwas zu essen/trinken mit.	▢	▢	▢	▢
3. Ich nehme die Kinder mit.	▢	▢	▢	▢
4. Ich kaufe ein Geschenk für die Gastgeber.	▢	▢	▢	▢
5. Ich ziehe schöne Kleidung an.	▢	▢	▢	▢

2a Ü22 **Luiz, Leyla und Benoit erzählen über ihre Erfahrungen. Lesen Sie und sammeln Sie Informationen zu den Themen: Kleidung, Essen und Trinken, Tanzen, Kinder, Geschenke und Gespräche.**

Ich bin Student und war schon auf einigen Partys bei deutschen Freunden. Meistens bringt man etwas zu essen mit, am besten eine Spezialität aus dem eigenen Land oder auch eine Flasche Wein. Das ist ganz unkompliziert. Das gefällt mir. Man unterhält sich auch viel über das Studium, die Arbeit oder auch über Filme und es gibt natürlich Wein oder Bier. *Luiz Fernando, 24, Brasilien*

Ich habe viele deutsche Freunde und bin oft eingeladen und lade auch ein. Was mir auffällt? Die Deutschen kommen bei Einladungen zum Essen immer sehr pünktlich. Das ist höflich in Deutschland. Bei uns ist das nicht so. Hier bringt man meistens auch etwas mit, z. B. eine Flasche Wein oder Blumen. Und die Kinder sind oft nicht dabei. Das ist bei uns anders. *Leyla Sönmez, 36, Türkei*

Vorgestern war ich auf einer deutschen Party. Da war eine gute Stimmung, aber es war auch ganz anders als bei uns. Die Leute waren ganz normal angezogen, bei uns zieht man immer schicke Kleidung an, wenn man zu einer Party geht. Die Leute haben sich viel unterhalten, aber wenig getanzt. Ich war der einzige Mann auf der Tanzfläche. *Benoit Ahoua, 30, Elfenbeinküste*

2b **Waren Sie schon einmal auf einer deutschen Party? Was ist Ihnen aufgefallen? Wie ist das in Ihrem Heimatland? Erzählen Sie.**

3a Eine Kursparty organisieren. Was passt? Ordnen Sie zu.

Wer besorgt	1	A	wollen wir feiern?
Wer bringt	2	B	die Getränke?
Wen	3	C	laden wir ein?
Wollen wir auch	4	D	tanzen?
Wann	5	E	auf der Party?
Was machen wir	6	F	feiern?
Wo wollen/können wir	7	G	Essen mit?

3b Arbeiten Sie zu zweit und planen Sie die Party.

Wollen wir übermorgen eine Party machen?

Ja, das ist eine gute Idee. Wir können bei mir feiern. Ich habe einen großen Garten.

Das ist gut. Wann ...?

4a Glückwünsche, was sagt man wann? Ordnen Sie zu.

Ü23

1. Herzlichen Glückwunsch zum Geburtstag! – **2.** Alles Gute zum neuen Jahr! – **3.** Frohe Ostern! – **4.** Alles Gute zur Hochzeit. – **5.** Prosit Neujahr!

A

C

B

D

4b Wählen Sie ein Fest aus und schreiben Sie einem Freund / einer Freundin eine Glückwunschkarte.

D Festtage

Interkultureller

	Januar	Februar	März	April	Mai	Juni
1	Neujahr		Holifest		Tag der Arbeit	
2				Karfreitag		
3						Fronleichnam
4				Osterfest Ev., Kath., Orth.		
5						
6	Hl. 3 Könige				St. Georgsfest der Roma	
7	Orthodoxes Weihnachtsfest Russ./Serb. u.a.					
8			Internationaler Frauentag		Ende des 2. Weltkriegs in Europa, Muttertag	
9						
10						
11				Tag der Shoa		
12						
13				Tamil. Nj. 2041	Christi Himmelfahrt	
14	Pongalfest der Tamilen	Neujahrsfest Vietnam, China, St. Valentin		Baisakhi Nj., Roter Mittwoch der Yeziden		
15						
16		Fastnacht				
17		Christl. Fastenzeit 17.2.–3.4.	St. Patrick			
18						
19					Schawuot	
20			Neujahrsfest Iraner 1389, Afghanen 1389 Baha'i 167 u. a., Newroz 2622			Weltflüchtlingstag UNO
21				Beginn des Ridvanfestes der Baha'i		
22					Karneval der Kulturen Berlin, Pfingstfest	
23				Türkisches Kinderfest		
24						St. Johannis
25						
26		Muhammands Geburtstag				
27	Gedenktag f. d. Opfer d. Nationalsozialismus					Christopher Street Day örtl. untersch.
28		Purimfest	Palmsonntag		Buddh. Neujahr Wesak 2554	
29						
30			Pessachfest			
31						

Christliche Festtage — Islamische Festtage (Daten können um 1–2 Tage differieren.) — Jüdische Festtage

Die Helltönung von Festdaten bezeichnet nicht unbedingt eine Religion, sondern den Kulturkreis, zu dem sie gehören.

Hrsg: Beauftragter des Senats von Berlin für Integration und Migration, Potsdamer Straße 65, 10785 Berlin, Tel. 030/90 17-23 57
E-Mail: Integrationsbeauftragter@intmig.berlin.de, Internet: www.integrationsbeauftragter.berlin.de
ISBN: 978-3-938352-42-7

1 Wer feiert was? Sehen Sie sich den Kalender an und sammeln Sie Feste.

Christen feiern ..., Moslems feiern ..., Juden ..., Buddhisten ..., Hindus ...

Kalender 2010

	Juli	August	September	Oktober	November	Dezember
1			Antikriegstag	Tag des Flüchtlings	Allerheiligen	
2					Allerseelen	Chanukkafest 2.–9.12.
3				Tag der deutschen Einheit, Erntedankfest		
4	Independence Day USA					
5					Divalifest	2. Advent
6		Hiroshima-Gedenktag				St. Nikolaus
7						Islamisches Neujahr 1432
8						Muharrem-Fastem Alevit. 7.–18.12
9			Ramadanfest 3 Tg., Rosh ha-Shana Neujahr 5771		Pogromnacht 1938, Fall d. Berliner Mauer 1989	
10						Erklärung der Menschenrechte
11		Beginn des Ramadan	Ganeshafest, Kopt./Äth. Nj.		St. Martin	
12						3. Advent
13						Fest der Lucia Schweden
14	Tag der Französischen Revolution				Volkstrauertag	
15		Mariä Himmelf., Bonfest Japan				
16					Opferfest 1431	Aschuratag
17				Dussehrafest	Buß- u. Bettag	
18			Jom Kippur			
19						4. Advent, Aschure der Aleviten
20			Weltkindertag			
21					Totensonntag, Guru Nanaks Geb. Sikh	
22			Mondfest			
23			Laubhüttenfest			
24		Verstorbenen-Gedenktag				Heiligabend
25					Thanksgiving USA	1. Weihnachtstag
26						2. Weihnachtstag
27						
28					1. Advent, Beginn des Kirchenjahres	
29						
30						
31				Reformationstag, Halloween		Silvester

Buddhistische Festtage Hinduistische Festtage

Satz: Satzinform, Berlin
Druck: MercedesDruck, Berlin

2 Welche Feste feiern Sie? Erzählen Sie im Kurs.

Im März feiern wir …

Bei uns feiert man …

7 Alles klar!

Wortschatz

1 Machen Sie ein Wörternetz zum Thema „Feste feiern". Wählen Sie fünf Wörter aus und schreiben Sie Sätze.

Feste feiern
- *die Musik*
- *der Gast, -"e*

Kommunikation

2a Das Datum. Fragen und antworten Sie.

Welcher Tag ist heute?

Heute ist der …

Welcher Tag war vor drei Tagen?

morgen – übermorgen – in drei Tagen – gestern – vorgestern – vor drei Tagen

2b Termine von Marina Gortez. Schreiben Sie Sätze.

16.3. Kino	*Am sechzehnten Dritten geht sie ins Kino.*
18.4. Oma zu Besuch	
17.4.–30.4. Kinder Schulferien	
11.5. Auto in die Werkstatt	
15.6. Arzttermin	
30.6. Friseur	

3 Eine Einladung zum Geburtstag. Schreiben Sie einen Dialog mit Ihrem Partner / Ihrer Partnerin und spielen Sie ihn im Kurs vor.

☺ Ihre Freundin Clara hat am Samstag, dem 5. März, Geburtstag und lädt Sie ein. Sie kommen gern. Die Feier beginnt um 20 Uhr. Sie sollen einen Salat mitbringen. Clara sagt, Ihr Mann / Ihre Frau kann gern mitkommen.

☹ Ihre Freundin Clara hat am Samstag, dem 5. März, Geburtstag und lädt Sie ein. Sie können leider nicht, weil Ihre Schwester am Sonntag heiratet. Sie müssen bei den Vorbereitungen helfen. Sie wünschen ihr viel Spaß bei der Feier.

4 Glückwünsche. Was kann man sagen?

1. Ihr Freund / Ihre Freundin hat endlich eine neue Wohnung gefunden.
   Das ist super! Herzlichen Glückwunsch und wenig Stress beim Umzug!
2. Ihr Kollege heiratet nächste Woche.
   ____
3. Ihr Chef / Ihre Chefin hat Geburtstag.
   ____
4. Es ist der 31. Dezember, genau 12 Uhr nachts.
   ____

Grammatik

5 Ergänzen Sie die Endungen (wenn nötig).

1. ◖ Guten Tag, kann ich Ihnen helfen?
   ◖ Ja, ich suche einen blau__ Anzug und ein weiß__ Hemd für meinen Sohn, eine schick__ Hose für meine Tochter und für mich ein elegant__ Kleid. Haben Sie auch Schuhe? Wir brauchen elegant__ Schuhe.
2. ◖ Was für ein__ Buch suchen Sie? ◖ Ich suche ein__ spannend__ Buch.
3. ◖ Was für ein__ Fotoapparat hast du?
   ◖ Einen ganz neu__, er macht toll__ Fotos.

6 Dativ oder Akkusativ? Ergänzen Sie die richtige Endung (wenn nötig).

1. Ich schenke mein__ Mutter ein__ modisch__ Kette zum Geburtstag.
2. Sie will ihr__ Schwester ein__ neu__ Handy mitbringen.
3. Der Sachbearbeiter hat mein__ Freund ein__ kompliziert__ Formular gegeben.
4. Der Mann zeigt d__ Touristen d__ Weg zum Bahnhof.

Flüssig sprechen

7 Hören Sie zu und sprechen Sie nach. 1.41

7 Gewusst wie

Kommunikation

Über Feste und Geschenke sprechen

Welches Fest ist in Ihrer Heimat besonders wichtig?
Was schenkt man in Ihrer Heimat zur Hochzeit?

Kleidung beschreiben

- Was für ein Kleid hast du getragen?
- Ein langes rotes Kleid, und ich hatte rote, elegante Schuhe.

Glückwünsche äußern

Herzlichen Glückwunsch zum Geburtstag / zur Hochzeit.
Alles Gute zum neuen Jahr / zur Hochzeit / zum Geburtstag!
Prosit Neujahr! Frohe Weihnachten! Frohe Ostern.

Komplimente machen und darauf reagieren

- Das Kleid steht Ihnen sehr gut!
- Danke schön. Das ist nett von Ihnen.

Einladungen verstehen und darauf reagieren

- Ich möchte dich zum Geburtstag einladen. Hast du am Samstag Zeit?
- Ja, ich komme gern. / Nein, da kann ich leider nicht.

Grammatik

Das Datum

Welcher Tag ist das?	Das ist **der dritte Zehnte.**
Wann ist das?	Das ist **am dritten Zehnten.**

Verben mit Dativ und Akkusativ

	Dativ (Person)	**Akkusativ** (Sache)
Ich schenke	meiner Mutter	einen Blumenstrauß.

ebenso: geben, mitbringen, zeigen, ...

Adjektivdeklination nach dem unbestimmten Artikel

	Nominativ	Akkusativ
m	Das ist ein/kein grau**er** Anzug.	Er trägt einen/keinen grau**en** Anzug.
n	Das ist ein/kein weiß**es** Kleid.	Sie trägt ein/kein weiß**es** Kleid.
f	Das ist eine/keine rot**e** Rose.	Sie trägt eine/keine rot**e** Rose.
Pl.	Das sind schön**e** Ohrringe. Das sind keine schön**en** Ohrringe.	Sie trägt schön**e** Ohrringe. Sie trägt keine schön**en** Ohrringe.

Station 2

Wiederholung

1 Acht Situationen. Arbeiten Sie zu zweit. Wählen Sie drei Situationen aus, machen Sie Notizen und spielen Sie die Dialoge.

1. Sie möchten sich für einen Kurs an der Volkshochschule anmelden. Fragen Sie nach Kosten und Terminen.

2. Sie wollen am Samstagabend essen gehen. Rufen Sie im Restaurant an und reservieren Sie einen Tisch.

3. Die Schulklasse von Ihrem Kind plant eine Klassenfahrt. Fragen Sie den Lehrer, wie viel Taschengeld die Kinder brauchen.

4. Ein neuer Arbeitskollege setzt sich in der Mittagspause zu Ihnen an den Tisch. Beginnen Sie ein Gespräch.

Bahlingen, 3 Zi.,
90m², EG, EBK,
KM 500 € + NK,
2 Monatsmieten
Kaution.
Heinz Weber,
Tel. 07664/94009

5. Sie haben diese Anzeige in einer Zeitung gelesen. Rufen Sie bei dem Vermieter an.

6. Sie haben eine neue Wohnung. Stellen Sie sich bei den Nachbarn vor.

7. Sie sind im Baumarkt, weil Sie Ihre Wohnung tapezieren wollen. Bitten Sie den Verkäufer um Hilfe.

8. Sie haben Geburtstag und wollen Ihre Freunde einladen. Rufen Sie an.

Handwerksberufe

1a Wo arbeiten die Handwerker? Sprechen Sie im Kurs.

der Elektriker

die Gärtnerin

der Installateur

die Malerin

der Tischler

im Park – in der Werkstatt – in der Wohnung – in der Gärtnerei – ...

1b Was machen die Handwerker? Ordnen Sie zu und erzählen Sie.

Parks pflegen – Möbel herstellen – Elektroleitungen legen – tapezieren – Türen einbauen – Wände streichen – Pflanzen verkaufen – Bäume schneiden – den Herd anschließen – Wasserleitungen reparieren – Heizungen montieren – ...

1c Hören und schreiben Sie: Welchen Handwerksberuf haben die Personen? 1.42

Kirsten Seiler: ______ Tim Umland: ______ Paul Sattler: ______

2a Hören Sie das Interview mit dem Malermeister und kreuzen Sie an: richtig oder falsch? 1.43

	R	F
1. Herr Reimann hat einen Handwerksbetrieb.	○	○
2. In dem Betrieb arbeiten sieben Angestellte.	○	○
3. Herr Reimann hat Lehrgänge besucht und ist Malermeister.	○	○
4. Nach der Gesellenprüfung muss man die Meisterprüfung machen.	○	○

2b Hören Sie das Interview noch einmal und ordnen Sie zu. 1.43

Ein Lehrling **1** ○ ○ **A** hat einen Handwerksberuf gelernt und eine Prüfung gemacht.

Ein Geselle / Eine Gesellin **2** ○ ○ **B** darf nach einer Prüfung Leute ausbilden.

Ein Meister / Eine Meisterin **3** ○ ○ **C** lernt einen Beruf. Ein anderes Wort ist *der* oder *die Auszubildende*.

3a Ein Kundengespräch. Hören Sie und kreuzen Sie an: Welches Foto passt? 1.44

☐ 

☐ 

3b Hören Sie noch einmal und ergänzen Sie den Dialog. 1.44

Vielleicht 800 bis 1.000 Euro. Ich mache Ihnen noch ein genaues Angebot. – Ich habe hier einige Muster. Sie können sich eine Farbe aussuchen. – Ich denke, wir können in zwei Tagen fertig sein. – Wenn wir die Arbeiten anfangen, können wir an der Wand zuerst Probeanstriche machen.

- Wir ziehen hier bald ein, aber die weiße Farbe an den Wänden gefällt uns nicht.
- ______________________________
- Na ja, Blau gefällt mir nicht, aber vielleicht Gelb oder Orange?
- ______________________________
- Einverstanden. Wie teuer sind die Arbeiten?
- ______________________________
- Und wie lange dauert das?
- ______________________________

3c Variieren Sie den Dialog.

1. Ein Kunde möchte an den Türen eine andere Farbe. Die Arbeiten kosten 1.400 bis 1.800 Euro und dauern drei Tage.
2. Ein Mieter zieht aus seiner Wohnung aus. Die Wände sind grün, aber sie müssen weiß sein, wenn der Mieter auszieht. Die Arbeiten kosten 1.700 Euro und dauern vier Tage.

4 Projekt: Sammeln Sie Adressen und Telefonnummern von Handwerksbetrieben in Ihrem Kurs- oder Wohnort.

Prüfungsvorbereitung DTZ: Lesen

1 Lesen Sie die Tipps.

- Lesen Sie zuerst genau die Aufgaben.
- Überlegen Sie: Welche Wörter aus den Aufgaben finden Sie im Text wieder?
- Welche Wörter aus den Aufgaben sind im Text ähnlich?
- Beachten Sie: Es kann sein, dass Sie unter **A** und **B** keine passende Abteilung finden. Dann kreuzen Sie ***C*** *andere Abteilung* an.
- Sie verstehen ein Wort nicht? Das ist kein Problem. Sie müssen nicht alles verstehen. Aber Sie können die Aufgabe lösen!

2 Sie wollen einkaufen und lesen eine Infotafel im Kaufhaus. Lesen Sie die Aufgaben 1 bis 5 und den Text. Wo (A, B oder C) finden Sie etwas Passendes? Markieren Sie Ihre Lösungen auf dem Antwortbogen auf Seite 233.

1 Eine Freundin von Ihnen kocht gern.
Wo finden Sie ein passendes Geschenk?
- **A** Musik
- **B** Buch & Hörbuch
- **C** andere Abteilung

2 Das neue Jahr beginnt. Sie brauchen einen Kalender.
- **A** Büro
- **B** Musik
- **C** andere Abteilung

3 Sie wollen für Ihre Tochter einen Fußball kaufen.
- **A** Kinderwelt
- **B** Sport & Fitness
- **C** andere Abteilung

4 Sie brauchen Bettwäsche.
- **A** Mode
- **B** Film & DVD
- **C** andere Abteilung

5 Sie wollen Ihre Wohnung tapezieren.
- **A** Heimwerker
- **B** Wohnen & Schlafen
- **C** andere Abteilung

Wohnen & Schlafen
Tischdekoration / Bettwäsche
Decken / Kissen

Buch & Hörbuch
Romane / Sachbücher
Kochbücher / Ratgeber

Film & DVD
Neuheiten / Spielfilme
TV-Serien / Dokumentarfilme

Musik
Klassik / Pop
Schlager / Volksmusik

Kinderwelt
Spiele / Modellbau
Puppen / Stofftiere

Büro
Kalender / Hefte /
Ordner / Papier

Sport & Fitness
Fußball / Radsport
Tennis / Schwimmen

Mode
Herrenmode / Damenmode
Kinderkleidung / Schuhe

Heimwerker
Werkzeug / Malerbedarf
Gartenbedarf / Holz

Sie lernen:

- über die eigenen Ziele sprechen
- sich über Weiterbildungsmaßnahmen informieren
- sich für einen Kurs anmelden
- Nebensätze mit „damit“
- Verben mit Präpositionen

8 Neue Chancen

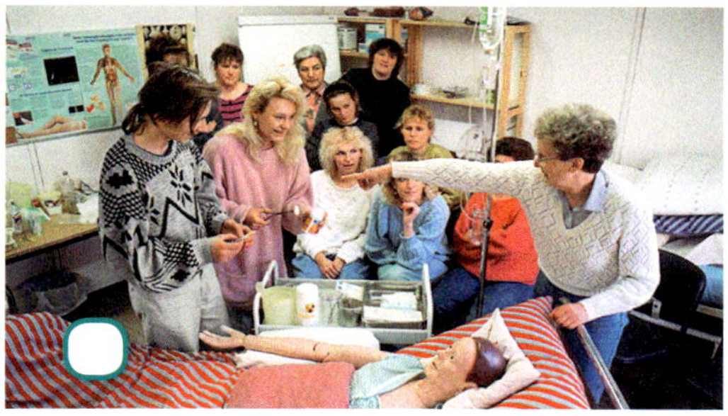

1a Was machen die Leute auf den Fotos? Sprechen Sie im Kurs.

Sie machen einen Altenpflegekurs.

Sie besuchen einen Tanzkurs.

Er/Sie lernt ...

einen LKW-Führerschein machen – einen Tanzkurs besuchen – einen Computerkurs machen – tanzen lernen – Leute kennenlernen – einen Heimwerkerkurs machen – einen Altenpflegekurs machen – am Computer schreiben lernen – neue Software kennenlernen

1b Ü1 Hören Sie und bringen Sie die Fotos in die richtige Reihenfolge. Wie heißen die Kurse? 2.2

1c Ü2 Welche Tätigkeiten finden Sie interessant? Warum?

Ich möchte einen Altenpflegekurs machen, weil ich alten Menschen helfen möchte.

Ich finde den Heimwerkerkurs interessant, weil ich zu Hause ...

A Etwas Neues lernen

1a Hören Sie. Welchen Kurs macht Herr Thabit? Wie gefällt ihm der Kurs? 2.3

Kreativität

Karibisch tanzen

Lebensfrohe Musik und rhythmische Bewegungen. In diesem Kurs lernen Sie die Grundschritte von Salsa, Merengue und Bachata.

Anfänger ohne Vorkenntnisse

1. Termin: Mittwoch, 03. 11., 19.30–21.00 Uhr
Dauer: 6 Termine, 12 UE
Gebühr: 48 €

Modische Kleidung selbst genäht

Sie wollen nicht immer Kleidung im Kaufhaus kaufen? Sie möchten individuelle Kleidung für Erwachsene und Kinder selbst nähen? Dann kommen Sie zu unserem Nähabend.

Anfänger und Fortgeschrittene

1. Termin: Montag, 01. 11., 19.00–21.30 Uhr
Dauer: 7 Termine, 21 UE
Gebühr: 59 €

Berufliche Weiterbildung

Power Point für Anfänger

Professionelle Präsentationen für Beruf und Freizeit.

1. Termin: Donnerstag, 04. 11., 18.30–20.00 Uhr
Dauer: 5 Termine, 10 UE
Gebühr: 100 €

Gutes Deutsch – gute Briefe

Sie haben gute Grundkenntnisse in Deutsch und möchten Deutsch für den Beruf lernen? Schwerpunkte: Telefonieren, Briefe schreiben und an Besprechungen teilnehmen.

1. Termin: Dienstag, 02. 11., 18.00–19.30 Uhr
Dauer: 8 Termine, 16 UE
Gebühr: 64 €

Excel – Tabellenkalkulation für Fortgeschrittene

Kursziel: sicherer Umgang mit komplexen Formeln und Analysewerkzeugen. Nur für Teilnehmer mit sehr guten Grundkenntnissen geeignet.

1. Termin: Donnerstag, 04. 11., 20.00–21.30 Uhr
Dauer: 5 Termine, 10 UE
Gebühr: 100 €

Existenz gründen – Der Schritt in die Selbstständigkeit

Sie möchten ein eigenes Geschäft gründen? Mit vielen praktischen Beispielen lernen Sie die Möglichkeiten und Chancen kennen. Sie lernen Büroorganisation, Marketing, Buchführung und erstellen einen Businessplan und einen Finanzierungsplan.

Termin: auf Anfrage

1b Suchen Sie für jede Person einen passenden Kurs.

1. Frau Nowak arbeitet in einer Firma. Sie versteht und spricht schon sehr gut Deutsch. Aber wenn sie Briefe schreibt, ist sie unsicher.
2. Frau Baltai möchte Leute kennenlernen und etwas Neues lernen. Sie mag Musik und Tanz.
3. Frau Finke zieht sich gern schick an, möchte aber nicht so viel Geld ausgeben.
4. Herr Yin möchte ein eigenes Geschäft aufmachen. Er braucht viele Informationen.

2 Was meinen Sie: Was sind die Ziele der Teilnehmer? Schreiben Sie Sätze und markieren Sie *damit* und das Verb wie im Beispiel.

Ü3

damit er Informationen bekommt. – damit sie Leute kennenlernt. – damit er bessere Chancen auf dem Arbeitsmarkt hat. – damit sie sich schicke Kleidung nähen kann. – damit sie bei Ihrer Arbeit keine Probleme mit Briefen hat.

1. Herr Thabit möchte einen Computerkurs machen, ...
2. Frau Baltai möchte einen Tanzkurs machen, ...
3. Frau Finke möchte den Nähkurs machen, ...
4. Frau Nowak möchte einen Kurs „Gutes Deutsch – gute Briefe“ machen, ...
5. Herr Yin möchte einen Existenzgründerkurs machen, ...

1. Herr Thabit möchte einen Computerkurs machen, damit er bessere Chancen auf dem Arbeitsmarkt hat.

!

	Ziel
Er macht einen Computerkurs.	Er hat bessere Chancen auf dem Arbeitsmarkt.
Er macht einen Computerkurs, **damit**	er bessere Chancen auf dem Arbeitsmarkt hat.

3 Wozu machen Sie das? Wozu brauchen Sie das? Fragen und antworten Sie im Kurs.

Ü4–6

Gitarre spielen können – bessere Berufschancen haben – mit dem Computer arbeiten können – als LKW-Fahrer arbeiten können – nicht verschlafen – neue Kochideen bekommen – ...

Wozu machen Sie einen Kochkurs?
Wozu machen Sie einen Gitarrenkurs?
Wozu macht man einen Computerkurs?
Wozu braucht man einen LKW-Führerschein?
Wozu brauchen Sie einen Wecker?
Wozu lernen Sie Deutsch?

4 Welchen Kurs möchten Sie gerne machen? Was ist Ihr Ziel?

Ü7

Ich möchte den Existenzgründerkurs machen, damit ...

Ich möchte gerne ...

B Ich interessiere mich für ...

1a Wichtige Wörter. Ordnen Sie zu.

Ü8

der Arbeitsberater 1 ○ | ○ A Man macht einen Kurs, damit man etwas Neues für den Beruf lernt.
die Förderung 2 ○ | ○ B Eine Institution oder eine Behörde gibt Geld, damit man einen Kurs machen kann.
die Weiterbildungsmaßnahme 3 ○ | ○ C Dieser Mensch hilft, wenn man eine Arbeit sucht.

1b Hören Sie den Dialog und kreuzen Sie an: Was ist richtig? 2.4

Frau Wang und Frau Schele sprechen über

- ○ A ihre Arbeit.
- ○ B eine Fortbildung.
- ○ C ihre Kinder.

1c Hören Sie noch einmal und beantworten Sie die Fragen. 2.4

Ü9+10

1. Was war Frau Wang früher von Beruf?
2. Warum arbeitet sie jetzt nicht?
3. Was macht sie jetzt?
4. Was möchte Frau Schele machen?
5. Von wem bekommt sie eine Förderung für die Weiterbildungsmaßnahme?

IB Internationaler Bund

- Hallo, Frau Wang, lange nicht gesehen.
- Hallo, Frau Schele, ja das stimmt. Ich war lange nicht hier, ich mache jetzt einen Kurs.
- Einen Kurs?
- Ja, ich wollte wieder arbeiten, Sie wissen doch, ich war Informatiklehrerin. Ich habe mich um viele Stellen beworben, aber leider sind meine Computerkenntnisse zu alt. Aber ich interessiere mich für die neuen Softwareprogramme und jetzt habe ich eine Förderung von der Agentur für Arbeit bekommen und nehme an einer Weiterbildungsmaßnahme teil.
- Toll! Wo machen Sie denn die Fortbildung?
- Beim IB hier in Münster, jeden Tag von 9 bis 15 Uhr.
- Und wie haben Sie den Kurs bekommen?
- Ich war beim Arbeitsberater. Der hat mir geholfen, aber ich musste lange auf den Kurs warten.
- Das finde ich interessant. Ich möchte mich auch gerne weiterbilden und einen Kurs machen.
- Dann gehen Sie doch mal zum Arbeitsberater. Der kann Sie über Ihre Möglichkeiten informieren.
- Ja, das ist eine gute Idee, das mache ich.

2 Verben mit Präpositionen. Unterstreichen Sie diese Verben in 1c und ergänzen Sie die Präpositionen.

Ü11

sich bewerben – sich interessieren – teilnehmen – warten – informieren

1. Frau Wang hat sich ______ viele Stellen beworben.
2. Frau Wang interessiert sich ______ die neuen Softwareprogramme.
3. Frau Wang nimmt ______ einer Fortbildung teil.
4. Frau Wang musste lange ______ den Kurs warten.
5. Der Arbeitsberater kann Frau Schele ______ ihre Möglichkeiten informieren.

3a Fragen und antworten Sie im Kurs.

Ü12+13

1. Interessieren Sie sich für Musik?
2. Sprechen Sie gerne über Politik?
3. Ärgern Sie sich über den Verkehr?
4. Träumen Sie oft von der Heimat?
5. Freuen Sie sich auf den Urlaub?
6. Freuen Sie sich über Geschenke?

!

Verben mit Präpositionen

sich interessieren für (+Akk)
teilnehmen an (+ Dat)
sich bewerben um (+ Akk)
warten auf (+ Akk)

sich informieren über (+ Akk)
sich ärgern über (+ Akk)
sprechen über (+ Akk)
träumen von (+ Dat)

sich freuen auf (+ Akk)
Er freut sich auf das Geschenk.
(Er hat es noch nicht.)

sich freuen über (+ Akk)
Er freut sich über das Geschenk.
(Er hat es schon.)

3b Berichten Sie im Kurs.

Husam interessiert sich für Musik, er spricht nicht gerne über Politik.

4 Schreiben Sie mit den Verben Sätze über sich selbst.

sich interessieren für – sich freuen über – sich freuen auf – sich ärgern über – träumen von – sprechen über

C Sich für einen Kurs anmelden

1 Lesen Sie und beantworten Sie die Fragen.

1. Welche Kurse kann man bei der Fahrschule Gillig machen?
2. Wann ist das Büro geöffnet?
3. Wann kann man anfangen?

2a Sich telefonisch informieren. Hören Sie das Telefongespräch. Für welchen Kurs möchte sich Herr Abiska anmelden? 2.5

2b Hören Sie noch einmal. Welche Fragen hören Sie? Unterstreichen Sie. 2.5

Ü14+15

Guten Tag, mein Name ist ...	
Ich interessiere mich für ...	Sind Sie Anfänger oder Fortgeschrittener?
Wann ist der nächste Termin?	Die nächsten Kurse beginnen Anfang März. / Sie können jederzeit anfangen. / ...
Wann findet der Kurs statt?	Am ... von ... bis ... Uhr.
Was kostet der Kurs?	... Euro.
Wie kann ich mich anmelden?	Sie können sich im Internet anmelden oder Sie können hier vorbeikommen.
Vielen Dank für Ihre Informationen.	Gern geschehen.

3a Schreiben und spielen Sie Dialoge. Die Sätze aus 2b helfen.

Ü16

Sie haben noch sehr wenig mit dem Computer gearbeitet und möchten jetzt einen Kurs machen.

DAA Nordwalde

Computerführerschein 1 und 2

1. Termin: Montag, 06.09., 18.30–20.00 Uhr
Dauer: 6 Termine, 12 UE
Gebühr: 100 €
Anmeldung: im Internet oder im Sekretariat, Hauptstraße 3

3b Spielen Sie Dialoge zum Kursprogramm auf Seite 10.

4 Lesen Sie und beantworten Sie die Fragen.

Ü17

Ich habe schon als Jugendlicher Tai Chi gemacht. Ich habe das von meinem Vater gelernt. Hier in Deutschland habe ich es erst meinen Freunden gezeigt. Sie wollten auch gern mehr Tai Chi lernen. Erst habe ich privat einen Kurs angeboten und dann habe ich in der Volkshochschule als Lehrer angefangen, einmal pro Woche. Das macht mir Spaß und ich verdiene ein bisschen Geld.

1. Wann hat Herr Yang Tai Chi gelernt?
2. Bei wem hat er Tai Chi gelernt?
3. Wo gibt er Kurse? Warum?

5a Projekt. Haben Sie ein Hobby, besondere Kenntnisse oder Fähigkeiten? Was für einen Kurs können Sie anbieten?

Ü18

tanzen – nähen – malen – kochen – backen – Reparaturen im Haus machen – Fußball – Kalligraphie – Power Point – ...

Ich kann gut ...

Ich habe früher lange ... gelernt.

Ich kann einen Kurs für ... anbieten.

5b Schreiben Sie ein Kursangebot.

Ich kann gut libanesisch kochen. Wer möchte bei mir kochen lernen? Samstags 12–15 Uhr.

8 Alles klar!

Kommunikation

1 Ergänzen Sie den Dialog und kontrollieren Sie mit der CD. 2.6

Kann ich mich im Kurs direkt anmelden? – Guten Tag, ich interessiere mich für einen Excel-Kurs. Wann ist der nächste Termin? – Was kostet der Kurs? – Vielen Dank für Ihre Informationen. Auf Wiederhören. – Ich habe vor einem Jahr schon einen Kurs gemacht.

- PC-Institut Weber, guten Tag.
- ______________________________
- Sind Sie Anfänger oder Fortgeschrittener?
- ______________________________
- Dann ist für Sie der Kurs für Fortgeschrittene richtig. Der ist Dienstagabend um 20 Uhr.
- ______________________________
- Das sind zehn Termine, der Kurs kostet 100 Euro.
- ______________________________
- Nein, Sie müssen vorher bei uns im Büro vorbeikommen. Dann zeige ich Ihnen auch das Kursprogramm.
- ______________________________
- Auf Wiederhören.

2 Schreiben Sie Fragen zu den Antworten.

1. ______________________ Der Kurs findet in der Hauptstraße statt.
2. ______________________ Der Kurs beginnt um 20.15 Uhr.
3. ______________________ Der Kurs dauert acht Wochen.
4. ______________________ Nein, das ist ein Kurs für Fortgeschrittene.
5. ______________________ Ja, Sie können sich auch im Internet anmelden.

Wortschatz

3 Was passt zusammen? Ordnen Sie zu.

sich über die Möglichkeiten	1		A	teilnehmen
an einer Weiterbildungsmaßnahme	2		B	besuchen
eine Förderung	3		C	informieren
sich um eine Stelle	4		D	bewerben
sich für einen Kurs	5		E	interessieren
einen Kurs	6		F	bekommen

Grammatik

4 Schreiben Sie Fragen und Antworten wie im Beispiel. Es gibt viele Möglichkeiten.

Wozu brauchen Sie ein Handy? – Damit ich immer erreichbar bin.

5 Ergänzen Sie die Präpositionen.

Marie und Daniel sind seit sieben Jahren verheiratet, aber sie sind sehr verschieden: Marie interessiert sich __________ Mode, Daniel interessiert sich __________ Sport. Daniel spricht auch gerne __________ Politik, Marie findet das langweilig, sie spricht lieber __________ Kinofilme. Manchmal ärgert sie sich __________ Daniel und Daniel ärgert sich __________ sie, aber dann haben sie eine Idee. Sie träumen zusammen __________ einem Urlaub in einer Großstadt am Meer. Daniel geht surfen und Marie geht einkaufen. Sie kauft viele Geschenke. Abends freut sich Daniel __________ die Geschenke von Marie und Marie freut sich __________ die gute Laune von Daniel.

Flüssig sprechen

6 Hören Sie zu und sprechen Sie nach. 2.7

8 Gewusst wie

Kommunikation

Über die eigenen Ziele sprechen

Ich möchte einen Computerkurs machen, damit ich bessere Berufschancen habe.
Ich habe als Lehrerin gearbeitet. Jetzt möchte ich eine Fortbildung in SAP machen, dann kann ich eine gute Stelle bekommen.
Ich finde einen Heimwerkerkurs interessant, weil ich zu Hause viel renovieren muss.
Ich kann gut Tai Chi und möchte gerne Kurse anbieten.

Sich über Weiterbildungsmaßnahmen informieren

Ich möchte mich weiterbilden. Wer kann mich über Möglichkeiten informieren?
Wo kann ich Informationen über das Kursangebot bekommen?
Von wem kann ich eine Förderung für den Kurs bekommen?
Wie lange muss man auf den Kurs warten?

Sich für einen Kurs anmelden

Guten Tag, ich interessiere mich für den Computerkurs.
Wann findet der Kurs statt?
Wo findet der Kurs statt?
Wie lange dauert der Kurs?
Wo kann ich mich für den Kurs anmelden?
Vielen Dank für die Informationen.

Grammatik

Nebensätze mit *damit*

	Ziel		
Er macht einen Computerkurs.	Er	hat	bessere Berufschancen.
Er macht einen Computerkurs, **damit**	er		bessere Berufschancen hat.

Verben mit Präpositionen

sich informieren über (+Akk)
sich freuen über (+Akk)
sich freuen auf (+Akk)
sich ärgern über (+Akk)
sich interessieren für (+Akk)

warten auf (+Akk)
teilnehmen an (+Dat)
träumen von (+Dat)
sich bewerben um (+Akk)
sprechen über (+Akk)

Sie finden eine Liste mit allen Verben mit Präpositionen aus Pluspunkt A2 auf Seite 117.

Sie lernen:

- über gesundes Leben sprechen
- über Arztbesuche sprechen
- sich über ein Medikament informieren
- sich bei der Krankenkasse informieren
- „niemand", „wenige", „viele" und „alle"
- das Verb „lassen"

9 Gesund leben

1a Sehen Sie sich die Fotos an. Was ist gut für die Gesundheit? Diskutieren Sie.

Ü1

sich entspannen – fettarm essen – abnehmen/zunehmen – joggen – im Garten arbeiten – Sport machen – sich bewegen – sich (un)gesund ernähren – Stress haben – fit sein – Spaß haben – mit Freunden / mit der Familie zusammen sein – im See schwimmen – schlank/dick sein

1b Was ist wichtig für Sie? Was machen Sie gern? Sprechen Sie im Kurs.

Ü2

Am besten kann ich mich entspannen, wenn ich ...

Ich esse fettarm, weil ...

Wenn ich Stress habe, ...

Ich möchte gern mehr Sport machen, aber ...

A Gesunde Ernährung

1a Ü3

Die Nahrungspyramide. Ordnen Sie zu.

das Obst – das Gemüse – das Fleisch – der Fisch – die Milchprodukte – die Getreideprodukte – die Eier – die Süßigkeiten – die Getränke

1b

Was ist gesund? Was ist ungesund? Sprechen Sie im Kurs.

2a

Umfrage im Kurs. Was essen/trinken Sie gern? Sammeln Sie an der Tafel.

Essen Sie gern Fisch?

Trinken Sie gern Milch?

	🙂	🙁
Fisch	||||	|

2b Ü4–6

Was mögen die Leute in Ihrem Kurs (nicht)? Erzählen Sie.

Viele im Kurs essen gern ...

Niemand trinkt gern ...

niemand wenige viele alle

B Bei der Krankenkasse

1a Hören und lesen Sie. Kreuzen Sie an: Was möchte Frau Hasani? 2.8

- ☐ A Sie braucht eine Krankenversicherung.
- ☐ B Sie möchte dem Angestellten mitteilen, dass sie eine neue Arbeitsstelle hat.

- Guten Tag, was kann ich für Sie tun?
- Wir haben geheiratet und meine Frau möchte sich hier bei der Krankenkasse anmelden.
- Oh, wie schön, na dann, herzlichen Glückwunsch! Haben Sie die notwendigen Dokumente dabei?
- Wir haben viele Dokumente mitgenommen. Welche möchten Sie sehen?
- Ihre Versichertenkarte, die Heiratsurkunde und Ihre Pässe, bitte. Danke. Wo waren Sie bisher versichert, Frau Hasani?
- Ich war in Albanien versichert. Kann ich auch arbeiten, wenn ich bei meinem Mann in der Krankenkasse angemeldet bin?
- Ja, Sie dürfen in diesem Fall bis 400 Euro pro Monat verdienen. Wenn Sie mehr verdienen, sind Sie bei Ihrem Arbeitgeber versichert. Wenn Sie keine weiteren Fragen haben, können Sie bitte dieses Formular ausfüllen.

1b Welche Fragen brauchen Sie bei der Krankenkasse? Sammeln Sie im Kurs.

Bieten Sie eine Auslandsversicherung an?

2a Lesen Sie. Welche Kurse bieten die Krankenkassen an?

Ü7

i Die Krankenkassen bieten Gesundheitskurse wie z. B. Bewegungs- und Entspannungskurse oder auch Ernährungskurse an. Wenn man diese Kurse regelmäßig besucht, muss man nur einen kleinen Teil selbst bezahlen.

Neue Präventionskurse! Rückenschule und Entspannung

Mo: 17.30–18.30 Uhr Mi: 19.00–20.00 Uhr

2b Haben Sie schon einmal einen Gesundheitskurs besucht? Erzählen Sie.

C Beim Arzt

1 Ü8+9 **Bei der Kinderärztin. Was macht eine Kinderärztin? Erzählen Sie.**

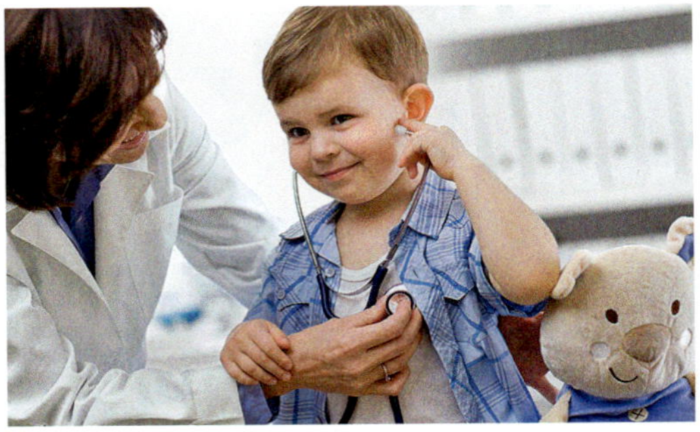
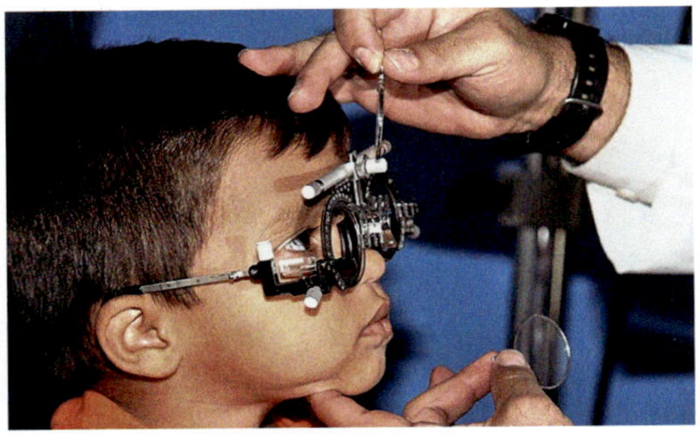
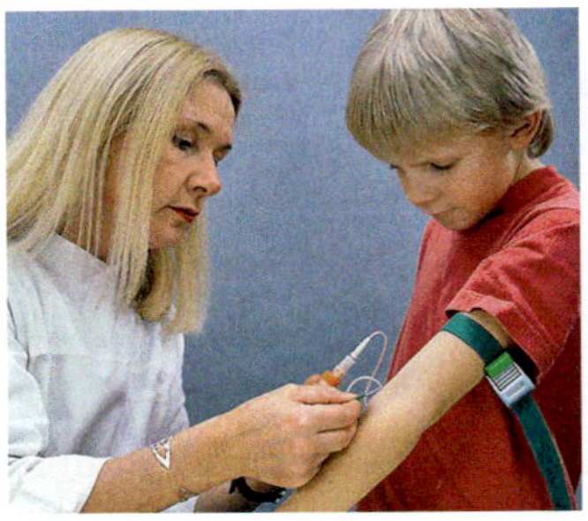
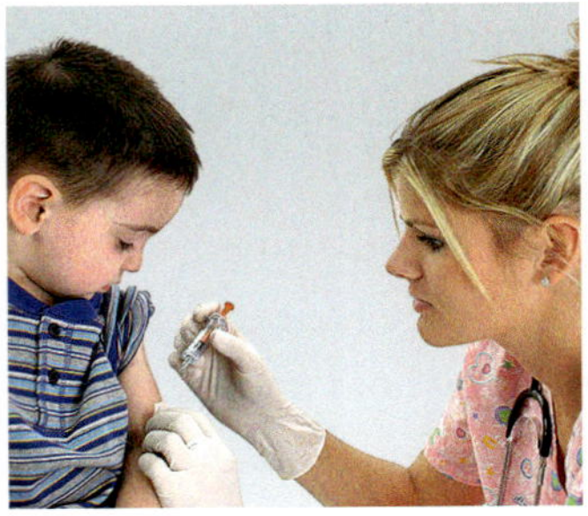

untersuchen – gegen Tetanus impfen – ein Attest schreiben – die Spritze geben – die Augen untersuchen – Blut abnehmen – die Arzthelferin

i Kinder bis zum 18. Lebensjahr müssen in Deutschland keine Praxisgebühr bezahlen.

2a **Hören Sie. Wen untersucht die Ärztin?** 2.9

2b **Hören Sie noch einmal und kreuzen Sie an: richtig oder falsch?** 2.9

	R	F
1. Max ist krank.	○	○
2. Die Ärztin kontrolliert die Augen von Max.	○	○
3. Die Ärztin möchte Max gegen Grippe impfen.	○	○
4. Frau Nie lässt Max gegen Tetanus impfen.	○	○
5. Max möchte keine Spritze bekommen.	○	○

3 **Waren Sie schon einmal mit Ihrem Kind beim Kinderarzt? Erzählen Sie.**

4a Wie oft lassen Sie diese Untersuchungen bei Ihrem Kind machen? Schreiben Sie Fragen.

Ü10

Vorsorgeuntersuchung machen – Zähne reinigen – Augen kontrollieren – Ohren untersuchen – gegen Tetanus impfen

Wie oft lassen Sie bei Ihrem Kind eine Vorsorgeuntersuchung machen?

!

Die Mutter kann ihr Kind nicht impfen.

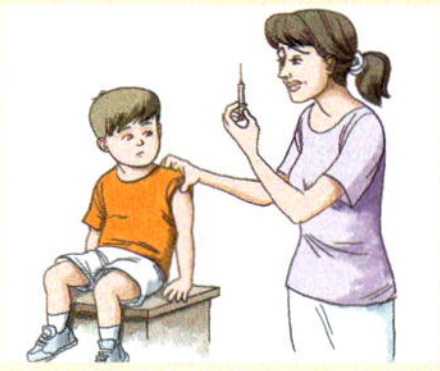

Die Mutter **lässt** ihr Kind impfen.

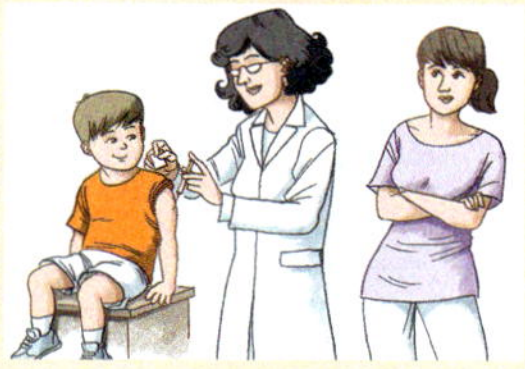

4b Fragen und antworten Sie.

Ü11

Wie oft lassen Sie bei Ihrem Kind eine Vorsorgeuntersuchung machen?

Ich lasse jedes Jahr eine Vorsorgeuntersuchung machen.

5 Was lassen Sie machen? Was machen Sie selbst? Fragen und antworten Sie.

Ü12

Wohnung streichen

Blumen pflanzen

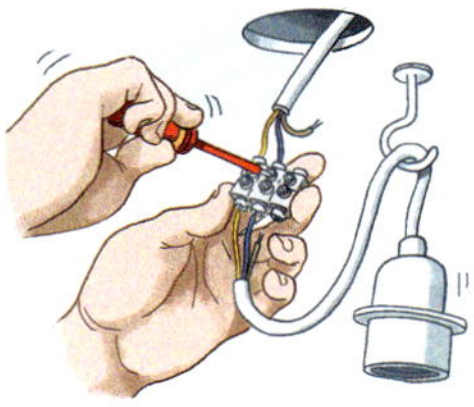

Lampe anschließen

Fenster putzen

Möbel transportieren

Kleidung bügeln

Küche einbauen

Fernseher reparieren

Lassen Sie Ihre Wohnung streichen?

Nein, die streiche ich selber. Ich möchte Geld sparen.

D In der Apotheke

1a In der Apotheke. Hören Sie und ordnen Sie die Fotos zu. 2.10

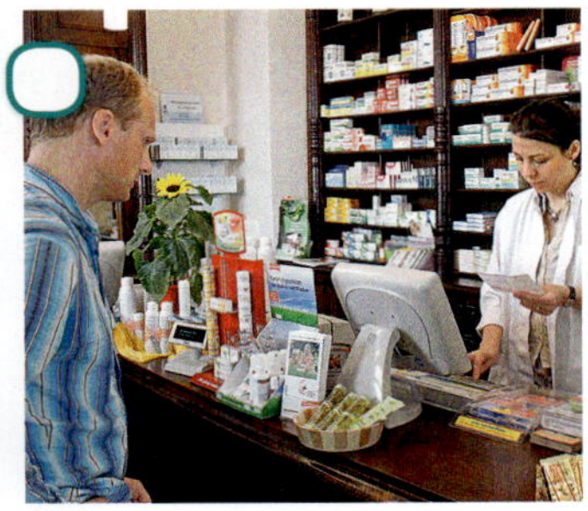

1b Hören Sie noch einmal und kreuzen Sie an: Was ist richtig? 2.10

1. Die Frau muss
- ○ **A** für das Rezept bezahlen.
- ○ **B** nichts zuzahlen.
- ○ **C** das Medikament morgen abholen.

2. Die Apothekerin möchte das Medikament
- ○ **A** bestellen.
- ○ **B** verkaufen.
- ○ **C** verschreiben.

3. Die Tabletten haben
- ○ **A** keine Nebenwirkungen.
- ○ **B** meistens Kopf- und Magenschmerzen als Nebenwirkungen.
- ○ **C** selten Kopfschmerzen als Nebenwirkungen.

i
Für die meisten Medikamente auf Rezept muss man in der Apotheke fünf bis zehn Euro bezahlen. Das nennt man Zuzahlung.

2a Schreiben Sie Fragen in der Apotheke.
Ü13

Wie oft ...?
Wann ...?
Wie lange ...?
Was kosten ...?
Welche Nebenwirkungen ...?

Wie oft muss ich die Tabletten nehmen?

2b In der Apotheke. Spielen Sie Dialoge.
Ü14+15

Wie oft ...?	ein-/zwei-/dreimal täglich
Wann ...?	vor/nach/zu dem Essen
Wie lange ...?	ein/zwei/drei/... Tage/Wochen/...
Welche Nebenwirkungen ...?	keine / Magen-/Kopfschmerzen
Was kosten ...?	nichts / ... Euro

E Stress und Entspannung

1 Ü16

Lesen Sie die Tipps und ordnen Sie die Fotos den Tipps zu. Wie finden Sie sie?

Stress? Nein, danke!

Der Alltag ist oft sehr stressig. Wer kennt das nicht: Frühstück machen, die Kinder zum Kindergarten bringen, arbeiten gehen, Essen kochen und aufräumen. Das ist sehr anstrengend und man fühlt sich schnell müde. Muss das so sein? Was kann helfen? Brenda Pern, Leiterin des Instituts für Zeit- und Stressmanagement, gibt Tipps:

1 Planen Sie mit Ihrer Familie, wer was tut. Auch die Kinder können helfen.

2 Gehen Sie an die frische Luft. Wenn Sie nicht gerne joggen, machen Sie einen Spaziergang im Wald oder im Park. So können Sie sich entspannen.

3 Versuchen Sie doch mal einen Yoga-Kurs oder einen Kurs für Autogenes Training. In jeder Stadt gibt es Angebote von den Krankenkassen oder der Volkshochschule.

4 Nehmen Sie abends ein heißes Bad. Geben Sie etwas Orangenöl ins Wasser. Auch Kerzen und leise Musik passen gut.

2 Ü17+18

Brauchen Sie einen Tipp? Haben Sie einen Tipp? Sprechen Sie im Kurs.

Ich kann nicht einschlafen.
Ich bin nicht fit.
Ich arbeite zu viel.
Ich bin nervös.
Ich habe manchmal Kopfschmerzen.
Ich möchte abnehmen.

Wenn du nicht einschlafen kannst, dann kannst du ein heißes Bad nehmen.

Geh doch joggen, wenn du …

3 Ü19

Projekt: Entspannung. Machen Sie ein Plakat und stellen Sie es im Kurs vor.

9 Alles klar!

Wortschatz

1 Beim Arzt. Wie heißen die Dinge? Schreiben Sie.

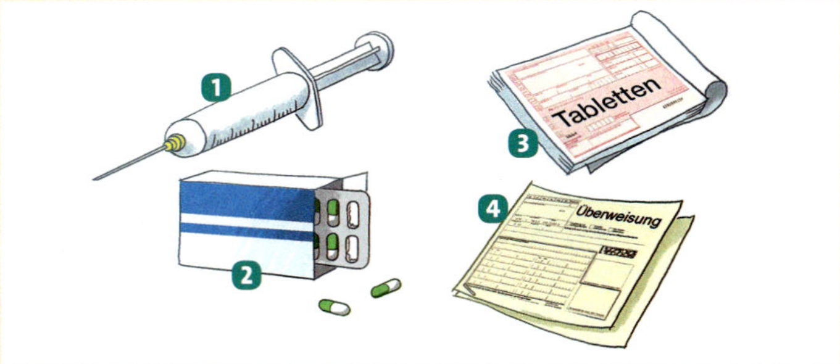

1. ______________
2. ______________
3. ______________
4. ______________

2 Was macht der Arzt? Ergänzen Sie die Sätze.

untersuchen – abnehmen – impfen – verschreiben – geben

1. Frau Merten lässt Marco gegen Tetanus ______________.
2. Die Ärztin muss Max Blut ______________.
3. Können Sie mir ein Medikament gegen die Schmerzen ______________?
4. Der Arzt will ihm eine Spritze gegen die Schmerzen ______________.
5. Peter sieht nicht gut. Der Arzt muss seine Augen ______________.

Kommunikation

3 In der Apotheke. Was passt zusammen? Ordnen Sie zu.

Wie oft muss ich die Tabletten nehmen? **1**	**A** Nein, das muss ich erst bestellen.
Was kosten die Tabletten? **2**	**B** Heute Nachmittag ab 16 Uhr.
Guten Tag, haben Sie dieses Medikament? **3**	**C** Dreimal täglich vor dem Essen.
Wann kann ich das Medikament abholen? **4**	**D** Medikamente für Kinder müssen Sie nicht bezahlen.

4a Hören Sie und kreuzen Sie an: Welche Tipps bekommt Herr Müller? 2.11

A ○ Er bekommt Tipps gegen Stress. B ○ Er bekommt Tipps für die Arbeit.

4b Schreiben Sie die Tipps und kontrollieren Sie mit der CD. 2.11

1. Wenn – nicht – schlafen – können – Sie,
   doch – einen Spaziergang – Sie – machen.

   ____

2. Wenn – spazieren gehen – Sie – nicht gern,
   ein warmes Bad – Sie – nehmen – können.

   ____

3. Wenn – haben – Sie – keine Badewanne,
   Sie – eine Entspannungsübung – machen – können.

   ____

Grammatik

5 Was passt am besten? Ergänzen Sie *niemand*, *wenige*, *viele* oder *alle*.

1. ______________ essen im Sommer gerne Eis. Nur wenige Leute mögen kein Eis.
2. Bei diesem Regen will ______________ eine Fahrradtour machen.
3. Der Deutschkurs ist sehr gut. ______________ sind sehr zufrieden.
4. Wie schön, im Kurs sind fast alle da. Es fehlen nur ______________.

6 Was lassen die Leute machen? Ergänzen Sie *lassen*.

1. Herr Beer ______________ seinem Hund eine Spritze geben.
2. Wir ______________ unser Kind gegen Tetanus impfen.
3. ______________ du dich gegen Grippe impfen?
4. Ich ______________ mich gegen Grippe impfen.
5. Frau Naumann, ______________ Sie Ihre Tochter vom Arzt untersuchen?

Phonetik

7 Hören Sie zu und sprechen Sie nach. 2.12

9 Gewusst wie

Kommunikation

Über gesundes Leben sprechen

Ich mache Sport, weil ich fit bleiben möchte.
Ich esse fettarm, weil ich mich gesund ernähren möchte.
Wenn ich Stress habe, mache ich einen Entspannungskurs.

Über Arztbesuche sprechen

Ich lasse mein Kind vom Arzt untersuchen.
Die Ärztin impft meine Tochter gegen Tetanus.
Der Arzt verschreibt ein Medikament.

Sich über ein Medikament informieren

Wie oft und wann muss ich das Medikament nehmen?
Wie lange muss ich die Tabletten nehmen?
Welche Nebenwirkungen hat das Medikament?
Wie viel kosten die Tabletten?

Sich bei der Krankenkasse informieren

Ich war vorher in Albanien versichert und möchte mich jetzt bei Ihnen anmelden.
Welche Dokumente muss ich mitbringen?
Kann ich arbeiten, wenn ich bei meinem Mann in der Krankenkasse angemeldet bin?

Grammatik

Niemand, wenige, viele und *alle*

Niemand im Kurs trinkt gerne Milch, aber alle trinken gerne Tee.

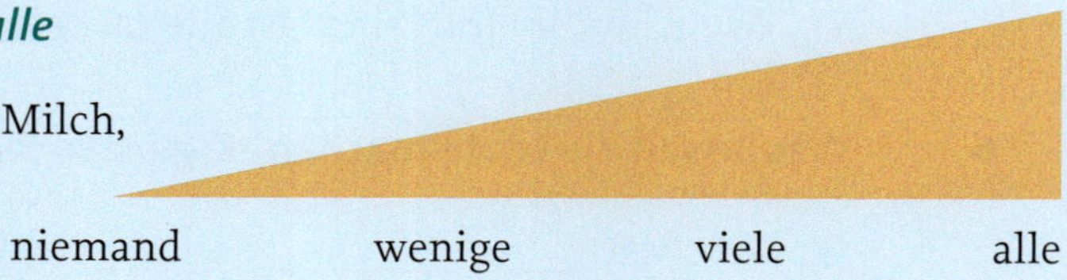

Das Verb *lassen*

Ich	lasse	mein Auto vom Mechaniker	reparieren.	(Ich repariere mein Auto nicht selbst.)
Du	lässt	deine Haare vom Friseur	schneiden.	(Du schneidest sie nicht selbst.)

	lassen
ich	lasse
du	lässt
er/es/sie/man	lässt
wir	lassen
ihr	lasst
sie/Sie	lassen

Sie lernen:
- über Arbeitssuche sprechen
- über Eigenschaften im Beruf sprechen
- ein Bewerbungsgespräch führen
- einen Lebenslauf schreiben
- Nebensätze mit „ob“
- Wünsche mit „würde gern(e)“ + Infinitiv
- Ratschläge mit „sollte“

10 Arbeitssuche

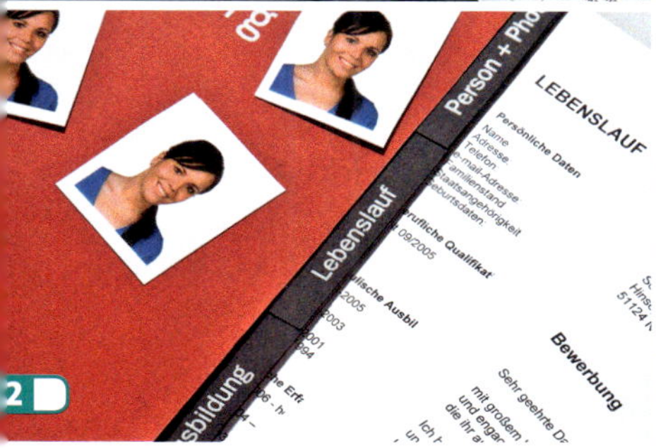

1 **Arbeitssuche. Ordnen Sie die Wörter den Fotos zu.**

A die Bewerbungsmappe
B der erste Arbeitstag
C der Arbeitsvertrag
D die Stellenanzeige
E das Vorstellungsgespräch

2 **Hören Sie und kreuzen Sie an: Wie haben die Personen Arbeit gefunden?** 2.13

Ü1

	Dimitrova	García	Boumard
durch eine Anzeige in der Zeitung	○	○	○
durch einen Aushang	○	○	○
durch ein Praktikum	○	○	○
bei einer Zeitarbeitsfirma	○	○	○
durch Freunde und Bekannte	○	○	○
durch eine Initiativbewerbung	○	○	○

3 **Haben Sie in Deutschland schon eine Arbeit gesucht? Wie haben Ihre Bekannten oder Freunde Arbeit gefunden? Erzählen Sie im Kurs.**

Ü2

A Stellenanzeigen lesen

1a Was wünschen sich Arbeitgeber? Ein Personalberater erzählt. Ordnen Sie zu. Kontrollieren Sie dann mit der CD. 2.14

zuverlässig	1	A	Man kann zu verschiedenen Zeiten arbeiten.
flexibel	2	B	Man kann gut mit Kollegen zusammenarbeiten.
belastbar	3	C	Man bleibt auch in Situationen mit Stress ruhig.
engagiert	4	D	Man ist pünktlich und macht seine Arbeit gut.
teamfähig	5	E	Man interessiert sich für die Arbeit und nimmt sie wichtig.

(Beispiel: 1 – D)

1b Hören Sie. Welche Berufe nennt der Personalberater als Beispiel? 2.14

zuverlässig: ______ teamfähig: ______ belastbar: ______

2 Lesen Sie die Stellenanzeigen und ergänzen Sie die Tabelle in Ihrem Heft.

Ü3

Wir suchen **engagierten Koch** (m/w) mit Berufserfahrung für unser Restaurant. Sie sind belastbar und können gut im Team arbeiten. 5-Tage-Woche, Schichtarbeit, Wochenendarbeit. Bewerbungen an:
Restaurant Goldstern
Sandgasse 42
63739 Aschaffenburg

Reinigungsunternehmen sucht zuverlässige, flexible Mitarbeiter(innen) in Teilzeit und Vollzeit. Gute Deutschkenntnisse erforderlich.
Anfragen unter
Tel. 0371 / 761 2310

Für die Weihnachtszeit suchen wir noch einige Aushilfen auf 400-Euro-Basis (2 Stunden pro Tag, Montag bis Samstag).
Supermarkt Fröhlich (Zwickau)
Tel. 0375 / 125 954 12

Gesucht: Rezeptionist (m/w). Sie sind freundlich, flexibel und belastbar. Sie haben eine Ausbildung als Hotelfachmann/-frau oder eine vergleichbare Ausbildung und Berufserfahrung.
Bewerbungen an:
personal@plaza-berlin.de
Plaza Hotel
Fasanenstraße 5, 10623 Berlin

***Pizzaservice** in Frankfurt/Oder sucht zuverlässige(n) Fahrer(in). Voraussetzung: Führerscheinklasse B*
Tel. 0335 / 751 4095

INGENIEUR (w/m – Fachrichtung Maschinenbau) für die technische Betreuung von unseren Maschinen. Weitere Auskünfte gibt Ihnen unser technischer Direktor Herr Schmidhans. Tel. 04921 / 776 140
Oder schicken Sie Ihre Bewerbungsunterlagen an:
schmidhans@haberlandwerke.de

Tätigkeit	Ort/Firma	Arbeitszeit	Bedingungen	Eigenschaften
Koch	Restaurant Goldstern	Schichtarbeit, Wochenendarbeit	Berufserfahrung	engagiert, belastbar, teamfähig
…				

3 Welche Eigenschaften braucht man in diesen Berufen? Diskutieren Sie im Kurs.

fleißig – ehrlich – zuverlässig – geduldig – flexibel – engagiert – belastbar – ...

Ich glaube, dass eine Sekretärin zuverlässig sein muss.

Ein Kellner muss freundlich sein.

Eine Floristin muss kreativ sein.

4 Lesen Sie den Text. Welche Wünsche hat Maria Perez? Unterstreichen Sie im Text. Ergänzen Sie dann die Sätze.

Ü4+5

Mein Name ist Maria Perez. Ich komme aus Venezuela. In Venezuela habe ich im Tourismus gearbeitet, aber jetzt habe ich keine Arbeit. Ich möchte gern auch hier in Deutschland arbeiten. Mein Mann sagt, dass ich eine Ausbildung machen soll. Ich finde die Idee gut. Ich würde gerne einen Ausbildungsplatz in einem Reisebüro finden. Das ist mein Wunsch. Später würde ich gerne ein eigenes Reisebüro haben. Das ist mein Traum.

1. Maria Perez möchte gern ______
2. Sie würde gerne ______
3. Später ______ sie gerne ______

!

ich würde	wir würden
du würdest	ihr würdet
er/sie würde	sie/Sie würden

Ich würde **gern(e)** in Vollzeit arbeiten.

5 Welche Wünsche haben Sie für den Beruf? Erzählen Sie im Kurs.

Ü6–8

eine feste Stelle bekommen – gut verdienen – nette Kollegen haben – in Teilzeit arbeiten – nur am Vormittag arbeiten – fünf Wochen Urlaub haben – ...

Ich würde gerne in Vollzeit arbeiten.

Ich würde gerne einen interessanten Ausbildungsplatz finden.

B Der erste Kontakt

1a Hören Sie das Telefongespräch und kreuzen Sie an: Welches Foto passt? 2.15

☐ 

☐ 

1b Ü9 Ergänzen Sie die Fragen. Kontrollieren Sie dann mit der CD. 2.15

Bekomme ich einen festen Stundenlohn? – Ist die Stelle noch frei? – Wie sind die Arbeitszeiten?

- Guten Tag, mein Name ist Michael Pannack. Ich habe Ihre Stellenanzeige in der BZ gelesen. Sie suchen einen Pizzafahrer. ______
- Ja, sie ist noch frei. Wir suchen vor allem Fahrer für den Abend.
- Für den Abend? ______
- Sie beginnen um 18 Uhr und arbeiten bis ungefähr 23 Uhr.
- Ja, das geht. ______
- Das besprechen wir am besten hier im Restaurant ...

1c Ü10 Formulieren Sie die Fragen um.

1. Ich möchte wissen, *ob die Stelle noch frei* *ist*.
2. Können Sie mir sagen, wie ______ .
3. Ich würde gerne wissen, ob ______ .

! **Nebensätze mit *ob***

Ist die Stelle noch frei?
Ich möchte wissen, **ob** die Stelle noch frei ist.

2 Was denkt Michael Pannack? Berichten Sie.

Ü11+12

Soll ich die Stelle annehmen?

Möchte ich immer abends arbeiten?

Verdiene ich genug?

Kann ich dann noch meine Freunde treffen?

Kann ich mich auch bei einer anderen Firma bewerben?

Er ist nicht sicher, ob er die Stelle annehmen soll.

Er weiß noch nicht, ob er immer abends ...

Er kann nicht sagen, ob er ...

3 Variieren Sie den Dialog aus Aufgabe 1b.

Ü13+14

1. Wäscherei Singler sucht Fahrer für den Vormittag. Voraussetzung: Führerschein C1 Leichte LKWs, Tel. 04961 64 12 783

2. Das Restaurant Jahreszeiten sucht zwei Küchenhilfen. Arbeitszeit: mittags oder abends. Tel. 06021 37 665

Guten Tag, hier spricht ... Ich habe Ihre Anzeige gelesen. Sie suchen ...	
Können sie mir sagen, ob die Stelle noch frei ist?	Ja, sie ist noch frei.
In der Anzeige steht Arbeitszeit ...	
Was heißt das genau?	Sie arbeiten von ... Uhr bis ... Uhr.
Wie ist die Bezahlung?	Das sollten wir hier besprechen. Haben Sie morgen um ... Uhr Zeit?
Ja, da kann ich kommen. Wie ist Ihre Adresse?	
Vielen Dank. Dann bis morgen.	Die Adresse ist ...

4 Schreiben Sie W-Fragen und Ja-/Nein-Fragen. Spielen Sie „Hörhilfe".

Hast du heute Abend Zeit?

Wann kommst du?

C Die Bewerbung

1a Ein Lebenslauf. Um welche Stelle auf Seite 30 kann sich Frau Alves Freitas bewerben?

Lebenslauf

Persönliche Daten	
Vor- und Nachname:	Adriana Alves Freitas
Anschrift:	Oberfeldstraße 47 12683 Berlin Tel. 030 84 64 211 E-Mail: a.alvesfreitas@gmx.net
Geburtsdatum/-ort:	14.05.1980 in Belém, PA/Brasilien
Schulbildung	
09/98–07/99	Colégio Sophos, Brasilien (Vorbereitung auf die Universität)
09/97–07/98	Centro Educacional Olimpus, Brasilien (Abschluss Abitur)
Aus-/Weiterbildung	
09/99–03/04	Bachelor Tourismus (Universidade Federal do Pará, Brasilien)
02/08–09/05	Deutschkurse an der Hartnackschule in Berlin. Zertifikate DTZ und C1
Berufserfahrung	
seit 10/09	Frühstücksassistentin, Hotel Avalon, Berlin
04/04–12/07	Rezeptionistin, Formule 1 Hotel in Belém / Brasilien
Kenntnisse	
Deutsch	C1
Englisch	B2
PC-Kenntnisse	Sehr gut (Internet, Windows, MS Office)
Interessen	Handball, Fotografieren
Berlin, 03. Juni 2010	*Adriana Alves Freitas*

1b Lesen Sie den Lebenslauf noch einmal und beantworten Sie die Fragen.

Ü15

1. Wo ist Frau Alves Freitas geboren?
2. Wo hat sie ihre Ausbildung gemacht?
3. Wo hat sie gearbeitet?
4. Wie lange hat sie dort gearbeitet?
5. Welche weiteren Kenntnisse hat sie?
6. Was macht sie in ihrer Freizeit gern?

1c Schreiben Sie weitere Fragen zu dem Lebenslauf. Ihr Lernpartner beantwortet sie.

1d Schreiben Sie Ihren Lebenslauf.

i Was gehört zu einer Bewerbung?

Bewerbungsschreiben – Lebenslauf – Bewerbungsfoto – Zeugnisse

2 Was sollte man bei einer Einladung zu einem Bewerbungsgespräch beachten?

Ü16

Man sollte pünktlich sein.

Man sollte sich vorher über die Firma informieren.

ich sollte	wir sollten	Sie sollten pünktlich sein.
du solltest	ihr solltet	
er/es/sie/man sollte	sie/Sie sollten	

3a Frau Alves Freitas hat ein Bewerbungsgespräch im Plaza Hotel. Hören Sie und kreuzen Sie an: Über welche Themen sprechen sie? 2.16

Ü17

- ◯ Arbeitszeiten
- ◯ Gehalt
- ◯ Freizeit
- ◯ Arbeitspausen
- ◯ Aufgaben
- ◯ Brasilien
- ◯ Überstunden
- ◯ Fremdsprachen

3b Hören Sie noch einmal. Was antwortet Frau Alves Freitas auf die Fragen von Frau Holm? 2.16

1. Warum interessieren Sie sich für die Stelle?
2. Ist Stress bei der Arbeit ein Problem für Sie?
3. Haben Sie schon in Schichtarbeit gearbeitet?

4a Im Bewerbungsgespräch. Zu welchen Anzeigen auf Seite 30 passen die Fragen?

Ü18+19

Arbeitgeberfragen:

– Sind Sie flexibel?
– Haben Sie schon als Aushilfe in einem Supermarkt gearbeitet?
– Sind Sie Teamarbeit gewohnt?
– Wo haben Sie schon als Reinigungskraft gearbeitet?

Arbeitnehmerfragen:

– Arbeite ich allein oder im Team?
– Gibt es Fortbildungen für Mitarbeiter?
– Ist es möglich, dass ich bei Ihnen nach Weihnachten weiterarbeiten kann?
– Kann ich später auch in Vollzeit arbeiten?

4b Antworten Sie auf die Fragen in 4a.

5 Projekt. Suchen Sie eine Stellenanzeige und notieren Sie mögliche Fragen in einem Vorstellungsgespräch.

10 Alles klar!

Kommunikation

1 Ordnen Sie das Telefongespräch. Kontrollieren Sie dann mit der CD. 2.17

- ( ) Ja, das geht. Wie ist Ihre Adresse?
- ( ) Vielen Dank. Ich bin dann um 16 Uhr da. Auf Wiederhören.
- (1) Guten Tag, ich habe Ihre Anzeige für eine Küchenhilfe gelesen. Ist die Stelle noch frei?
- ( ) Ich würde gerne am Abend arbeiten, das sind mehr Stunden. Wie ist die Bezahlung?
- ( ) In der Anzeige steht: Arbeitszeit mittags oder abends. Was heißt das?
- ( ) Das besprechen wir am besten hier. Haben Sie morgen um 16 Uhr Zeit?
- (4) Sie können von 11 bis 15 Uhr oder von 17 bis 23 Uhr arbeiten.
- ( ) Das Restaurant ist im Laubenweg 38.
- ( ) Auf Wiederhören.
- ( ) Ja, sie ist noch frei.

2 Fragen und Antworten in einem Bewerbungsgespräch. Was passt zusammen?

Sind Sie flexibel? **1** — **E**

Wie lange haben Sie in Schichtarbeit gearbeitet? **2**

Warum interessieren Sie sich für diese Stelle? **3**

Wann haben Sie den Führerschein C1 gemacht? **4**

Können Sie auch Briefe auf Englisch schreiben? **5**

A Das habe ich viele Jahre gemacht.

B Ich denke, die Arbeit bei Ihnen ist interessant.

C Ja, mein Englisch ist sehr gut.

D Vor vier Jahren.

E Ja, ich kann auch am Wochenende arbeiten.

Wortschatz

3a Arbeitssuche. Ergänzen Sie die Wörter.

1. die B__w__rb__ngsm__pp__
2. der __rb__ __tsv__rtr__g
3. die St__ll__n__nz__ __g__
4. der __rb__ __tst__g
5. der L__b__nsl__ __f
6. die Z__ __t__rb__ __tsf__rm__
7. das Pr__kt__k__m
8. das V__rst__ll__ngsg__spr__ch

3b Welche Wörter aus 3a passen? Ergänzen Sie.

1. Eine ________________ findet man im Internet oder in Zeitungen.
2. Wenn man eine feste Stelle bekommt, unterschreibt man einen ________________.
3. Zu einer Bewerbung gehört auch der ________________.

4 Eigenschaften von Arbeitnehmern. Welche Wörter passen?

belastbar – flexibel – teamfähig – zuverlässig

1. Herr Santos kann auch abends und am Wochenende arbeiten.
   Er ist sehr ________________.
2. Er arbeitet gern mit seinen Kollegen zusammen. Er ist ________________.
3. Wenn er Stress hat, bleibt er immer ruhig. Er ist ________________.
4. Er ist pünktlich und macht seine Arbeit gut. Er ist ________________.

Grammatik

5 Wünsche für den Beruf. Schreiben Sie Sätze.

verdienen/mehr – arbeiten/nur bis 16 Uhr – arbeiten/in einem eigenen Büro

1. Dina würde gerne ____.
2. Sie würde ____.
3. Sie ____.

6 Schreiben Sie Antworten mit *ob*.

1. Gefällt Vladimir die neue Stelle? – Ich weiß nicht, ob ________________________.
2. Muss er viel arbeiten? – Ich bin nicht sicher, ________________________.
3. Hat er noch genug Freizeit? – Ich kann nicht sagen, ________________________.

Flüssig sprechen

7 Hören Sie zu und sprechen Sie nach. 2.18

10 Gewusst wie

Kommunikation

Über Arbeitssuche sprechen

Ich habe meine Arbeit durch Freunde gefunden.
Am Wochenende gibt es in der Tageszeitung viele Stellenangebote.
Auch durch ein Praktikum kann man eine Arbeit finden.

Über Eigenschaften im Beruf sprechen

Ein Lehrer muss belastbar sein.
Wenn man mit Kollegen zusammenarbeitet, sollte man teamfähig sein.
Wenn man Florist ist, sollte man kreativ und freundlich sein.

Sich am Telefon über eine Arbeitsstelle informieren

Ist die Stelle noch frei?
Wie sind die Arbeitszeiten?
Bekomme ich einen festen Stundenlohn?
Muss ich am Wochenende arbeiten?

Ein Bewerbungsgespräch führen

- Wie gut sind Ihre Deutschkenntnisse?
- Ich spreche Deutsch auf dem Niveau B1.
- Sind Sie Teamarbeit gewohnt?
- Ja, ich habe immer mit Kollegen zusammengearbeitet.
- Ist Stress bei der Arbeit ein Problem für Sie?
- Ich bin sicher, dass ich das schaffe. Stress kenne ich auch von früher.

Grammatik

Wünsche mit *würde gern(e)* + Infinitiv

ich	würde
du	würdest
er/es/sie/man	würde
wir	würden
ihr	würdet
sie/Sie	würden

Sie **würde** gern(e) Medizin **studieren**.

Ratschläge mit *sollte*

ich	sollte
du	solltest
er/es/sie/man	sollte
wir	sollten
ihr	solltet
sie/Sie	sollten

Man **sollte** sich über die Firma **informieren**.

Nebensätze mit *ob*

Spricht Frau Granowski gut Spanisch?
Ich möchte wissen, **ob** Frau Granowski gut Spanisch **spricht**.

Sie lernen:
- *eine Reise im Reisebüro buchen*
- *die Notrufzentrale anrufen*
- *Dialoge auf der Reise*
- *eine Reise planen*
- *Relativsätze im Nominativ und Akkusativ*

11

Von Ort zu Ort

1 Ü1–3

Beschreiben Sie die Fotos. Was machen die Leute? Warum reisen sie?

Verwandte besuchen – in die Heimat fahren/fliegen – zur Arbeit fahren – eine Geschäftsreise/Urlaubsreise machen – im Stau stehen – einchecken – auf den Flug warten – in den Urlaub fahren/fliegen – Freunde abholen

Man sieht viele Reisende.

Ich glaube, der Mann kommt aus ... Vielleicht besucht er ...

Die Leute warten vielleicht auf Freunde.

2 Ü4+5

Erzählen Sie von Ihrer letzten Reise: Wo sind Sie gewesen? Wie sind Sie dorthin gekommen? Wie war die Reise für Sie?

Ich bin nach ... geflogen.

Ich war in ... Das war toll.

Ich habe mich gefreut, weil ...

A Reisevorbereitungen

1a Hören Sie den Text und kreuzen Sie an: Welcher Text passt? 2.19

1. O Herr und Frau Maffei sind aus dem Urlaub zurückgekommen und sehen sich die Urlaubsfotos an. Der Urlaub war sehr schön.
2. O Herr und Frau Maffei sehen sich alte Urlaubsfotos an. Der Urlaub hat ihnen nicht gefallen. Der nächste Urlaub soll schöner werden.

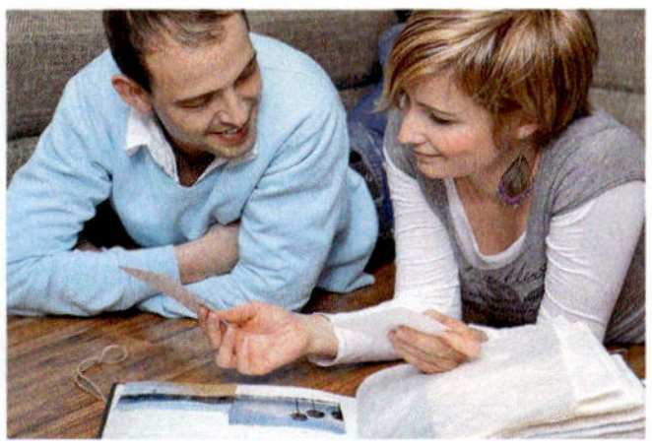

1b Hören Sie den Text noch einmal und ergänzen Sie. 2.19

Ü6+7

der – die – das – die

1. Das ist die Kellnerin, *die* so unfreundlich war.
2. Das ist das Museum, ______ immer geschlossen war.
3. Das ist der Strand, ______ so schmutzig war.
4. Das sind die Nachbarn, ______ abends immer sehr laut waren.

!

Relativsätze im Nominativ

Das ist der Strand. Der Strand war schmutzig.
Das ist der Strand, der schmutzig war.

der Strand, der ...	ein/einen Strand, der ...
das Museum, das ...	ein Museum, das ...
die Kellnerin, die ...	eine Kellnerin, die ...
die Nachbarn, die ...	- Nachbarn, die ...

2 Schreiben Sie Sätze wie in 1b.

Ü8

1. Das ist der Mann. Der Mann hat uns die Stadt gezeigt.
2. Das ist die Ferienwohnung. Die Ferienwohnung war billiger als unsere.
3. Das ist das Restaurant. Das Restaurant war am Strand.
4. Das sind die Berge. Die Berge liegen hinter der Stadt.

3a Was suchen Sie? Fragen und antworten Sie.

Ü9+10

Ich suche ein Hotel, das
einen Strand, der
eine Ferienwohnung, die
Reiseangebote, die

mit Halbpension ist – nicht so viel kostet – ruhig ist – einen Spielplatz hat – groß ist – auch für Kinder geeignet ist – günstig sind

3b Informationen über Urlaubsorte. Schreiben Sie Fragen und antworten Sie im Kurs.

Kennst du einen Campingplatz, der ruhig ist?

Ja.

Nein.

Tut mir leid, leider nicht.

Kennst du / Kennen Sie ...

einen Kiosk,		deutsche Zeitungen verkauft
ein Museum,		auch für Kinder interessant ist
einen Arzt,	der	Deutsch spricht
eine Apotheke,	das	auch am Mittag geöffnet hat
einen Strand,	die	einen Spielplatz für Kinder hat
ein Restaurant,		gemütlich ist
einen Campingplatz,		sauber ist

4 Hören Sie die Dialoge und kreuzen Sie an: Welche Aussagen sind richtig? 2.20

Ü11

1. ○ Die Maffeis wollen zwei Wochen Urlaub machen.
2. ○ Sie fliegen am 07.08. in Frankfurt ab.
3. ○ Sie brauchen für die Türkei kein Visum.
4. ○ Frau Bloch bucht eine Urlaubsreise.
5. ○ Der Abflugort in Deutschland ist München.
6. ○ Frau Bloch braucht kein Hotel in Moskau.

5 Wählen Sie eine Situation aus und spielen Sie einen Dialog im Reisebüro.

Ü12+13

Situation 1:
Sie wollen einen Flug von Frankfurt nach Bangkok buchen.
Hinflug: 3. 10.
Rückflug: 2. 11.

Situation 2:
Sie wollen einen Urlaub auf Mallorca buchen.
Reisezeit: Juni oder Juli / für eine Woche
Abflug: Düsseldorf

Kunde
Guten Tag, ich möchte einen Flug / eine Urlaubsreise nach ... buchen.
Wir wollen im Juni/Juli/... Urlaub machen.
Der Hinflug soll am ... und der Rückflug am ...
Ich möchte den Hinflug am ...
Ich will / Wir wollen in Berlin/... abfliegen.
Für mich ist wichtig, dass das Flugticket ...
Haben Sie Angebote, die günstig sind?
Gibt es Hotels, die ...?

Mitarbeiter im Reisebüro
Wann wollen Sie reisen?
Ich kann Ihnen einen Flug ab ... anbieten.
Der Flug / Die Reise kostet nur ...
Ich habe hier einen Katalog mit günstigen Angeboten.
Das ist kein Problem. Es gibt viele Hotels, die ...

6a Sehen Sie sich das Bild an und ordnen Sie die Gegenstände zu.

- ◯ das Geschirr
- ◯ die Wanderkarte
- ◯ die Brieftasche
- ◯ der Rucksack
- ◯ der Sonnenhut
- ◯ die Handtücher
- ◯ die Badesachen

6b Wo sind die Sachen? Fragen und antworten Sie.

◖ Wo ist der Pullover? ◖ Der Pullover liegt unter dem Tisch.

7a Lesen Sie den Dialog und ergänzen Sie den Grammatikkasten.

Ü14+15

◖ Wo ist der gelbe Sonnenhut, den ich immer am Strand trage?
◖ Er liegt doch auf dem Sofa!

!

Relativpronomen im Akkusativ

Wo ist der gelbe Sonnenhut? Ich trage den gelben Sonnenhut immer am Strand.

Wo ist der gelbe Sonnenhut, ______ ich immer am Strand trage?	der → den
Wo ist das Handy, **das** ich gestern aufgeladen habe?	das → das
Wo ist die Wanderkarte, **die** ich gestern gekauft habe?	die → die
Wo sind die Handtücher, **die** wir für den Strand brauchen?	die → die

7b Schreiben Sie Fragen. Fragen und antworten Sie.

Ü16

~~Ich habe die Badesachen gestern aus dem Schrank geholt.~~ – Wir benutzen das Geschirr immer für unsere Picknicks. – Wir brauchen die Brieftasche für die Reisedokumente. – Wir nehmen den Rucksack immer für Wanderungen.

1. *Wo sind die Badesachen, die ich gestern aus dem Schrank geholt habe?*
2. *Wo ist die Brieftasche, die* ______ ?
3. *Wo ist der Rucksack, den* ______ ?
4. *Wo ist das Geschirr, das* ______ ?

B Dialoge auf der Reise

1a Hören Sie die Dialoge und ordnen Sie die Fotos zu. 2.21

Auf Autobahnen und einigen anderen Straßen stehen im Abstand von ca. 500 bis 2 000 Metern Notrufsäulen. An den Leitpfosten sind kleine Richtungspfeile, die zeigen, wo die nächste Notrufsäule ist.

1b Hören Sie die Dialoge noch einmal. Kreuzen Sie an: Was ist richtig? 2.21

Ü17

Dialog 1:

- ☐ **A** Die Frau hatte einen Autounfall.
- ☐ **B** Ihr Auto steht neben der Notrufsäule.
- ☐ **C** Die Notrufzentrale schickt den Pannendienst.

Dialog 2:

- ☐ **A** Die Frau will einen Platz reservieren.
- ☐ **B** Die Frau hat keine Reservierung.
- ☐ **C** Die Frau hat einen anderen Platz reserviert.

2a Ordnen Sie die Sätze und schreiben Sie die zwei Dialoge in Ihr Heft.

Ü18

Hier ist meine Reservierung. Oh, mein Platz ist Nummer 41 in Wagen 6! Tut mir leid! – Hallo, hier spricht Pilz. Ich bin auf der A1 Richtung Köln. Ich habe eine Autopanne. – Hier auf der Notrufsäule steht Kilometer 166,9. Mein Auto ist kurz vor der Säule. – Ich glaube, Sie sitzen auf meinem Platz. Wagen 7, Platz 41. – Wir schicken den Pannendienst – Das macht nichts. Das ist mir auch schon passiert. – Wo sind Sie genau? – Notrufzentrale, was kann ich für Sie tun?

2b Wählen Sie eine Situation aus und spielen Sie einen Dialog.

Ü19

Situation 1

Sie haben eine Autopanne und rufen die Notrufzentrale an. Sie sind auf der A3. Die Notrufsäule ist bei Kilometer 80,5.

Situation 2

Person 1: Sie haben eine Platzreservierung für Wagen 257, Platz 36. Aber der Platz ist besetzt.

Person 2: Sie haben eine Platzreservierung und sitzen auf Platz 36 in Wagen 257. Ihre Wagennummer stimmt, aber Sie haben Platz 46.

C Reiseplanung

1 In der österreichischen Hauptstadt kann man Geschichte erleben. Im Stadtzentrum kann man z. B. die Hofburg, die bis 1918 Kaiserresidenz war, oder den 137 m hohen Stephansdom besichtigen. Ein anderes Symbol von Wien ist der Prater, ein großer Vergnügungspark mit dem berühmten Riesenrad. Auch die UNO-City, die einige Kilometer vom Stadtzentrum entfernt ist, ist für eine Besichtigung interessant.

2 Die Schweiz ist ein Alpenland. Von ihren ca. 41.300 km² bilden 60 Prozent Alpen und Voralpen. Die Alpen sind ideal für Wanderungen. Wenn man eine mehrtägige Wanderung machen möchte, kann man in gemütlichen Hütten übernachten. Ein beliebtes Ausflugsziel ist das 4.478 m hohe Matterhorn. Der Ort Zermatt am Matterhorn ist autofrei.

1a Lesen Sie die vier Texte und ordnen Sie zu: Welche Reise kann man machen?

Ü20

- ◯ Unterwegs mit dem Rad
- ◯ Ferien auf einer Ostseeinsel
- ◯ Wanderungen in den Alpen
- ◯ Eine Städtereise

1b Notieren Sie zu jedem Urlaubsziel zwei Informationen, die Sie wichtig finden.

Wien: Hofburg – bis 1918 Kaiserresidenz, ...
Münster und Münsterland:

2a Eine Reise vorbereiten. Arbeiten Sie zu zweit und wählen Sie ein Reiseziel aus. Was müssen Sie machen?

der Koffer – die Rucksäcke – die Ausweise – die Landkarten – der Schlafsack – die Badesachen – die Eisenbahnfahrkarten – die Flugtickets – das Hotel – der Reiseführer – die Regensachen – das Zelt

kaufen – mitnehmen – buchen – reservieren – packen – ...

3

Das Münsterland liegt im Norden von Nordrein-Westfalen mit der Universitätsstadt Münster als Zentrum. Münster ist als Fahrradstadt bekannt, denn es gibt dort überall Fahrradwege. Das Münsterland eignet sich gut für Radtouren, denn die Landschaft ist flach mit vielen Wäldern, Wiesen und Wasserschlössern. Es gibt ca. 4.500 km Radwege.

4

Rügen in der Ostsee ist mit 976 km² die größte deutsche Insel. Berühmt sind die Kreidefelsen, das Wahrzeichen von Rügen. Die Insel hat lange, schöne Sandstrände und ist ein beliebtes Ferienziel. Familien finden hier viele Freizeitangebote, man kann Campingurlaub machen und natürlich Wassersport treiben, z. B. segeln, surfen oder tauchen. Im Sommer erreichen die Temperaturen bis zu 35 °C, das Wasser wird bis zu 21 °C warm.

2b Planen Sie zusammen mit Ihrem Lernpartner / Ihrer Lernpartnerin die Reise.

Ü 21+22

Wie viel soll die Reise kosten?
Wie lange soll die Reise dauern?
Wer kauft die Tickets?
Wer bucht die Unterkunft?

einen Vorschlag machen	zustimmen 🙂	ablehnen 🙁
Ich schlage vor, dass wir ... Tage in ... bleiben.	Das ist eine gute Idee!	Das gefällt mir nicht.
Ich denke, wir sollten nicht mehr als ... Euro ausgeben.	Ja, so machen wir es.	Wir sollten lieber ...
Fahren wir mit ...?	Das finde ich gut.	Ich möchte aber gerne/lieber ...
	Einverstanden.	Es ist besser, wenn wir ...

2c Stellen Sie Ihre Reise im Kurs vor.

3 Ausflüge in die Umgebung. Arbeiten Sie in Gruppen. Wählen Sie ein Ausflugsziel aus und sammeln Sie Informationen. Präsentieren Sie Ihre Ergebnisse im Kurs.

11 Alles klar!

Kommunikation

1 Ordnen Sie den Dialog. Kontrollieren Sie dann mit der CD. 2.22

- ◯ Ja, bitte?
- (1) Guten Tag, Ihre Fahrkarten, bitte.
- ◯ Das weiß ich jetzt noch nicht. Sie erfahren das kurz vor der Ankunft in Mannheim per Lautsprecher.
- ◯ Hoffentlich habe ich Glück.
- ◯ Wir haben jetzt 25 Minuten Verspätung. Wartet der Anschlusszug nach Stuttgart in Mannheim?
- ◯ Bitte sehr. Und hier ist noch meine BahnCard. Ich habe noch eine Frage.

2 Ergänzen Sie den Dialog.

> Wie viel kostet das mit Flug ab Hamburg? – Zwei Erwachsene und zwei Kinder. – Guten Tag, ich möchte eine Urlaubsreise nach Mallorca buchen. – Wir hätten gerne eine Ferienwohnung am Meer. – Das ist vielleicht etwas teuer. Haben Sie noch andere Angebote? – In den Osterferien, im April, also vom 3. bis 10. April.

- ______________________
- Wie viele Personen sind Sie?
- ______________________
- Wann wollen Sie reisen?
- ______________________
- Wie wollen Sie wohnen?
- ______________________
- Hier habe ich ein gutes Angebot: Eine Ferienwohnung mit 88 Quadratmetern.
- ______________________
- Das macht zusammen 1917 Euro.
- ______________________

Wortschatz

3 Ergänzen Sie die Sätze.

weisAus – flugortAb – sumVi – roseReibü – schäftsseGerei

1. Herr Petrovic macht mit dem Flugzeug eine ____________ nach Oslo.
   Der ______________________ ist Hamburg.
2. Bei Reisen in andere Länder braucht man immer den ________________,
   aber nicht immer ein __________.
3. Familie Sarkos hat im ______________________ eine Ferienreise gebucht.

Grammatik

4 Schreiben Sie Fragen wie in den Beispielen. Fragen und antworten Sie im Kurs.

5 Was sucht Frau Ivanova? Schreiben Sie Sätze.

Eine Wohnung. Die Wohnung hat drei Zimmer. – Ein Auto. Das Auto kostet nicht so viel. – Einen Koffer. Sie kann den Koffer für kleine Reisen benutzen. – Ein Buch. Sie kann das Buch auf dem Weg zur Arbeit lesen.

Frau Ivanova sucht eine Wohnung, die …

Flüssig sprechen

6 Hören Sie zu und sprechen Sie nach. 2.23

11 Gewusst wie

Kommunikation

Eine Reise im Reisebüro buchen

Guten Tag, ich möchte eine Urlaubsreise nach Spanien buchen.
Wir suchen eine Ferienwohnung.
Ich suche einen Flug nach Berlin.
Haben Sie günstige Angebote?
Braucht man für Russland ein Visum?
Ich brauche auch ein Hotel.

Dialoge auf der Reise

Hier ist meine BahnCard.
Wann kommen wir in Köln an?
Wir haben jetzt 15 Minuten Verspätung.
Wartet der Zug in Köln?

- Entschuldigen Sie, ich glaube, Sie sitzen auf meinem Platz.
- Oh, das tut mir leid.
- Das macht nichts. Das ist mir auch schon passiert.

Die Notrufzentrale anrufen

Guten Tag, hier spricht Paul Hart. Ich habe eine Autopanne.
Ich bin auf der A3 Richtung Köln.
Auf der Notrufsäule steht Kilometer 352,4.

Eine Reise planen

- Ich schlage vor, dass wir vier Tage in der Schweiz bleiben.
- Es ist besser, wenn wir eine Woche bleiben. Wir können Wanderungen machen.
- Das ist eine gute Idee. Wir müssen eine Wanderkarte kaufen und die Schlafsäcke mitnehmen.
- Ich denke, wir sollten nicht mehr als 400 Euro ausgeben.
- Ja, das finde ich gut. Fahren wir mit dem Zug?
- Es ist besser, wenn wir mit dem Auto fahren. Das ist billiger.

Grammatik

Relativsätze

Nominativ
Sie sucht einen Pullover. Der Pullover kostet nicht so viel.
Sie sucht einen Pullover, der nicht so viel kostet.

Akkusativ
Sie sucht einen Pullover. Sie kann den Pullover im Büro tragen.
Sie sucht einen Pullover, den sie im Büro tragen kann.

Relativpronomen

	Nom.	Akk.
m	der	den
n	das	das
f	die	die
Pl.	die	die

Spiel und Spaß

1 Wiederholungsspiel

Spielregeln

1. Immer zwei bis vier Personen aus dem Kurs spielen zusammen.
2. Sie brauchen einen Würfel und pro Spieler eine Münze.
3. Sie beantworten die Frage richtig. Sie dürfen ein Kästchen weiter.
4. Sie beantworten die Frage falsch. Sie müssen zwei Kästchen zurück.
5. Sie sind zuerst im Ziel? Dann haben Sie gewonnen.

Start

1 **Wie heißt das Perfekt?**
verlassen – hat verlassen
umziehen – ...
werden – ...
gewinnen – ...

2 **Nennen Sie drei Schulfächer.**

3 **Wohin stellt der Mann die Blumenvase?**

4 **Wozu braucht man ein Handy?**

5 **Wie kann man eine Stelle finden? Nennen Sie drei Möglichkeiten.**

6 **Was kann man im Baumarkt kaufen?**

7 **Welche Schulen kann man nach der Grundschule in Deutschland besuchen?**

8 **Wie heißt es?**
(immer) am Morgen = morgens
(immer) am Mittag = ...
(immer) am Abend = ...

9 **Was kann man im Internet machen? Nennen Sie zwei Dinge.**

10 **Wie heißt das Präteritum?**
ich kann – ich konnte
sie müssen – sie ...
wir dürfen – wir ...

11 **Welcher Tag ist heute? Wann haben Sie Geburtstag?**

12 **Nennen Sie drei Wünsche für Ihren Beruf.**
Ich würde gerne ...

13 **Sie haben eine Platzreservierung im Zug, aber Ihr Platz ist besetzt. Was sagen Sie?**

14 **Ihr Nachbar hat Geburtstag. Gratulieren Sie ihm.**

15 **Fragen Sie anders.**
Wann kommt Marianne?
Weißt du, ...
Wie teuer ist der Mantel?
Kannst du mir sagen, ...

16 **Wohin gehen die Leute?**

Ziel

Pflegeberufe

1 Wo arbeiten die Leute? Was machen sie?

der Altenpfleger

die Hebamme

der Kinderkranken-pfleger

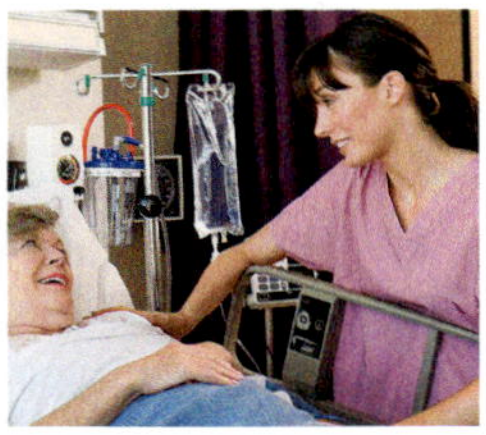

die Krankenschwester

Wo? im Seniorenheim – im Krankenhaus – in der Kinderklinik – im Geburtshaus – bei einem Pflegedienst – im Operationssaal – im Kreißsaal

Was? Kinder/Patienten/Senioren pflegen/betreuen – bei Geburten helfen – schwangere Frauen beraten – bei Operationen assistieren – Patienten Medikamente bringen

2 Welchen Beruf finden Sie interessant?

Ich finde den Beruf Hebamme interessant, weil …

3a Hören Sie das Interview. Arbeitet Frau Arkaeva gern als Krankenschwester? 2.24

3b Hören Sie noch einmal und kreuzen Sie an: richtig oder falsch? 2.24

	R	F
1. Frau Arkaeva hat ihren Beruf im Ausland gelernt.	○	○
2. Sie hat in Deutschland einen Lehrgang gemacht.	○	○
3. Sie musste keine Prüfung machen.	○	○
4. Die Ärzte sind die Vorgesetzten vom Pflegepersonal.	○	○
5. Frau Arkaeva findet ihren Beruf anstrengend.	○	○
6. Sie arbeitet immer zwölf Tage und hat dann einen Tag frei.	○	○

i

Die Berufe im Gesundheitswesen gehören in Deutschland zu den reglementierten Berufen. Man darf sie nur ausüben, wenn man bestimmte Qualifikationen nachweisen kann. Personen mit einer Krankenpflegeausbildung aus dem Ausland, die in Deutschland in ihrem Beruf arbeiten wollen, brauchen eine staatliche Anerkennung. Informationen erhält man bei den Gesundheitsämtern.

4 **Lesen Sie noch einmal Teile aus dem Interview. Was sagt Frau Arkaeva? Machen Sie Notizen und berichten Sie dann im Kurs.**

Ein Aufgabenbereich ist Hygiene. Es ist wichtig, dass die Patienten im Krankenhaus nicht noch andere Krankheiten bekommen. Auch die Ärzte und Krankenschwestern sollen keine Infektionskrankheiten bekommen. Das bedeutet zum Beispiel, dass wir uns regelmäßig die Hände waschen und desinfizieren.

Wichtig ist auch Organisation. Wir müssen den Patienten die Medikamente bringen, aber es ist auch wichtig, wann sie die Medikamente bekommen und, dass sie die richtigen Medikamente nehmen. Das organisieren wir auch.

Die Patienten haben verschiedene Krankheiten und deshalb ist die Pflege unterschiedlich. Oft können sie nicht aufstehen oder sie brauchen Hilfe beim Essen und Anziehen. Patienten, die immer im Bett liegen, müssen wir beim Bettenmachen oder Waschen drehen und heben.

Die Ärzte sagen uns zum Beispiel, welche Medikamente die Patienten bekommen und, wie wir sie auf Untersuchungen vorbereiten sollen. Aber wir haben verschiedene Aufgaben. Die Ärzte behandeln die Patienten, wir pflegen sie. Die Ärzte sind nicht unsere Vorgesetzten.

Hygiene	Organisation	Pflege	Ärzte und Pflegepersonal
Hände waschen ...			

5a **Ordnen Sie den Dialog. Kontrollieren Sie dann mit der CD.** 2.25

- ◯ Dann verabschiede ich mich jetzt. Vielen Dank auch für Ihre Hilfe.
- ◯ Nein, das ist im Moment nicht mehr nötig.
- ◯ Bekomme ich auch noch Medikamente ?
- ◯ Auf Wiedersehen und alles Gute, Frau Zeis.
- (1) Ihre Papiere sind jetzt fertig, Frau Zeis. Geben Sie diesen Brief bitte Ihrem Hausarzt.

5b **Variieren Sie den Dialog.**

Ein Patient kann nach Hause gehen. Die Pflegekraft gibt ihm die Papiere und einige Medikamente. Der Patient soll sie morgens, mittags und abends nehmen und am nächsten Tag zum Hausarzt gehen.

Prüfungsvorbereitung DTZ: Sprechen

1a Sprechen Teil 1. Lesen Sie zuerst und lösen Sie dann die Aufgabe.

Zuerst erzählen Sie circa eine Minute über sich selbst. Dann stellt der Prüfer einige Fragen und Sie antworten. Für die Vorbereitung sollten Sie zu jedem Stichwort einen Satz schreiben und ihn auswendig lernen.

Stellen Sie sich bitte vor.

Name?	Wohnort?	Familie?
Geburtsort?	Arbeit/Beruf?	Sprachen?

1b Sprechen Teil 2. Lesen Sie zuerst und lösen Sie dann die Aufgabe.

Zuerst beschreiben Sie circa drei Minuten das Foto. Danach gibt es ein kurzes Gespräch mit dem Prüfer. Bei dem Gespräch sollen Sie auch die Situation in Deutschland mit der Situation in Ihrem Heimatland vergleichen.

Teil A

Sie haben in einer Zeitschrift ein Foto gefunden.
Berichten Sie Ihrer Gesprächspartnerin / Ihrem Gesprächspartner kurz:
Was sehen Sie auf dem Foto?
Was für eine Situation zeigt dieses Bild?

Teil B

Unterhalten Sie sich jetzt über das Thema. Erzählen Sie: Wie ist das in dem Land, aus dem Sie oder Ihre Eltern kommen?

Sie lernen:

- sich über interkulturelle Erfahrungen austauschen
- über Vereine und ehrenamtliches Engagement sprechen
- mit Ämtern und Behörden telefonieren
- Relativsätze mit Präpositionen

12 Treffpunkte

1 Wo sind die Leute? Was machen sie? Wie fühlen sie sich? Sprechen Sie im Kurs.

Ü1+2

Die Leute feiern/lächeln/lachen/... gemeinsam. Sie unterhalten/umarmen sich.
Er/Sie sieht einsam/ernst/froh/fröhlich/traurig/sympathisch/neugierig/... aus.
Er/Sie fühlt sich einsam/wohl/fremd/...
Die Stimmung ist /gemütlich/lustig/fröhlich/toll/nett/traurig/...

2a Wo haben Sie in Deutschland Leute kennengelernt? Sprechen Sie im Kurs.

Ü3

2b Wie ist es in Ihrer Heimat? Wo trifft man sich? Wo kann man Leute kennenlernen?

In meinem Heimatland ist es genauso wie in Deutschland. Man kann auch ...

Bei uns ist es ganz anders, man kann ...

A Das Nachbarschaftshaus

1a Ü4

Lesen Sie die Internetseite und ordnen Sie die Fragen den Textabschnitten zu.

1. Was kann man im Nachbarschaftshaus machen?
2. Was ist das Nachbarschaftshaus?
3. Wer kommt in das Nachbarschaftshaus?

www.nachbarschaftshaus.de

Das Nachbarschaftshaus Urbanstraße e.V.

☐ Seit 1955 ist das Nachbarschaftshaus Urbanstraße als gemeinnütziger Verein ein lebendiger, interessanter, charmanter, manchmal auch etwas chaotischer Treffpunkt für die Bewohner im Berliner Stadtteil Kreuzberg.

☐ Zu uns kommen Kinder, Jugendliche und Erwachsene aus der näheren und weiteren Nachbarschaft.

☐ Das Nachbarschaftshaus Urbanstraße ist ein Ort für Begegnung, Austausch und Kontakt.
Sie können bei uns Kurse machen, andere Leute kennenlernen, sich sozial engagieren, Sport machen oder sich beraten lassen. Wir organisieren auch Hausaufgabenhilfe und helfen bei Problemen mit Formularen und Bewerbungen. Wir arbeiten interkulturell und sind ein Treffpunkt für Menschen mit und ohne Behinderungen.

1b

Beantworten Sie die Fragen in 1a.

2a Ü5+6

Lesen Sie. Was finden Sie interessant? Wo möchten Sie sich engagieren?

www.nachbarschaftshaus.de/angebote/

Angebote im Nachbarschaftshaus

- Information, Beratung und Anmeldung zu den Deutschkursen
- Elterncafé mit Formularhilfe
- Schuldenberatung / allgemeine Sozialberatung
- Tanz für Frauen – Spaß an der Bewegung und Zeit für mich
- Nachbarschaftschor – Wir suchen Menschen, die gerne singen.
- Hausaufgabenhilfe

Ich möchte mich im Nachbarschaftschor engagieren.

Ich finde das Elterncafé gut, weil …

2b

Kennen Sie ein ähnliches Haus in Ihrer Nähe? Was kann man dort machen? Berichten Sie.

3a Ein Projekt im Nachbarschaftshaus: Going social. Hören Sie und kreuzen Sie an: Welches Foto passt zu den beiden Hörtexten? 2.26

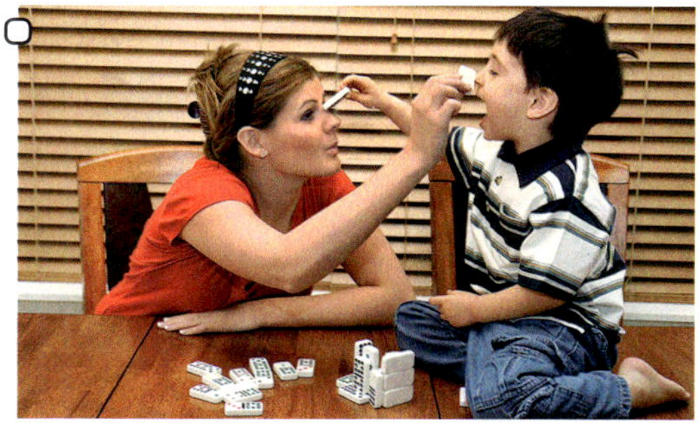

3b Die Sätze sind falsch. Hören Sie noch einmal und korrigieren Sie. 2.26

1 „Going social" ist ein Projekt nur für ältere Menschen.
2. Im Projekt „Going social" lernt Ulyana die Arbeit mit dem Computer.
3. Ulyana möchte nicht ehrenamtlich arbeiten.

4. Frau Bauer kennt das Projekt nicht.
5. Frau Bauer ist noch sehr fit und kann alles selbst machen.
6. Frau Bauer hilft den Jugendlichen.

1. „Going Social" ist ein Projekt für junge und ältere Menschen.

4a Ehrenamtlich arbeiten. Wo kann man ehrenamtlich arbeiten? Warum arbeiten Leute ehrenamtlich? Sprechen Sie im Kurs.

eh|ren|amt|lich <Adj.>: *freiwillig, ohne Bezahlung arbeiten, weil man helfen möchte:* Sie arbeitet als -e Helferin für das Rote Kreuz.

4b Gibt es in Ihrem Heimatland auch ehrenamtliche Tätigkeiten? Vergleichen Sie.

B Vereine

1a Ü7

Was machen die Menschen auf den Fotos? Sprechen Sie im Kurs.

1b Ü8+9

Lesen Sie den Informationstext und beantworten Sie die Fragen.

1. Wie viele Vereine gibt es in Deutschland?
2. Wie viele Menschen in Deutschland sind Mitglied in einem Verein?
3. Was macht ein interkultureller Freundschaftsverein?
4. Wie kann man Mitglied in einem Verein werden?

In Deutschland gibt es über eine halbe Million Vereine, in denen viele Millionen Menschen aktiv sind. Besonders wichtig sind die Sportvereine. Fast sieben Millionen Menschen in Deutschland sind z. B. Mitglied in einem Fußballverein.

Aber es gibt nicht nur Sportvereine, es gibt auch kulturelle Vereine, wie z. B. Musikvereine, Theatervereine, Karnevalsvereine, Heimatvereine oder interkulturelle Freund-

schaftsvereine. Ein Beispiel ist der deutsch-ägyptische Freundschaftsverein, in dem sich Menschen aus Deutschland und Ägypten treffen. Die Mitglieder organisieren Veranstaltungen und feiern gemeinsam Feste, zu denen natürlich auch Menschen aus anderen Ländern eingeladen sind.

Fast jeder zweite Mensch in Deutschland ist Mitglied in mindestens einem Verein, häufig sogar in mehreren Vereinen.

Ganz wichtig sind Vereine auch im sozialen Bereich. Diese sozialen Vereine, für die sich viele Menschen engagieren, helfen Menschen in schwierigen Situationen.

Jeder kann Mitglied in einem Verein werden. Man muss sich anmelden und zahlt einen Mitgliedsbeitrag, der von Verein zu Verein unterschiedlich hoch ist. Dann kann man sich engagieren und an vielen Angeboten im Verein teilnehmen.

2a Lesen Sie den Text noch einmal und ordnen Sie zu.

Ü10+11

in dem sich Menschen aus Deutschland und Ägypten treffen – zu denen auch Menschen aus anderen Ländern eingeladen sind – der von Verein zu Verein unterschiedlich hoch ist – für die sich viele Menschen engagieren – in denen viele Menschen aktiv sind

1. Es gibt über eine halbe Million Vereine, ______________________.
2. Der deutsch-ägyptische Freundschaftsverein ist ein Verein, ______________________.
3. Der Verein organisiert Veranstaltungen und Feste, ______________________.
4. Die sozialen Vereine, ______________________, helfen Menschen in schwierigen Situationen.
5. Man zahlt einen Mitgliedsbeitrag, ______________________.

2b Schreiben Sie aus den Sätzen in 2a jeweils zwei Hauptsätze wie im Beispiel.

Ü12

Es gibt über eine halbe Million Vereine.
In den Vereinen sind viele Menschen aktiv.

!

Relativsätze mit Präpositionen

Es gibt über eine Million Vereine. In den Vereinen sind viele Menschen aktiv.
Es gibt über eine Million Vereine, in denen viele Menschen aktiv sind.

Die sozialen Vereine helfen Menschen. Viele engagieren sich für die Vereine.
Die sozialen Vereine, für die sich viele engagieren, helfen Menschen.

Relativpronomen im Dativ

m	dem
n	dem
f	der
Pl.	**denen**

3a Ein Interview. Hören Sie: In wie vielen Vereinen ist Frau Meier Mitglied? 2.27

Ü13+14

3b Hören Sie noch einmal. Warum ist sie Mitglied in den Vereinen? 2.27

4 Projekt: Sammeln Sie Informationen und präsentieren Sie die Ergebnisse im Kurs.

Ü15

Welche Vereine gibt es in Ihrem Wohnort? Sind Sie Mitglied in einem Verein?

C Telefonieren

1a Lesen Sie und hören Sie die Telefongespräche. Hat die Anruferin Erfolg? 2.28

Frau Badi will am internationalen Straßenfest teilnehmen und möchte einen Stand mieten. Sie möchte Spezialitäten aus ihrer Heimat anbieten. Sie ruft beim Bürgeramt an.

1.
- Telefonzentrale Bürgeramt, guten Tag.
- Guten Tag, ich möchte mit Frau Schlüter sprechen, können Sie mich bitte verbinden?
- Einen Moment ... tut mir leid, Frau Schlüter spricht gerade. Ich kann Ihnen die Durchwahl geben.
- Ja, bitte.
- Das ist die 212 und dann die Durchwahl 3459.
- 212 34 59.
- Ja, genau.
- Danke schön, auf Wiederhören.

2.
- Schlüter, guten Tag.
- Guten Tag, mein Name ist Badi, ich habe eine Frage. Ich möchte gerne am internationalen Straßenfest teilnehmen und Spezialitäten aus meiner Heimat verkaufen. Was muss ich machen?
- Tut mir leid, für die Standmiete beim internationalen Straßenfest bin ich nicht zuständig. Das macht meine Kollegin, Frau Costa.
- Können Sie mir bitte ihre Durchwahl geben?
- Ja, das ist die 33 87.
- Danke schön.

3.
- Meier.
- Guten Tag, ich möchte einen Stand auf dem internationalen Straßenfest mieten.
- Was wollen Sie? Einen Stand mieten?
- Oh, Entschuldigung, bin ich nicht beim Bürgeramt, bei Frau Costa?
- Nein, da sind Sie falsch verbunden.
- Tut mir leid, dann habe ich mich verwählt, entschuldigen Sie bitte die Störung.
- Keine Ursache, viel Glück.

4.
- Alle Plätze sind zurzeit belegt. Bitte legen Sie nicht auf ...

1b Lesen Sie und spielen Sie die Dialoge.

2 Minidialoge. Ordnen Sie zu und lesen Sie die Dialoge zu zweit.

Ü16+17

1. Guten Tag, ich möchte mich ummelden. Können Sie mich bitte verbinden?
2. Guten Tag, ich habe eine Frage zum Kindergeld. Können Sie mich bitte mit Frau Antos verbinden?
3. Guten Tag, mein Name ist Kramer, spreche ich mit Herrn Makal?
4. Guten Tag, können Sie mir die Durchwahl von Frau Abt sagen?
5. Vielen Dank für Ihre Informationen. Auf Wiederhören.

- A Nein, mein Name ist Neuer. Sie sind hier bei der Kfz-Zulassungsstelle.
- B Ja, gern. Mit welchem Buchstaben beginnt Ihr Familienname?
- C Auf Wiederhören.
- D Tut mir leid, sie ist heute nicht im Haus. Ich verbinde sie mit Herrn Peters.
- E Gerne, das ist die 31.

3 Arbeiten Sie zu dritt. Wählen Sie eine Situation aus und schreiben Sie Dialoge.

Ü18

Ich möchte mit ... sprechen.
Können Sie mich bitte mit ... verbinden?
Können Sie mir bitte die Durchwahl von Herrn ... / Frau ... geben?
Können Sie mich bitte mit dem zuständigen Sachbearbeiter verbinden?
Guten Tag, ... ist mein Name, ich habe eine Frage: ...
Entschuldigen Sie bitte, ich habe mich verwählt.
Tut mir leid, hier ist nicht ... Sie sind falsch verbunden. Bitte rufen Sie im Bürgerbüro/... an.

Situation 1: Anruf bei der Stadtverwaltung

Anrufer/in: möchte einen Stand auf dem Karneval der Kulturen mieten
Telefonzentrale: Herr/Frau Nowak ist zuständig, soll ich Sie mit ihm/ihr verbinden?
Herr/Frau Nowak: Standmiete kostet 50 €, braucht den Namen, die Adresse und die Telefonnummer

Situation 2: Anruf beim Verkehrsverbund

Anrufer/in: Tochter hatte die Monatskarte vergessen und muss Strafe zahlen, was kann man tun?
Sachbearbeiter/in 1: nicht zuständig, Durchwahl von Herrn/Frau Yilmaz
Herr/Frau Yilmaz: die Monatskarte am Schalter in Bielefeld vorlegen, dann müssen Sie nichts zahlen

12 Alles klar!

Kommunikation

1a Am Telefon. Ergänzen Sie.

zuständigen Sachbearbeiter – falsch verbunden – Durchwahl – verwählt

1. Können Sie mir bitte die ____________________ von Herrn Stefanovic geben?
2. Entschuldigen Sie bitte, ich habe mich ________________.
3. Können Sie mich bitte mit dem ____________________________ verbinden?
4. Tut mir leid, hier ist nicht Celikkale. Sie sind __________________________.

1b Was kann man auf die Fragen in 1a antworten?

1. Natürlich, gerne. Das ist die 847.

2 Hören Sie und kreuzen Sie an: Was ist richtig? 2.29

1. ○ **A** Frau Berger ist heute nicht im Büro.
   ○ **B** Frau Berger kommt erst am Nachmittag.
   ○ **C** Frau Berger hat gerade keine Zeit und ruft später noch einmal an.

2. ○ **A** Herr Stanka ist nicht da.
   ○ **B** Herr Stanka telefoniert gerade.
   ○ **C** Herr Stanka ruft später zurück.

3 Schreiben und spielen Sie einen Dialog.

Anruf bei den Stadtwerken

Anrufer/in:	Frage zur Abrechnung, am 1. 4. ausgezogen, warum geht die Rechnung bis zum 30. 4.?
Telefonzentrale:	Herr Kaminski ist zuständig, Durchwahl -338
Müller:	verwählt
Herr Kaminski:	ein Fehler

Wortschatz

4 Was passt? Ordnen Sie zu.

Mitglied in einem Verein	1	A	teilnehmen
an Kursen	2	B	werden
Veranstaltungen	3	C	organisieren
einen Mitgliedsbeitrag	4	D	bezahlen

Grammatik

5 Schreiben Sie Sätze wie im Beispiel.

1. Morgen schreibe ich die Prüfung, für die ich lange gelernt habe.
2. Das ist mein Freund, mit dem ich die Prüfung zusammen mache.
3. Das ist die Schule, in der die Prüfung stattfindet.
4. Das ist das Restaurant, in das ich nach der Prüfung gehe.

1. Morgen schreibe ich die Prüfung. Für die Prüfung habe ich lange gelernt. / Ich habe lange für die Prüfung gelernt.

6 Das Relativsatz-Quiz. Schreiben Sie Fragen wie im Beispiel. Fragen und antworten Sie im Kurs.

Wie heißt die Maschine, mit der man Kleidung sauber machen kann?
Wie heißt das Ding, mit dem man ... ?
Wie heißt das Gerät, mit dem man ... ?

Flüssig sprechen

7 Hören Sie zu und sprechen Sie nach. 2.30

12 Gewusst wie

Kommunikation

Sich über interkulturelle Erfahrungen austauschen

In meinem Heimatland hat man mehr Kontakt zu seinen Nachbarn.
Bei uns kann man leicht Leute kennenlernen.
In Deutschland kann man gut Leute im Verein kennenlernen.

Über Vereine und ehrenamtliches Engagement sprechen

Ich bin Mitglied im Nachbarschaftsverein.
Der Mitgliedsbeitrag kostet 35 Euro.
Der Verein organisiert viele soziale Aktivitäten.
Ich engagiere mich ehrenamtlich in ...

Mit Ämtern und Behörden telefonieren

Ich möchte mit ... sprechen.
Können Sie mich bitte mit ... verbinden?
Können Sie mir bitte die Durchwahl von Herrn ... / Frau ... geben?
Können Sie mich bitte mit dem zuständigen Sachbearbeiter verbinden?
Guten Tag, ... ist mein Name. Ich habe eine Frage: ...
Entschuldigen Sie bitte, ich habe mich verwählt.
Tut mir leid, hier ist nicht ..., Sie sind falsch verbunden.

Grammatik

Relativsätze mit Präpositionen

Es gibt über eine halbe Million Vereine. In den Vereinen sind viele Menschen aktiv.
Es gibt über eine halbe Million Vereine, in denen viele Menschen aktiv sind.

Die Vereine, für die sich viele engagieren, helfen Menschen in schwierigen Situationen.

!

Relativpronomen

	Nominativ	Akkusativ	Dativ
m	der	den	dem
n	das	das	dem
f	die	die	der
Pl.	die	die	denen

Ich suche einen Hund, **der** nicht so groß ist.
Ich suche einen Hund, **den** ich in den Urlaub mitnehmen kann.
Ich suche einen Hund, **mit dem** man Fahrrad fahren kann.
Ich suche einen Hund, **über den** sich meine Frau auch freut.

Sie lernen:

- *ein Konto eröffnen*
- *erklären, wie man Geld am Automaten abhebt*
- *über Versicherungen sprechen*
- *etwas reklamieren*
- *Komposita*
- *„zu" + Adjektiv*

13

Banken und Versicherungen

1 Kennen Sie die Karten? Wann oder wo benutzt man sie? Ordnen Sie zu.

Ü1

2 Machen Sie ein Partnerinterview. Welche Karten haben Sie und warum?

Ü2

Haben Sie eine Monatskarte?

Ja, ich habe eine Monatskarte, weil ich jeden Tag mit dem Bus ins Büro fahre.

Haben Sie noch andere Karten?

Bücher/DVDs/Spiele ausleihen – Bargeld abheben – einen Kontoauszug ausdrucken – Geld überweisen – ohne Bargeld einkaufen/telefonieren/bezahlen – mit öffentlichen Verkehrsmitteln fahren – zum Arzt gehen – Prozente/Punkte bekommen

A Auf der Bank

1 Ü3 **Sammeln Sie Wörter und Ausdrücke.**

auf der Bank
- Geld einzahlen
- das Konto, Konten

2a Ü4 **Ein Konto eröffnen. Lesen Sie und ergänzen Sie den Dialog. Hören Sie und kontrollieren Sie mit der CD.** 2.31

Geldautomaten – EC-Karte – Einkommen – Girokonto – Überweisungen

- Guten Tag, ich möchte gern ein ______ eröffnen. Was kostet das monatlich?
- Wenn Ihr ______ über 1000 € monatlich ist, dann ist es kostenlos.
- Kann ich mit der ______ überall Geld abheben?
- Sie können an fast allen ______ weltweit Geld abheben.
- Wo bekomme ich die Kontoauszüge?
- An diesem Automaten. Da können Sie auch ______ machen.
- Ist Online-Banking möglich?
- Natürlich, Sie bekommen dann noch eine PIN. Bei uns bekommen Sie auch Zinsen für das Guthaben auf Ihrem Girokonto.
- Vielen Dank für die Informationen, ich überlege es mir noch einmal.

2b **Was ist das? Suchen Sie im Text und ordnen Sie zu.**

Eine Nummer, die nur der Kunde kennt.	1	A das Guthaben
Das bekommt der Kunde für sein Geld von der Bank.	2	B die PIN
Das Geld, das der Kunde auf der Bank hat.	3	C das Online-Banking
Der Kunde macht Überweisungen zu Hause am Computer.	4	D die Zinsen

3a Geld abheben. Hören Sie und kreuzen Sie an: Welches Foto passt? 2.32

1. Die Kundin möchte am Schalter Geld abheben. ☐

2. Die Kundin möchte am Geldautomaten Geld abheben. ☐

3b Wie hebt man Geld am Geldautomaten ab? Ordnen Sie zu.

Ü5

die Geheimzahl eingeben – den Betrag auswählen – die Karte entnehmen – die Karte in den Geldautomaten stecken – die Geheimzahl bestätigen – das Geld entnehmen

1

2

3

4

5

6

3c Hören Sie noch einmal und kontrollieren Sie mit der CD. 2.32

3d Erklären Sie, wie man Geld am Geldautomaten abhebt.

Zuerst muss man ...

4 Auf der Bank. Spielen Sie kleine Dialoge.

Ü6–8

Geld einzahlen – Geld abheben – Geld überweisen – Geld wechseln

Guten Tag, ich möchte gern Geld einzahlen.

Gerne, kein Problem. Wie viel?

50 €.

B Versicherungen

1 Welche Versicherung braucht man hier? Ordnen Sie zu.

Rentenversicherung – Krankenversicherung – Kfz-Versicherung – Rechtschutzversicherung – Haftpflichtversicherung – Hausratversicherung

1 

3 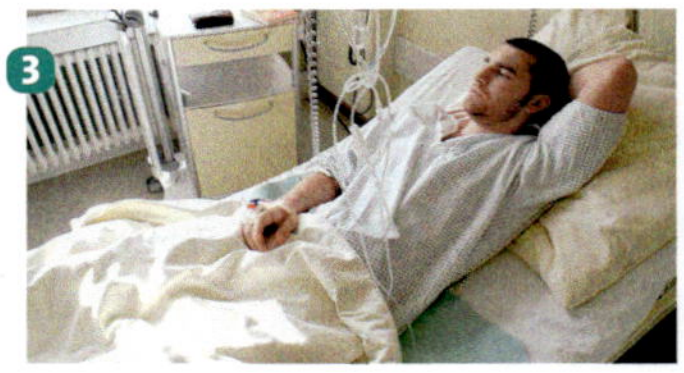

5 

Versicherungen

2 

4 

6 

> **i**
> In Deutschland müssen alle eine Krankenversicherung haben.
> Alle Autobesitzer müssen eine Kfz-Versicherung haben.
> Alle Arbeitnehmer haben eine Rentenversicherung und eine Arbeitslosenversicherung.

2a Welche Versicherung hilft? Lesen Sie und ergänzen Sie.

Ü9+10

1. Sie kommen aus dem Urlaub zurück und merken, dass Diebe in Ihrer Wohnung waren und Sachen gestohlen haben. Sie melden den Schaden bei der Polizei und bei der ______________________.
2. Nach zwei Monaten will die Versicherung immer noch nicht zahlen. Sie gehen vor Gericht. Hier hilft die ______________________.
3. Das alles macht Sie sehr nervös. Die Kamera von einer Freundin fällt Ihnen aus der Hand. Die Kamera ist kaputt. Sie melden den Schaden bei der ______________________.

2b Erzählen Sie. Welche Versicherung finden Sie wichtig und warum?

3a Lesen Sie den Prospekt und markieren Sie alle Komposita.

Cosma Direkt *Beste Versicherung 2010*

- Haftpflichtversicherung – sehr gut versichert
- Sondertarif für Berufsanfänger und Familienmitglieder
- Sofortiger Versicherungsschutz

3b Suchen Sie das passende Wort im Text und ergänzen Sie es in der Tabelle.

Ü11

Anfänger im Beruf	
Mitglieder in der Familie	
Versicherung für die Haftung von Schäden	*Haftpflichtversicherung*
Schutz durch eine Versicherung	
ein besonderer Tarif, z. B. sehr günstig	

Komposita

die Haftpflicht + die Versicherung = die Haftpflichtversicherung

(!) der Beruf + der Anfänger = der Beruf**s**anfänger

die Familie + das Mitglied = das Familie**n**mitglied

4a Weitere Komposita. Was ist ein Fahrzeug? Markieren Sie.

Ü12

Sportwagen – Wagentür – Kleinwagen – Wagenreparatur – Transportwagen – Familienwagen – Gebrauchtwagen – Neuwagen – Mietwagen – Wagenheber

4b Was bedeuten die Wörter in 4a? Erklären Sie.

5 Bilden Sie Komposita wie in 4a.

~~Strauß~~ – Laden – ~~Balkon~~ – Herbst – Duft – Verkäufer – Erde – Topf

Blumenstrauß

Blumen

Balkonblumen

C Kaufen und reklamieren

1a Ü13

Im Elektromarkt. Hören Sie den Dialog und ergänzen Sie die Tabelle. 2.33

LCD Fernseher	Preis	Größe
LV 75		46 Zoll
LX 100	349 Euro	
LV 278		

1b Ü14

Hören Sie noch einmal und kreuzen Sie an: Was ist richtig? 2.33

1. Der erste Fernseher
- ○ **A** ist zu klein.
- ○ **B** ist zu groß.
- ○ **C** ist zu teuer.

2. Der zweite Fernseher
- ○ **A** ist zu groß.
- ○ **B** ist zu unpraktisch.
- ○ **C** ist zu klein.

3. Der dritte Fernseher
- ○ **A** ist sehr günstig.
- ○ **B** ist sehr groß.
- ○ **C** ist sehr teuer.

2 Ü15

Fragen und antworten Sie.

! groß 🙂 sehr groß 🙂 zu groß 🙁

zu laut – zu verraucht – zu schmutzig – zu dunkel – zu alt – zu kalt – zu klein – zu langsam – zu ungemütlich

1. Warum möchten Sie dieses Auto nicht kaufen?
2. Warum möchten Sie in dieser Wohnung nicht wohnen?
3. Warum möchten Sie in dem See nicht baden?
4. Warum möchten Sie in der Kneipe nicht essen?

Ich möchte das Auto nicht kaufen, weil es zu alt ist.

3a Reklamation. Hören Sie den Dialog und kreuzen Sie an: Was ist richtig? 2.34

1. ◯ Frau Ortmann möchte eine Digitalkamera kaufen.
2. ◯ Frau Ortmann möchte neue Batterien für ihre Kamera kaufen.
3. ◯ Frau Ortmann möchte die Kamera reklamieren.

3b Was sagt Frau Ortmann? Ergänzen Sie den Dialog.

Ü16

Ja, hier sind die Quittung und der Garantieschein. Wann bekomme ich die Kamera zurück? – Guten Tag. Ich habe hier vor zwei Wochen diese Digitalkamera gekauft, aber sie funktioniert leider nicht. Sie zeigt immer „Akku leer" an, aber die Batterien sind neu. – Und was passiert jetzt? – Ja, hier. Probieren Sie es einmal.

- *Guten Tag. Ich* ____________________
- Vielleicht passen die Batterien nicht. Darf ich bitte mal sehen?
- ____________________
- Hm, das sind die richtigen Batterien. Das verstehe ich auch nicht. Dann hat die Kamera einen Fehler.
- ____________________
- Wir schicken die Kamera ans Werk. Die prüfen und reparieren sie. Haben Sie die Quittung?
- ____________________
- Das geht schnell. Sie bekommen Ihre Kamera in zwei Wochen zurück.

4 Schreiben und spielen Sie Dialoge.

Kunde
Sie haben vor drei Wochen eine Kaffeemaschine gekauft. Sie funktioniert nicht. Sie möchten sie reklamieren und wollen wissen, wie lange die Reparatur dauert.

Verkäufer
Sie sagen dem Kunden, dass Sie die Kaffeemaschine ans Werk schicken müssen. Die Leute dort prüfen sie und reparieren sie. Sie brauchen vom Kunden die Quittung. Die Reparatur dauert drei Wochen.

13 Alles klar!

Wortschatz

1 Kreuzworträtsel: Auf der Bank. Was passt?

1. Auf diesem Zettel sieht man, wie viel Geld auf dem Konto ist.
2. Wenn man am Computer Geld überweist, heißt das ...
3. Das Geld auf dem Girokonto nennt man ...
4. Mit der ... kann man am Automaten Geld abheben.
5. Diese Nummer kennen nur Sie.
6. Man bekommt 1,5 % ... auf das Girokonto.
7. Wenn man jemandem Geld schicken will, macht man eine ...
8. Viele Leute haben bei der Bank ein ...
9. Hier kann man Geld abheben.

Kommunikation

2 Auf der Bank. Ergänzen Sie den Dialog.

Wann bekomme ich meine EC-Karte und die Geheimzahl? – Guten Tag, ich möchte gern ein Girokonto eröffnen. – Welche Gebühren muss ich bezahlen?

- Guten Tag, was kann ich für Sie tun?
- ____________________
- Wir haben im Moment ein Angebot: das Giro-Plus-Konto mit Kreditkarte.
- ____________________
- Insgesamt 3,50 Euro im Monat.
- ____________________
- Das dauert ungefähr zwei Wochen.

Grammatik

3 Was ist das Problem? Schreiben Sie Sätze wie im Beispiel.

1. Die Jacke ist zu klein.

3. Die Musik

2. Die Kleidung

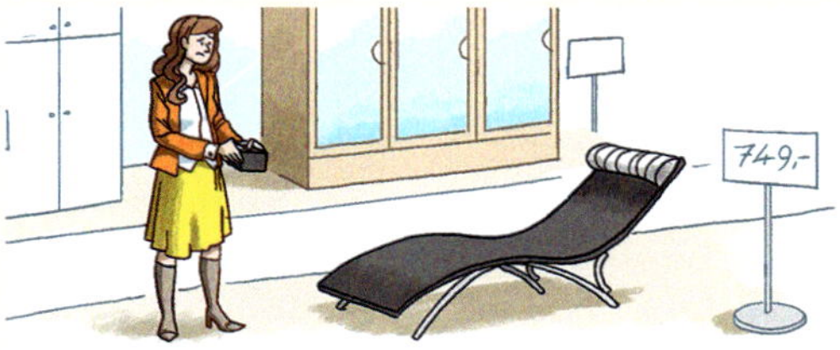

4. Der Sessel

5. Die Wohnung

4 Welche Wörter finden Sie? Schreiben Sie die Wörter mit Artikel.

1. der Gartenstuhl	der Garten	der Stuhl
2. die Gemüsesuppe		
3. das Familienmitglied		
4. der Berufsanfänger		
5. die Fensterbank		
6. das Schokoladeneis		

Phonetik

5 Hören Sie zu und sprechen Sie nach. 2.35

13 Gewusst wie

Kommunikation

Ein Konto eröffnen

Guten Tag, ich möchte gern ein Girokonto eröffnen. Wie viel kostet das?
Kann ich auch Online-Banking machen?
Und wo bekomme ich die Kontoauszüge?

Erklären, wie man Geld am Automaten abhebt

Zuerst müssen Sie die Karte in den Schlitz stecken. Dann geben Sie Ihre Geheimzahl ein und bestätigen Sie. Danach wählen Sie den Betrag aus. Zum Schluss müssen Sie erst die Karte entnehmen und dann das Geld.

Über Versicherungen sprechen

Ich habe eine Krankenversicherung, eine Rentenversicherung und eine Arbeitslosenversicherung. Eine Hausratversicherung habe ich auch. Aber ich brauche keine Kfz-Versicherung, weil ich kein Auto habe.

Etwas reklamieren

Guten Tag, ich habe vor einer Woche diese Uhr gekauft, aber sie funktioniert nicht. Hier sind die Quittung und der Garantieschein. Wann bekomme ich die Uhr zurück?

Grammatik

Komposita

die Wagentür = die Tür von einem Wagen
der Neuwagen = ein Wagen, der neu ist
der Mietwagen = ein Wagen, den man mieten kann
(!) der Beruf**s**anfänger = ein Anfänger im Beruf
das Familie**n**mitglied = das Mitglied einer Familie

Zu + Adjektiv

Ich kaufe den Fernseher nicht, weil er **zu** teuer ist. Er kostet 1.899 Euro!

Sie lernen:
- *über Freundschaften sprechen*
- *über Gefühle und Wünsche sprechen*
- *kleine Gedichte verstehen und schreiben*
- *Fragewörter und Präpositionalpronomen („da/wo" + Präposition)*

14

Freunde und Bekannte

1 Was denken Sie: Was machen die Personen? Siezen oder duzen sie sich?

Die Frauen unterhalten sich über ihre Kinder.

2 Freundschaft. Sammeln Sie Wörter im Kurs.

Ü1

sich etwas teilen — Freundschaft — *sich helfen* — *zuverlässig*

A Was ist Freundschaft?

1a Lesen Sie die Überschrift. Was denken Sie: Was steht im Text? Sammeln Sie Ideen im Kurs.

Telefonieren oder Fußball spielen – was machen wir?

1b Lesen Sie jetzt den Text. War Ihre Idee richtig? Sprechen Sie im Kurs.

Ü2

Was ist der Unterschied zwischen Männer- und Frauenfreundschaften?

Die Psychologin Frau Dr. Frei meint: Frauen treffen sich oft oder telefonieren lange mit ihrer Freundin. Sie interessieren sich für Literatur und Mode, aber sie wollen auch über ihren Partner, ihre Kinder oder ihre Gefühle sprechen. Für Frauen ist es wichtig, dass sie mit ihrer Freundin über alles reden können. Für Männer ist es wichtig, dass sie etwas mit ihren Freunden unternehmen können. Ihr Lieblingsthema ist Sport. Sie diskutieren darüber, interessieren sich für fast alle Sportarten und ärgern sich gemeinsam über verlorene Spiele. Aber sie sprechen nicht so gern über ihr Privatleben.

Warum sind Frauenfreundschaften anders als Männerfreundschaften?

Eine gute Freundschaft ist für Frauen und Männer wichtig. Frauen verlassen sich in schwierigen Situationen oft auf ihre Freundinnen. Männer sprechen weniger über sich und sie unternehmen lieber etwas mit ihren Freunden.

1c Lesen Sie den Text noch einmal und ergänzen Sie die Tabelle.

	Worüber sprechen sie (nicht)?	Was ist für sie wichtig?	Wofür interessieren sie sich?
Frauen			
Männer			

1d Sind Männer- und Frauenfreundschaften wirklich verschieden? Was denken Sie?

2a Ü3+4

Ein Fragebogen. Hören Sie und ergänzen Sie den Fragebogen. 2.36

für Mal- und Computerkurse – mit meiner Cousine Antonia – auf meinen Mann – oft über unsere Hobbys – über meine Ehe, über sehr private Dinge – mit meiner Familie oder auch mit meiner Freundin

Fragebogen

1. Worüber sprechen Sie mit guten Freunden? ....
2. Wofür interessieren Sie sich in Ihrer Freizeit? ....
3. Worüber sprechen Sie nicht so gern? ....
4. Mit wem unternehmen Sie am liebsten etwas? ....
5. Mit wem fahren Sie gerne in den Urlaub? ....
6. Auf wen können Sie sich immer verlassen? ....

2b

Machen Sie ein Partnerinterview und notieren Sie die Antworten.

Worüber sprechen Sie mit guten Freunden?

Über meine Arbeit.

3 Ü5–8

Schreiben Sie Fragen. Fragen und antworten Sie dann.

!

Sachen	Personen
Worüber sprechen Sie?	**Über wen** sprechen Sie?
Wir sprechen über unsere Hobbys.	Wir sprechen über die Kinder.
genauso: worauf , wovon, woran, ...	*genauso:* auf wen, von wem, an wen, mit wem ...

telefonieren mit – denken an – sich freuen über – sich ärgern über – warten auf – träumen von

Mit wem telefonierst du oft?

Ich telefoniere oft mit meiner Freundin.

Woran denken Sie?

Ich denke an die Deutschprüfung.

B Freundschaftsgeschichten

1a Hören Sie und bringen Sie die Bilder in die richtige Reihenfolge. 2.37

1b Hören Sie noch einmal und kreuzen Sie an: Was ist richtig? 2.37

1. Frau Geilich hat ihre Freundin Alin
- ○ **A** in der Disko kennengelernt.
- ○ **B** in der Schule kennengelernt.
- ○ **C** in der Tanzschule kennengelernt.

2. Alin ist
- ○ **A** einmal zu spät gekommen.
- ○ **B** oft zu spät gekommen.
- ○ **C** manchmal zu spät gekommen.

3. Frau Geilich telefoniert mit Alin
- ○ **A** mehrmals pro Woche.
- ○ **B** einmal im Monat.
- ○ **C** drei bis viermal im Monat.

4. Frau Geilich erinnert sich gerne an
- ○ **A** ihre Zeit im Kindergarten.
- ○ **B** die Spaziergänge im Wald.
- ○ **C** die Tanzschule.

2 Wie sagt es Frau Geilich? Lesen Sie und unterstreichen Sie im Interview.

Ü9+10

1. Wir sind schon seit der Schulzeit befreundet.
2. Alin war manchmal unpünktlich.
3. Wir sehen uns monatlich.
4. Wir haben lange Waldspaziergänge gemacht.

- ... Wie haben Sie sich kennengelernt?
- Wir sind schon in der Schule Freundinnen gewesen. Wir haben uns oft nach der Schule ...

- Hatten Sie auch mal Probleme in der Freundschaft?
- ... Alin ist leider manchmal zu spät gekommen. Darüber habe ich mich schon sehr geärgert ...

- Wie oft sehen Sie sich jetzt?
- Oh, wir telefonieren drei- bis viermal pro Woche und treffen uns meistens einmal im Monat.
- Woran erinnern Sie sich gern?
- Wir sind immer stundenlang mit den Kindern im Wald spazieren gegangen und haben viel geredet und viel Spaß gehabt ...

3a Lesen Sie und kreuzen Sie an: richtig oder falsch?

Ü11

Mit meiner Freundin Heidi ist es nie langweilig. Ich vertraue ihr sehr. Wir kennen uns schon seit unserer Jugend. Wenn sie oder ich ein Problem haben, sprechen wir darüber. Oft finden wir gemeinsam eine Lösung. Wir unternehmen auch viel zusammen. Manchmal gehen wir am Wochenende ins Kino – besonders gerne in Komödien. Ich sehe aber auch gern Thriller, doch dafür interessiert sich Heidi nicht.

Susanne

Lukas

Kevin und ich verstehen uns wirklich gut – na ja bis auf die Tatsache, dass er ein Schalke-Fan ist und ich ein HSV-Fan. Tja, der Fußball – darüber streiten wir uns schon. Meine Freunde und ich machen schon seit Jahren einmal pro Jahr einen reinen Männerurlaub. Nächstes Jahr wollen wir eine Wanderung über die Alpen machen. Davon träumen wir schon lange.

	R	F
1. Heidi mag keine Komödien.	○	○
2. Susanne interessiert sich für Thriller.	○	○
3. Lukas macht jedes Jahr Urlaub mit seinen Freunden.	○	○
4. Lukas möchte dieses Jahr mit seinen Freunden in den Alpen wandern.	○	○

3b Markieren Sie *darüber*, *dafür* und *davon* in 3a und verbinden Sie wie im Grammatikkasten.

!

Sie freuen sich über das Buch. Darüber freuen wir uns auch.

Er träumt von einer Reise. Davon träumt sie auch.

4a Ergänzen Sie die Antworten.

Ü12+13

1. Interessierst du dich für Musik? Nein, ________ interessiere ich mich nicht.
2. Lachst du auch über Politikerwitze? Ja, ________ lache ich manchmal.
3. Denkst du oft an deine Heimat? Ja, ________ denke ich oft, besonders jetzt.

4b Schreiben Sie Fragen. Fragen und antworten Sie dann im Kurs.

Ü14

sich freuen über – denken an – sich interessieren für – sprechen über – sich ärgern über – träumen von

C Gedanken zur Freundschaft

1a Elfchen. Hören Sie und lesen Sie dann das Gedicht. Warum heißt es „Elfchen"? 2.38

Freundschaft,
bringt Dir
lachen, wenn Dir
wie weinen ist, ja
Freundschaft!

> **i** Ein „Elfchen" ist ein kurzes Gedicht mit elf Wörtern in dieser Reihenfolge:
> 1. Zeile: 1 Wort
> 2. Zeile: 2 Wörter
> 3. Zeile: 3 Wörter
> 4. Zeile: 4 Wörter
> 5. Zeile: 1 Wort

1b Ergänzen Sie die Gedichte. Lesen Sie die Gedichte laut vor.

Ü15

verstehen wir uns – Kinder spielen im Park – deine Augen sagen alles – die Sonne scheint – ohne Worte – Wärme – Freude – Blumen blühen

Freundschaft

Sommer

2 Überlegen Sie sich ein Thema und schreiben Sie zu zweit ein Elfchen.

Ü16

Ich
will Spaß
in der Sonne
und auch im Gras
Wonne

3a Ü17

Freundschaft. Lesen Sie die Sprüche. Was bedeuten Sie? Ordnen Sie zu.

- ◯ A Gute Freunde kann nichts trennen.
- ◯ B Wenn man in einem fremden Land ist, sind Freunde sehr wichtig.
- ◯ C Es ist sehr schön, wenn man ein Freund sein kann.
- ◯ D Freunde machen glücklich.
- ◯ E Humor ist wichtig in Freundschaften.

1 *Ein wahrer Freund trägt mehr zu unserem Glück bei als tausend Feinde zu unserem Unglück.*

Marie von Ebner-Eschenbach (1830–1916), österr. Schriftstellerin

4 FREUNDSCHAFT, DAS IST WIE HEIMAT.

Kurt Tucholsky (1890–1935), dt. Schriftsteller

2 *Laughter is not at all a bad beginning for a friendship, and it is far the best ending for one.*

Lachen ist nicht der schlechteste Anfang einer Freundschaft und bei weitem das beste Ende.

Oscar Wilde (1954–1900), irischer Schriftsteller

5 Někdo má to štěstí, že má schopnost být přítelem.

Einigen Menschen ist das Glück gegeben, Freund sein zu können.

Jan Werich (1905–1980), tschechischer Dramatiker

3 亲密无间

Gute Freundschaft ist so eng, dass nichts dazwischen passt.

(chinesisches Sprichwort)

3b **Welcher Spruch gefällt Ihnen, welcher nicht? Erzählen Sie.**

4 **Welche Sprüche über Freundschaft kennen Sie aus Ihrer Heimat? Erzählen Sie.**

14 Alles klar!

Kommunikation

1a Herr Neuner erzählt von seinem Freund. Ergänzen Sie den Dialog.

Wir interessieren uns beide für Politik. Darüber sprechen wir oft. – Auf meinen Freund Miroslav. Er ist immer für mich da. – Ja, wir gehen oft zusammen in die Kneipe. Manchmal machen wir auch zusammen Urlaub. – Über nichts. Wir verstehen uns wirklich gut.

◖ Auf wen können Sie sich immer verlassen?

◖ ______________________________

◖ Worüber sprechen Sie mit Ihrem Freund?

◖ ______________________________

◖ Und worüber ärgern Sie sich?

◖ ______________________________

◖ Unternehmen Sie viel gemeinsam?

◖ ______________________________

1b Sie interessieren sich für eine Person. Schreiben Sie Fragen.

sich interessieren für – etwas unternehmen mit – träumen von – sich freuen über – denken an

Wortschatz

2 Ergänzen Sie die Sätze.

träumen von – verlassen auf – befreundet sein

1. Anja ist sehr zuverlässig. Ich kann mich ________ sie ______________.
2. Nächstes Jahr wollen wir nach Rom. ________ dieser Reise ____________ wir schon lange.
3. Wir haben uns im Sprachkurs kennengelernt. Seit fünf Jahren ________ wir ______________.

Grammatik

3a Sie haben etwas nicht richtig verstanden und fragen noch einmal nach.

1. Ich interessiere mich für ... — *Wofür interessierst du dich?* — *Für Autorennen.*
2. Ich denke gerade an ... — ______ — ______
3. Er telefoniert gerade mit ... — ______ — ______
4. Du sprichst immer von ... — ______ — ______

3b Hören Sie und ergänzen Sie die Antworten in 3a. 2.39

4 Ergänzen Sie die Sätze.

1. ______ freust du dich? — Auf den Urlaub.
2. ______ ärgerst du dich? — Über das schlechte Wetter.
3. ______ hast du telefoniert? — Mit meiner Schwester.
4. ______ ärgerst du dich denn? — Über meinen Chef.
5. Interessierst du dich für Politik? — Nein, ______ interessiere ich mich nicht.
6. Habt ihr über den Film gesprochen? — Nein, ______ haben wir nicht gesprochen.
7. Haben Sie mit Frau Meier telefoniert? — Nein, ich habe nicht ______ telefoniert.

Flüssig sprechen

5 Hören Sie zu und sprechen Sie nach. 2.40

14 Gewusst wie

Kommunikation

Über Freundschaften sprechen

Ich kenne meine Freundin schon seit dem Kindergarten. Ich kann ihr alles erzählen und sie ist immer für mich da. Wenn ich Probleme habe, finden wir gemeinsam eine Lösung. Wir machen viel zusammen. Am Wochenende gehen wir oft zusammen ins Kino.
Mein Freund Peter und ich machen jedes Jahr zusammen einen Männerurlaub. Dann machen wir zusammen Radtouren oder gehen wandern. Wir reden nicht so viel über private Dinge, aber ich kann mich immer auf ihn verlassen.

Über Gefühle und Wünsche sprechen

Er träumt von einer Wanderung über die Alpen. Er möchte die Wanderung mit seinem Freund machen
Sie ist traurig. Ihre Kinder sind im Urlaub. Sie denkt oft an sie.
Sie freut sich auf ihre Freundinnen. Sie wollen sich heute abend treffen.

Grammatik

Fragewörter und Präpositionalpronomen

Frage und Antwort für Sachen

Frage: wo + (r) + Präposition

- **Worauf** freust du dich?
- Ich freue mich **auf den Urlaub**.

genauso: wofür, womit, wovon, woran, ...

Antwort: da + (r) + Präposition

- Ich freue mich **auf den Urlaub**.
- **Darauf** freue ich mich auch.

genauso: dafür, damit, davon, daran, ...

Frage und Antwort für Personen

Frage: Präposition + Fragewort

- **An wen** denkst du?
- Ich denke **an unsere Kinder**.

Antwort: Präposition + Personalpronomen

- Ich denke **an unsere Kinder**.
- Ich denke auch **an sie**.

Station 4

Prüfungsvorbereitung DTZ

Hören

Teil 1 Sie hören drei Ansagen. Zu jeder Ansage gibt es eine Aufgabe. Welche Lösung (A, B oder C) passt am besten? Markieren Sie Ihre Lösungen für die Aufgaben 1–3 auf dem Antwortbogen auf Seite 234. 2.41

Beispiel

Sie möchten einen Kundenberater sprechen. Was müssen Sie tun?

- **A** Die Eins wählen.
- **B** Die Zwei wählen.
- **C** Die Drei wählen.

○ ○ ●
A B C

1 Sie möchten nach Freiburg fahren. Was müssen Sie tun?

- **A** Noch sieben Minuten warten.
- **B** Zu Gleis 4 gehen.
- **C** Zu Gleis 7 gehen.

2 Sie möchten Konzertkarten kaufen. Wann hat das Kulturzentrum geöffnet?

- **A** Am Wochenende bis 12 Uhr.
- **B** In der Woche von 9.30 Uhr bis 17.00 Uhr.
- **C** Montags bis sonntags von 12.00 bis 15.00 Uhr.

3 Sie möchten einen Mitarbeiter vom Elektromarkt sprechen. Was sollen Sie tun?

- **A** Am Apparat bleiben.
- **B** Die 348 wählen.
- **C** Später noch einmal anrufen.

Teil 2 Sie hören zwei Ansagen aus dem Radio. Zu jeder Ansage gibt es eine Aufgabe. Welche Lösung (A, B oder C) passt am besten? Markieren Sie Ihre Lösungen für die Aufgaben 4–5 auf dem Antwortbogen auf Seite 139. 2.42

4 Wie wird das Wetter am Wochenende?

- **A** Es regnet.
- **B** Es wird kalt.
- **C** Die Sonne scheint.

5 Wo gibt es einen Stau?

- **A** Auf der A 4.
- **B** Auf der A 40.
- **C** Auf der A 7.

Teil 3 Sie hören drei Gespräche. Zu jedem Gespräch gibt es zwei Aufgaben. Entscheiden Sie bei jedem Gespräch, ob die Aussage dazu richtig oder falsch ist und welche Antwort (A, B oder C) am besten passt. Markieren Sie Ihre Lösungen für die Aufgaben 6–11 auf dem Antwortbogen auf Seite 234. 2.43

Beispiel

Sie hören ein Gespräch in einem Geschäft.

Worum geht es?

A Die Frau möchte einen Rasierapparat kaufen.
B Die Frau möchte einen Rasierapparat reklamieren.
C Die Frau möchte einen Rasierapparat umtauschen.

● richtig ○ falsch

○ A ○ B ● C

6 Herr Lidholm will eine Reise nach Capri buchen.

7 Worüber sprechen Herr Lidholm und die Angestellte?
A Sie suchen eine günstige Flugverbindung.
B Sie suchen ein schönes Hotel.
C Sie suchen ein billiges Hotel.

8 Marco will seinem Freund beim Umzug helfen.

9 Wann treffen sich Marco und Elias?
A Am nächsten Wochenende.
B Nächste Woche.
C Am übernächsten Wochenende.

10 Sie hören ein Gespräch im Theater.

11 Was möchte Sine?
A Ein Theaterstück sehen.
B Theater spielen.
C Ins Theater gehen.

Lesen

Teil 1 **Sie wollen etwas einkaufen. Lesen Sie die Aufgaben 12–16 und die Internetseite. Wo (A, B oder C) finden Sie etwas Passendes? Markieren Sie Ihre Lösungen für die Aufgaben 12–16 auf dem Antwortbogen auf Seite 234.**

Beispiel

Sie möchten für Ihre Tochter (5 Jahre) eine Hose kaufen.

A Damenmode
B Jungenmode
C andere Seite

○ ○ ●
A B C

12 Sie möchten Ihre Wohnung renovieren und brauchen Pinsel und Farbe.

A Heimwerker
B Bürobedarf
C andere Seite

13 Sie möchten im Urlaub auf einen Campingplatz fahren und brauchen einen Campingtisch und Campingstühle.

A Reise
B Möbel
C andere Seite

14 Ihr Mann braucht mehrere Hemden und Krawatten für seine Arbeit im Büro.

A Herrenmode
B Bürobedarf
C andere Seite

15 Sie brauchen Kopierpapier, damit Sie für Ihre Arbeit etwas ausdrucken können.

A Kinder
B Heimwerker
C andere Seite

16 Ihr Sohn (8 Jahre) ist von einem Freund zum Geburtstag eingeladen. Sie suchen ein Geschenk für den Freund.

A Babys und Kleinkinder
B Kinder
C andere Seite

http://www.suche-und-finde.de

Suche & Finde

Alle Angebote

Damenmode	Kleider und Röcke / Hosen für Freizeit und Arbeit / Blazer, Jacken, Mäntel, Accessoires
Herrenmode	Anzüge / Hemden und Krawatten / Freizeitkleidung / Jacken und Mäntel
Mädchenmode	Kleidung für kleine und große Mädchen / Accessoires / Unterwäsche und Socken
Jungenmode	Hosen / Sweatshirts / T-Shirts / Kappen / Unterwäsche und Socken
Babys und Kleinkinder	Babykleidung / Babyspielsachen / Ratgeber für Eltern
Alles für die Küche	Herde / Mikrowellen / Kühlschränke / Elektrokleingeräte / Geschirr und Besteck
Heimwerker	Holzarbeiten: Werkzeug und Zubehör / Maler- und Tapezierarbeiten: Werkzeug, Farben und Tapeten / Teppichware
Kinder	Spielzeug / Kinderbücher / Stifte und Malpapier / Computerspiele
Bürobedarf	Computer und Zubehör / Drucker und Zubehör / Büromaterial
Reise	Busreisen / Städtetouren / Flugtickets / Hotels / Campingplätze / Pauschal- und Individualreisen
Camping	Zelte / Rucksäcke / Schlafsäcke / Wanderkarten / Trekkingschuhe und -kleidung / Taschenlampen / Kochzubehör / Campingmöbel
Möbel	Einbauküchen / Wohnzimmermöbel / Kinderzimmer / Schlafzimmer / Bad

Teil 2 Lesen Sie die Situationen 17–19 und die Anzeigen A–F. Finden Sie für jede Situation die passende Anzeige. Markieren Sie Ihre Lösungen für die Aufgaben 17–19 auf dem Antwortbogen auf Seite 234. Für eine Aufgabe gibt es keine Lösung. Markieren Sie in diesem Fall ein X.

17 Frau Danner ist Krankenschwester. Sie hat kleine Kinder und möchte nur am Wochenende arbeiten.

18 Herr Meinert möchte eine Ausbildung zum Altenpfleger machen.

19 Herr Kuhlmann hat eine Halbtagsstelle (Mo–Fr von 8.00 bis 12.30 Uhr) und möchte zusätzlich etwas Geld verdienen, weil er ein neues Auto kaufen will.

A

Altenpfleger gesucht

Für unseren mobilen Betreuungsdienst suchen wir erfahrene/n, zuverlässige/n Altenpfleger/Altenpflegerin. Flexible Arbeitszeiten, gute Bezahlung.
Bitte schicken Sie Ihre Bewerbung an
Pflegedienst Neundorf
z. Hd. Christa Bergmann
Hauptstr. 5, 07356 Neundorf
E-Mail: Pflegedienst-Neundorf@yara.de

B

Franziskus-Hospital sucht

2 Kinderkrankenschwestern
(Vollzeit)
Wenn Sie Berufserfahrung haben und zeitlich flexibel sind, bewerben Sie sich unter franziskus-hospital@gu.de.

C

Für die Betreuung unserer behinderten Tochter suchen wir stundenweise am Wochenende **liebevolle Betreuung**. Voraussetzung: Krankenschwesterausbildung oder mehrjährige Pflegeerfahrung.
Familie Nowak; Tel. 0175 / 445 66 89

D

Marktverkäufer

für Freitag- oder Mittwochvormittag gesucht. Erfahrung erwünscht, aber nicht Bedingung. Gute Bezahlung.
Tel. 0191 / 978 67 93

E

Nebenverdienst

Zuverlässige Aushilfskräfte für leichte Tätigkeiten gesucht.
Variable Arbeitszeiten (Mo bis Fr),
Führerscheinklasse B erforderlich.
Bitte melden Sie sich bei uns telefonisch:
Büro Franz, Tel. 02553/3576

F

INGENIEUR (M/W)

FACHRICHTUNG FAHRZEUGBAU

für unsere Produktionsanlage in Reinheim gesucht. Wir bieten eine Vollzeitstelle, gutes Gehalt und gute Sozialleistungen. Bitte schicken Sie Ihre aussagekräftigen Bewerbungsunterlagen an:

Magma GmbH
Personalverwaltung
Frau Rickert

Teil 3 Lesen Sie die zwei Texte. Zu jedem Text gibt es zwei Aufgaben. Entscheiden Sie bei jedem Text, ob die Aussage richtig oder falsch ist und welche Antwort (A, B oder C) am besten passt. Markieren Sie Ihre Lösungen für die Aufgaben 20–23 auf dem Antwortbogen auf Seite 234.

Liebe Eltern,

unser Sommerfest findet wie immer am letzten Wochenende vor den Ferien statt. Am Samstag, den 17. Juni, wollen wir von 12 bis 17 Uhr in der Schule und auf dem Schulhof gemeinsam feiern. Alle Eltern und Schüler sind herzlich eingeladen.
Für die Vorbereitung suchen wir noch engagierte Eltern, die die Spiele für die Kinder betreuen und den Kuchenverkauf organisieren. Bitte melden Sie sich bei den Klassenlehrern oder bei Frau Kovac (Tel. 06033 / 214356) oder Frau Heitmann (0171 / 335768).

Herzliche Grüße
H. Lehmann
(Direktor)

20 Die Schule lädt die Eltern und Schüler zu einem Schulfest ein.
richtig/falsch?

21 Wer soll den Kuchenverkauf organisieren?
A Die Klassenlehrer sollen den Kuchenverkauf organisieren.
B Die Eltern sollen den Kuchenverkauf organisieren.
C Die Schüler sollen den Kuchenverkauf organisieren.

An alle Hausbewohner

Am Dienstag, den 4. Mai, in der Zeit zwischen 9 und 13 Uhr kommt die Firma Müller und kontrolliert die Heizungen. Bitte sorgen Sie dafür, dass die Mitarbeiter in Ihre Wohnung kommen und die Heizungen überprüfen können. Wenn Sie nicht anwesend sein können, geben Sie bitte Ihren Schlüssel dem Hausmeister oder einer anderen Person.
Wenn die Mitarbeiter der Firma nicht in Ihre Wohnung kommen können, müssen Sie einen neuen Termin vereinbaren. Das ist für Sie mit Kosten verbunden.

Mit freundlichen Grüßen
Hausverwaltung

22 Der Hausmeister kontrolliert die Heizungen.
richtig/falsch?

23 Die Mitarbeiter von der Firma Müller

- **A** haben einen Schlüssel zu allen Wohnungen.
- **B** müssen in alle Wohnungen gehen.
- **C** möchten mit den Bewohnern einen Termin vereinbaren.

Teil 4 Lesen Sie den Text und schließen Sie die Lücken. Welche Lösung (A, B oder C) passt am besten? Markieren Sie Ihre Lösungen für die Aufgaben 24–29 auf dem Antwortbogen auf Seite 234.

Inter-Hotel
Herr Frahling
Europaplatz 1
26123 Oldenburg

Bremen, 12. 9. ...

0 **Anzeige in der Tageszeitung**

Sehr geehrte **24** ,

in der Tageszeitung vom 11. 9. habe ich Ihre Anzeige gelesen.

Ich **25** mich um diese Stelle bewerben. Ich habe eine Ausbildung **26** Hotelfachfrau und habe schon fünf Jahre Berufserfahrung in verschiedenen Hotels. Ich sende **27** im Anhang meinen Lebenslauf und meine Zeugnisse. Ich freue **28** auf eine Einladung zu einem Gespräch.

Mit **29** Grüßen

Anya Ruß

Beispiel

0 **A** Ihre
B ihre
C ihr

● ○ ○
A **B** **C**

24 **A** Damen und Herren
B Dame und Herr
C Herr Frahling

25 **A** muss
B möchte
C darf

26 **A** mit
B von
C als

27 **A** Dir
B Euch
C Ihnen

28 **A** mich
B dich
C sich

29 **A** freundlichen
B lieben
C herzlichen

Schreiben

Wählen Sie Aufgabe A oder Aufgabe B. Zeigen Sie, was Sie können. Schreiben Sie Ihren Text in Ihr Heft.

Aufgabe A

Ihr Sohn / Ihre Tochter ist krank und kann nicht in die Schule gehen. Schreiben Sie eine Mitteilung für den Lehrer / die Lehrerin.

Schreiben Sie etwas zu folgenden Punkten:
- Grund für Ihr Schreiben
- Entschuldigung
- Wann kommt Ihr Sohn / Ihre Tochter wieder in die Schule?

Aufgabe B

Sie haben die Deutschprüfung bestanden und wollen mit einem Freund / einer Freundin feiern. Schreiben Sie eine E-Mail.

Schreiben Sie etwas zu folgenden Punkten:
- Grund für Ihr Schreiben
- Terminvorschlag
- Bitte um Antwort

Station 4

Sprechen

Teil 1 Über sich sprechen
Teilnehmer/in **A** und **B**

Stellen Sie sich bitte vor.

Name?	Wohnort?	Familie?
Geburtsort?	Arbeit/Beruf?	Sprachen?

Teil 2 Über Erfahrungen sprechen
Teilnehmer/in **A**

A Sie haben in einer Zeitschrift ein Foto gefunden. Berichten Sie Ihrer Gesprächspartnerin oder Ihrem Gesprächspartner kurz:
- Was sehen Sie auf dem Foto?
- Was für eine Situation zeigt dieses Bild?

B Erzählen Sie bitte: Welche Erfahrungen haben Sie damit?

Teil 2 Über Erfahrungen sprechen
Teilnehmer/in **B**

A Sie haben in einer Zeitschrift ein Foto gefunden. Berichten Sie Ihrer Gesprächspartnerin oder Ihrem Gesprächspartner kurz:
- Was sehen Sie auf dem Foto?
- Was für eine Situation zeigt dieses Bild?

B Erzählen Sie bitte: Welche Erfahrungen haben Sie damit?

Teil 3 Gemeinsam etwas planen
Teilnehmer/in **A** und **B**

Sie wollen am Samstag ein Picknick im Park machen. Planen Sie das Picknick. Planen Sie, was Sie tun möchten. Hier sind einige Notizen:

- *Wann und wo soll das Picknick sein?*
- *Was müssen Sie einkaufen?*
- *Was sollen die anderen mitbringen?*

Phonetik

LEKTION 1

Meine Geschichte

Wortakzent bei Partizipien

1a Hören Sie die Wörter und markieren Sie den Wortakzent. 1.45

gewohnt – gespielt – gearbeitet – gelernt
gegangen – gekommen – gewonnen – gegessen
umgezogen – angefangen – festgestellt – abgeholt
verlassen – bekommen – erzählt – verdient – beantragt

Die trennbaren Vorsilben um, an, ab, ... *haben immer den Wortakzent.*
Die untrennbaren Vorsilben be, emp, ent, er, ge, ver, zer *haben nie den Wortakzent.*

1b Sprechen und klatschen Sie die Partizipien.

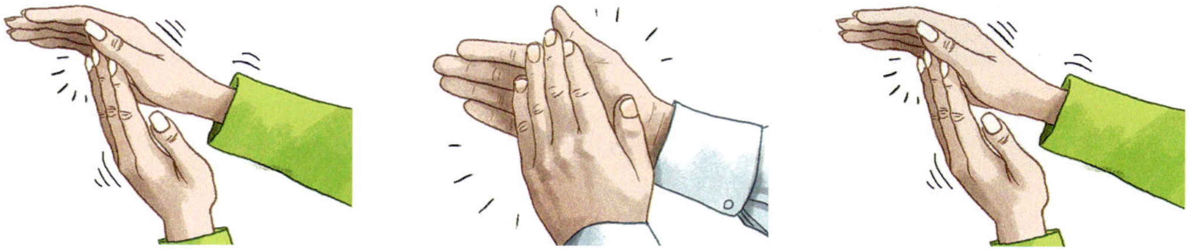

ge *gang* *en*

2 Fragen und antworten Sie und achten Sie auf den Wortakzent.

- Haben Sie heute schon etwas gegessen?

☺
- Ja, ich habe heute schon etwas gegessen.
- Was denn?
- Ein Brötchen.

☹
- Nein, ich habe heute noch nichts gegessen.

Haben Sie heute schon etwas bekommen?
Haben Sie heute schon etwas gewonnen?
Haben Sie heute schon etwas angefangen?
Haben Sie heute schon etwas abgeholt?
Haben Sie heute schon etwas getrunken?
Haben Sie heute schon etwas beantragt?

LEKTION 2

Medien

Das *w*

1 Hören Sie zu und sprechen Sie nach. 1.46

wann – wer – wie – wo – was – warum
die Welt – das Wetter – die Werbung – auswählen

Auch: die Universität – das Vitamin
Auch: das Quiz – bequem

2 Hören Sie und kreuzen Sie an: Welches Wort hören Sie? 1.47

1 ○ weil ○ Beil
2 ○ wir ○ Bier
3 ○ Wein ○ Bein
4 ○ wohnen ○ Bohnen
5 ○ Wald ○ bald

3 Machen Sie Sätze mit vielen W-Wörtern und lesen Sie sie vor.

Wir wollen am Wochenende wieder im Wald wandern.

LEKTION 3

Endlich Wochenende

Das *s*, *sch*, *sp* und *st*

1a Das *sch*. Hören Sie zu und sprechen Sie nach. 1.48

das Geschäft – schön – schreiben – der Schirm – die Tasche – zwischen

Auch: der Chef

1b Das *sp* und *st*. Hören Sie zu und sprechen Sie nach. 1.49

spazieren gehen – der Sport – die Speisekarte – die Vorspeise –
in die Stadt gehen – ins Stadion gehen – der Stuhl – frühstücken

Aber: der Gast – fast – der Test
Diens·tag – Sams·tag – berufs·tätig

Am Wort- und Silbenanfang spricht man sp *und* st *als* schp *und* scht.
Ausnahme: einige Fremdwörter im Deutschen, z. B. Restaurant, Steak

2 Fragen und antworten Sie. Achten Sie auf *sch*, *st* und *sp*.

Was machen Sie sonntags?

Sonntags frühstücke ich lange.

... gehe ich schwimmen.
... gehe ich spazieren.
... mache ich Sport.
... spiele ich mit den Kindern.
... gehe ich in die Stadt.
... gehe ich ins Restaurant.
... schlafe ich lange.
... gehe ich an den Strand.

LEKTION 4

Schule

Das *o* und *u*

1a Hören Sie zu und sprechen Sie nach. 1.50

das Buch – der Beruf – wir mussten – wir durften
die Note – ohne – wir wollten – der Sport
ohne Buch – gute Noten – ein Schuljahr wiederholen

1b Hören Sie noch einmal und markieren Sie: Ist der Vokal lang oder kurz? 1.50

2a Partnerdiktat. Wählen Sie einen Text aus und ergänzen Sie die Vokale.

Text 1

Früher m___ssten wir n___r neun Jahre z___r Sch___le gehen. Danach k___nnten wir einen Ber___f lernen. Wir k___nnten sch___n schnell Geld verdienen. Jetzt machen die meisten J___gendlichen mindestens zehn Sch___ljahre. Viele machen Abit___r und w___llen dann ein St___dium anfangen. Sie brauchen g___te N___ten.

Text 2

Die Sch___le hat meistens ___m acht ___hr begonnen. Wir hatten zwei St___nden ___nterricht, dann hatten wir eine Pause. In der Pause haben wir ein Br___t und ___bst gegessen und manchmal eine C___la getr___nken. In der achten Klasse hatte ich keine g___ten N___ten, deshalb m___sste ich ein Jahr wiederh___len. Aber dann war ich g___t und habe Abit___r gemacht.

2b Diktieren Sie Ihren Text Ihrem Partner. Sprechen Sie die Vokale sehr deutlich.

LEKTION 5

Arbeit

Das *b, d, g* und *p, t, k*

1a Hören Sie zu und sprechen Sie nach. 1.51

b – d – g

p – t – k

1b Hören Sie die Paare und sprechen Sie nach. 1.52

d-t

dir – Tier
danken – tanken

g-k

Garten – Karten
gern – Kern

b-p

backen – packen
Bass – Pass

2 Manchmal spricht man nicht so, wie man schreibt. Kreuzen Sie an: Welchen Laut hören Sie? 1.53

	d	*t*
doch	○	○
leider	○	○
Das tut mir leid.	○	○
anstrengend	○	○
Hand	○	○
Handy	○	○
Kind	○	○
Kinder	○	○

	g	*k*
gut	○	○
Kollege	○	○
Tag	○	○
montags	○	○
Zug	○	○
zwei Züge	○	○
fragen	○	○
er fragt	○	○

	b	*p*
Bericht	○	○
bitte	○	○
Urlaub	○	○
Abteilung	○	○
geben	○	○
er gibt	○	○
Betrieb	○	○
Betriebe	○	○

Am Ende von einem Wort oder einer Silbe spricht man b, d, g *immer hart als* p, t, k.

Achtung: -ig *spricht man* -ich *(in Süddeutschland auch* -ik*)*
we·nig – schwie·rig – lus·tig

3 Würfeln und konjugieren Sie. Achten Sie auf *b, d* und *g*.

ich | du | er/es/sie | wir | ihr | sie (Pl.)

geben – leben – fragen – zeigen – einladen

LEKTION 6

Wohnen nach Wunsch

Die Vokale *a*, *ä*, *e* und *i*

1a Hören Sie zu und sprechen Sie nach. 1.54

zentral – später – leben – Miete –
Garten – Geschäft – Zettel – Innenstadt

Das kurze ä *und das kurze* e *spricht man gleich.*

a 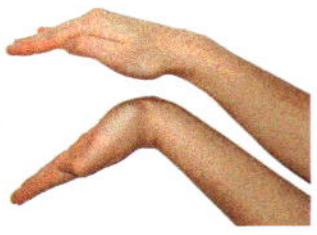 ä 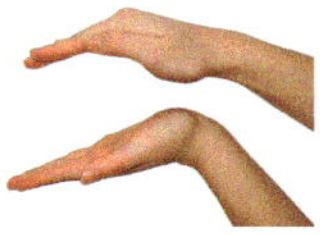 e 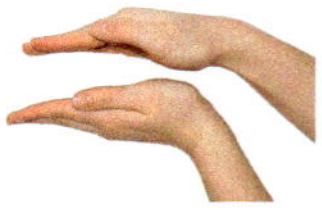 i 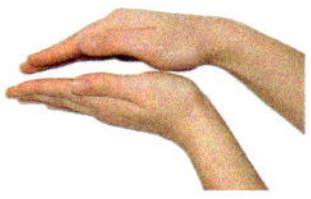

1b Hören Sie die Wörter und markieren Sie: Sind die Vokale lang oder kurz? 1.55

der Makler – die Stadt – die Städte – erklären – sich kennenlernen –
das Problem – schriftlich – sich verlieben

2 *E* oder *i*? Hören Sie und kreuzen Sie an: Welches Wort hören Sie? 1.56

1.	O leben	O lieben	5.	O er	O ihr
2.	O ihr sprecht	O er spricht	6.	O mehr	O mir
3.	O legen	O liegen	7.	O der	O dir
4.	O er	O ihr	8.	O Sie	O See

3 Arbeiten Sie zu zweit. Sprechen Sie wie im Beispiel. Achten Sie auf *e* und *i*.

Legen Sie das Heft auf den Tisch. – Gut, jetzt liegt das Heft auf dem Tisch.

den Stift auf das Heft
das Buch auf ...
den Radiergummi auf ...
das Handy auf ...
...

LEKTION 7

Feste feiern

Endungen hören und sprechen

1 Hören Sie zu und sprechen Sie nach. 1.57

schön – eine schöne (Kette) – ein schöner (Anzug) – ein schönes (Kleid)
(Er trägt) einen schönen (Anzug).

2 Hören Sie und kreuzen Sie an: Welches Wort hören Sie? 1.58

1.	O klein	O kleine	4.	O schön	O schönes
2.	O kleine	O kleiner	5.	O schönes	O schöner
3.	O kleiner	O kleinen	6.	O schöner	O schöne

3a Hören Sie zu und sprechen Sie nach. 1.59

Das ist ein schönes Brautpaar.
ein junger Bräutigam.
eine hübsche Braut.
Und das sind nette Hochzeitsgäste.

3b Ergänzen Sie Adjektive und sprechen Sie den Satz. Wer kann den Satz mit den meisten Adjektiven sprechen?

klein – groß – elegant – schick – sympathisch – lustig – komisch – langweilig – interessant – alt – romantisch – schön – jung – nett

Das ist ein schönes, romantisches Brautpaar, ein junger, lustiger ...

LEKTION 8

Neue Chancen

Lange und kurze Vokale

1a Hören Sie und markieren Sie: Ist der Vokal lang oder kurz? 2.44

Dienstag – Mittwoch – Donnerstag – das Jahr – die Straße – der Wecker – die Idee

Vokal + h *spricht man lang (das* h *spricht man nicht), z. B.* das Jahr
i + e *spricht man lang (das* e *spricht man nicht), z. B.* Dienstag
Doppelvokale spricht man lang, z. B. die Idee
Vokal + ß *spricht man lang, z. B.* die Straße

*Wenn nach dem Vokal zwei gleiche Konsonanten (Doppelkonsonanten) stehen, spricht man den Vokal immer kurz (*ck *zählt als Doppelkonsonant), z. B.* Mittwoch, der Wecker

1b Markieren Sie: Ist der Vokal lang oder kurz? Kontrollieren Sie mit der CD. 2.45

das Ziel – der Führerschein – der Fußball – die Adresse – sich informieren – die Kenntnisse – stattfinden – verdienen – eine Stelle – bekommen – verschieden

Wichtige Wörter betonen und genau sprechen

2 Lesen Sie den Text laut und achten Sie besonders auf die betonten Wörter.

Guten Tag, ich interessiere mich für einen Computerkurs. Ich bin Fortgeschrittener und kenne schon viele Programme. Jetzt möchte ich einen Kurs machen, damit ich die neuen Programme lerne und besser eine Stelle finden kann.

LEKTION 9

Gesundheit

Ach-Laut und *k*

1 Hören Sie zu und sprechen Sie nach. 2.46

machen – Tochter – versuchen – Bauch
Stock – backen – dick – zurück – Rücken – Wecker
Meine Tochter wohnt im dritten Stock. Sie kann gut kochen und backen.

Ich-Laut und *sch*

2 Hören Sie zu und sprechen Sie nach. 2.47

versichert – manchmal – Milchprodukte – richtig – wichtig
schlank – sparen – Spritze – verschreiben – anstrengend – frisch

Ich möchte Fisch und Fleisch kaufen.
Meine Arbeit war heute stressig.
Ich möchte mich entspannen.

3 Hören Sie die Wörter. Nach welchen Buchstaben spricht man den Ach-Laut? Ergänzen Sie die Regel. 2.48

lachen – rechts – versichert – noch – möchte – Buch – Bücher –
leicht – euch – brauchen – Milch – manchmal – durch

Nach _____, _____, _____ und _____ spricht man den Ach-Laut.

LEKTION 10

Arbeitssuche

Konsonanten

Im Deutschen folgen manchmal viele Konsonanten aufeinander, z. B. in Fre**mdspr**achen (m – d – s – p – r). *Alle Konsonanten muss man sprechen und man darf keinen Vokal dazwischen sprechen.*

1a Hören Sie zu und sprechen Sie nach. Erst langsam, dann schneller. 2.49

Fremdsprachen – Arbeitsvertrag – Bewerbungsschreiben – Arbeitszeiten

1b Lesen Sie die Wörter. Erst ganz langsam, dann etwas schneller.

halbtags – pünktlich – belastbar – selbst

2 Finden Sie in der Wortliste ab Seite 129 andere Wörter mit vielen Konsonanten. Schreiben Sie die Wörter in Ihr Heft. Ihr Partner / Ihre Partnerin liest sie vor.

Kursprogramm

Kursprogramm

LEKTION 11

Von Ort zu Ort

Die Vokale *e*, *ö*, *i* und *ü*

1a Das *e* und *ö*. Hören Sie zu und sprechen Sie nach. 2.50

sehr schön – wer möchte – Er lebt in Österreich.

1b Das *i* und *ü*. Hören Sie zu und sprechen Sie nach. 2.51

viele Bücher – Wir fühlen uns müde. – Bitte bring das Gemüse in die Küche.

1c Hören Sie und kreuzen Sie an: Welches Wort hören Sie?
Lesen Sie dann laut. 2.52

1. O kennen O können
2. O vier O für
3. O lesen O lösen
4. O Spüle O Spiele
5. O Meere O Möhre
6. O Tier O Tür

2 Schreiben Sie Sätze mit ü-Wörtern und ö-Wörtern und lesen Sie sie laut.

schön – möglich – Kühlschrank – Rücken – müde – Möbel – stören – möchte – größer – küssen – müssen – hören – wünschen – höflich – grün – können – gemütlich – für – früher – Gemüse – Küche

Wir möchten von Köln über München nach Österreich fahren. Viel Glück.

LEKTION 12

Treffpunkte

Das *r* und *l*

1a Das *l*. Hören Sie zu und sprechen Sie nach. 2.53

lachen – lustig – lächeln – sozial – falsch verbunden

1b Das *r*. Hören Sie zu und sprechen Sie nach. 2.54

nach Russland – ach Rosen – auch richtig
froh – traurig – verrückt – die Störung – die Beratung – die Strafe

1c Hören Sie und kreuzen Sie an: Welches Wort hören Sie? 2.55

1.	O froh	O Floh	**4.**	O Reise	O leise	**7.**	O Regen	O legen
2.	O Gras	O Glas	**5.**	O Leiter	O Reiter	**8.**	O Halt	O hart
3.	O Meer	O Mehl	**6.**	O schmelzen	O Schmerzen	**9.**	O raus	O Laus

2 Zungenbrecher mit *r* und *l*. Sprechen Sie.

Ein trauriger Floh springt im Regen.
Freunde feiern ein lustiges Grillfest im Garten.
Rosarote Rosen und lila Lilien blühen im Sommer.

Das r *spricht man nur am Silbenanfang. Das* r *in der Endung spricht man nicht.*

LEKTION 13

Banken und Versicherungen

Silbengrenzen erkennen

1a Hören Sie die Wörter und teilen Sie sie in Silben. Markieren Sie dann den Wortakzent. 2.56

Haft | pflicht | ver | si | che | rung – Garantieschein – Wagenreparatur – Reklamation – monatlich – kostenlos – Veranstaltung – Sachbearbeiterin

1b Hören Sie das Beispiel. Sprechen Sie die langen Wörter wie im Beispiel. 2.57

Haft
Haftpflicht
Haftpflichtver
Haftpflichtversi
Haftpflichtversiche
Haftpflichtversicherung

2 Schreiben Sie Sätze mit langen Wörtern. Ihr Partner / Ihre Partnerin liest sie vor.

Ich habe eine Haftpflichtversicherung für meine Kinder, aber keine Recht-schutzversicherung.

Ich habe eine Haftpflichtversicherung für meine Kinder, aber keine Rechtschutzversicherung.

LEKTION 14

Freundschaft

Schnell und langsam sprechen

1a Hören Sie den Dialog und sprechen Sie langsam und deutlich nach. 2.58

- Haben Sie schon gehört? Dieses Jahr gibt es ein Sommerfest in der Firma.
- Super, wann soll es stattfinden?
- Im August. Am Freitag, den 7. August. Eine Band spielt und wir können tanzen. Es gibt natürlich auch viel zu essen und zu trinken. Sind Sie dabei?
- Natürlich komme ich.

1b Hören Sie noch einmal. Welche Buchstaben hört man kaum noch? Streichen Sie die Buchstaben. 2.59

- Ha~~ben~~ m Sie schon gehört? Dieses Jahr gibt es ein Sommerfest in der Firma.
- Super, wann soll es stattfinden?
- Im August. Am Freitag, den 7. August. Eine Band spielt und wir können tanzen. Es gibt natürlich auch viel zu essen und zu trinken. Sind Sie dabei?
- Natürlich komme ich.

2 Arbeiten Sie zu dritt. Zwei sprechen den Dialog erst langsam, dann schneller. Der/Die Dritte kontrolliert, ob man es noch verstehen kann.

Grammatik im Überblick

1 Verben

1a Präsens

Regelmäßige Verben

Infinitiv		kommen	heißen	arbeiten*
Singular	ich	komme	heiße	arbeite
	du	kommst	heißt	arbeitest
	er/es/sie/man	kommt	heißt	arbeitet
Plural	wir	kommen	heißen	arbeiten
	ihr	kommt	heißt	arbeitet
	sie/Sie	kommen	heißen	arbeiten

Woher kommen Sie?

*genauso: antworten: er/sie antwortet, abmelden: er/sie meldet ab, ...

Verben mit Vokalwechsel e→i/ie und a→ä

		e→i	e→ie	a→ä
Infinitiv		sprechen	lesen	fahren
Singular	ich	spreche	lese	fahre
	du	sprichst	liest	fährst
	er/es/sie/man	spricht	liest	fährt
Plural	wir	sprechen	lesen	fahren
	ihr	sprecht	lest	fahrt
	sie/Sie	sprechen	lesen	fahren

Sie spricht sehr gut Deutsch.

Alle Verben mit Vokalwechsel aus Pluspunkt A1 und A2 finden Sie in der Verbliste auf den Seiten 200–202.

Unregelmäßige Verben

Infinitiv		sein	haben	mögen	möchten	wissen
Singular	ich	bin	habe	mag	möchte	weiß
	du	bist	hast	magst	möchtest	weißt
	er/es/sie/man	ist	hat	mag	möchte	weiß
Plural	wir	sind	haben	mögen	möchten	wissen
	ihr	seid	habt	mögt	möchtet	wisst
	sie/Sie	sind	haben	mögen	möchten	wissen

Trennbare Verben

auf|stehen	→	Ich	**stehe**	um acht Uhr	**auf.**
ein|kaufen	→	Er	**kauft**	Lebensmittel	**ein.**

Alle trennbaren Verben aus Pluspunkt A2 sind in der Wortliste ab Seite 223 so markiert: **ab\|biegen**

Modalverben

Infinitiv		**können**	**wollen**	**müssen**	**dürfen**	**sollen**
Singular	**ich**	kann	will	muss	darf	soll
	du	kannst	willst	musst	darfst	sollst
	er/es/sie/man	kann	will	muss	darf	soll
Plural	**wir**	können	wollen	müssen	dürfen	sollen
	ihr	könnt	wollt	müsst	dürft	sollt
	sie/Sie	können	wollen	müssen	dürfen	sollen

Ich	kann	gut Deutsch	sprechen.
Er	muss	heute um acht Uhr	aufstehen.
Hier	darf	man nicht	abbiegen.

Wunschsätze mit *würde gern(e)* + Infinitiv

Ich	würde gern(e)	in Vollzeit	arbeiten.
Sie	würde gern(e)	Medizin	studieren.
Wir	würden gern(e)	eine Radtour	machen.

	würde
ich	würde
du	würdest
er/es/sie/man	würde
wir	würden
ihr	würdet
sie/Sie	würden

Ratschläge mit *sollte* + Infinitiv

Ich	sollte	weniger	rauchen.
Du	solltest	mehr Sport	machen.
Bei Stress	sollte	man sich	entspannen.

	sollte
ich	sollte
du	solltest
er/es/sie/man	sollte
wir	sollten
ihr	solltet
sie/Sie	sollten

Das Verb *lassen*

Frau Nie	lässt	Max	impfen.
Ich	lasse	mein Auto	reparieren.
Sie	lassen	die Wohnung	streichen.

1b Imperativ

	Sie	du	ihr
machen	Machen Sie ...	Mach ...	Macht ...
sprechen	Sprechen Sie ...	Sprich ...	Sprecht ...
mitkommen	Kommen Sie ... mit!	Komm ... mit!	Kommt ... mit!
(!) fahren	Fahren Sie ...	Fahr ...	Fahrt ...
(!) sein	Seien Sie ...	Sei ...	Seid ...

Schreiben Sie, bitte!

1c Präteritum

Sein und *haben*

Infinitiv		sein	haben
Singular	ich	war	hatte
	du	warst	hattest
	er/es/sie/man	war	hatte
Plural	wir	waren	hatten
	ihr	wart	hattet
	sie/Sie	waren	hatten

Waren Sie schon einmal in Berlin?

Nein, leider noch nicht.

Modalverben

Infinitiv		können	wollen	müssen	dürfen	sollen
Singular	ich	konnte	wollte	musste	durfte	sollte
	du	konntest	wolltest	musstest	durftest	solltest
	er/es/sie/man	konnte	wollte	musste	durfte	sollte
Plural	wir	konnten	wollten	mussten	durften	sollten
	ihr	konntet	wolltet	musstet	durftet	solltet
	sie/Sie	konnten	wollten	mussten	durften	sollten

1d Perfekt

Haben/Sein + Partizip

	haben/sein		Partizip am Ende
Er	hat	in einer Großstadt	gelebt.
Ich	bin	1995 nach Deutschland	gekommen.
Wann	sind	Sie nach Deutschland	gefahren?
	Haben	Sie gestern auf dem Markt	eingekauft?

Perfekt mit *sein* oder *haben*?

Die meisten Verben bilden das Perfekt mit *haben*.

Verben der Bewegung bilden das Perfekt mit *sein*: abbiegen, abfahren, ankommen, aufstehen, ausgehen, fahren, fliegen, gehen, joggen, kommen, laufen, mitfahren, mitkommen, reinkommen, reisen, schwimmen, umsteigen, umziehen, vorbeikommen, wandern, wegfahren, weiterfahren, zurückfahren, zurückkommen

Außerdem auch: einschlafen, bleiben, sein, passieren, werden

Partizipien

		trennbare Verben	ohne „ge-“ • Verben mit der Vorsilbe be-, emp-, ent-, er-, ge-, ver-, zer- • Verben mit der Endung -ieren
regelmäßig (Endung „t“)	**ge … t** gespielt gesucht gezahlt	**… ge … t** mitgespielt	**… t** bezahlt versucht passiert
unregelmäßig (Endung „en“)	**ge … en** gekommen gefahren gegangen	**… ge … en** angekommen abgefahren mitgegangen	**… en** bekommen verstanden gefallen

1e Verben und Ergänzungen

Verben mit Nominativ und Akkusativ

Nominativ	Verb	Akkusativ
Ich	habe	einen Sohn.
Er	isst	einen Hamburger.
Wir	besichtigen	die Stadt.

genauso: brauchen, sehen, nehmen, besichtigen, möchten, …

Verben mit Nominativ, Dativ und Akkusativ

Nominativ	Verb	Dativ	Akkusativ
Der Beamte	gibt	mir	das Formular.
Er	schenkt	seinem Vater	eine Krawatte.
Sie	schenkt	ihrer Mutter	einen Pullover.

genauso: bringen, holen, erklären, …

Verben mit Nominativ und Dativ

Nominativ	Verb	Dativ
Wir	helfen	euch.

genauso: helfen, gehören, ...

Ein Verb mit Nominativ und Nominativ

Nominativ	Verb	Nominativ
Das	ist	ein Mantel.

1f Verben mit Präpositionen

Verben mit Präposition + Akkusativ/Dativ

Ich **denke an** meine Kinder.
Ich **freue** mich **auf** den Urlaub.
Er **träumt von** einem langen Urlaub.
Wir **nehmen an** der Veranstaltung **teil**.

Alle Verben mit Präposition aus Pluspunkt A2 finden Sie in der Verbliste auf Seite 203.

Präpositionalpronomen

Frage: wo + (r) + Präposition:

Worauf freust du dich? Ich freue mich auf den Urlaub.

genauso: wofür, womit, wovon, woran ...

Antwort: da + (r) + Präposition:

Ich freue mich auf den Urlaub. **Darauf** freue ich mich auch.

genauso: dafür, damit, davon, daran ...

(!) Die Präpositionalpronomen benutzt man nur für Dinge. Für Personen verwendet man Präposition + Fragewort (wen/wem) bzw. Präposition + Personalpronomen.

An wen denkst du? Ich denke an meine Kinder. Ich denke auch **an sie**.

2 Artikel und Nomen

2a Die Artikel

	m (maskulin)		n (neutral)		f (feminin)		Pl. (Plural)	
bestimmter Artikel	der		das		die		die	
unbestimmter Artikel	ein		ein		eine		–	
Negativartikel	kein	Mann	kein	Auto	keine	Frau	keine	Kinder
Possessivartikel	mein		mein		meine		meine	
Demonstrativartikel	dieser		dieses		diese		diese	

Da ist ein Mann.

Der Mann heißt Tim Fink.

2b Possessivartikel

	m		n		f		Pl.	
ich	mein		mein		meine		meine	
du	dein		dein		deine		deine	
er/es	sein		sein		seine		seine	
sie	ihr		ihr		ihre		ihre	
wir	unser	Mann	unser	Haus	unsere	Frau	unsere	Kinder
ihr	euer		euer		eure		eure	
sie	ihr		ihr		ihre		ihre	
Sie	Ihr		Ihr		Ihre		Ihre	

2c Nominativ, Akkusativ und Dativ

Nominativ

	m		n		f		Pl.	
bestimmter Artikel	der		das		die		die	
unbestimmter Artikel	ein		ein		eine		–	
Negativartikel	kein	Mann	kein	Haus	keine	Frau	keine	Kinder
Possessivartikel	mein		mein		meine		meine	
Demonstrativartikel	dieser		dieses		diese		diese	

Akkusativ

	m		n		f		Pl.	
bestimmter Artikel	den	Mann	das	Haus	die	Frau	die	Kinder
unbestimmter Artikel	einen		ein		eine		–	
Negativartikel	keinen		kein		keine		keine	
Possessivartikel	meinen		mein		meine		meine	
Demonstrativartikel	diesen		dieses		diese		diese	

Dativ

	m		n		f		Pl.	
bestimmter Artikel	dem	Mann	dem	Haus	der	Frau	den	Kindern
unbestimmter Artikel	einem		einem		einer		–	
Negativartikel	keinem		keinem		keiner		keinen	
Possessivartikel	meinem		meinem		meiner		meinen	
Demonstrativartikel	diesem		diesem		dieser		diesen	

Das Nomen hat im Dativ Plural immer die Endung *-n*.
Wir spielen **mit den** Kinder**n**.

Ausnahme: Nomen mit s-Plural: die Autos – mit den Autos.

2d Das Fragewort *welch-*

	Nominativ	Akkusativ	Dativ
m	welch**er** Zug	welch**en** Zug	(mit) welch**em** Zug
n	welch**es** Gleis	welch**es** Gleis	(von) welch**em** Gleis
f	welch**e** Station	welch**e** Station	(bei) welch**er** Station
Pl.	welch**e** Züge	welch**e** Züge	(mit) welch**en** Zügen

Das Fragewort *welch-* ist bestimmt, die Antwort ist mit dem bestimmten Artikel:
Welchen Stift möchtest du, den Kuli oder den Bleistift? – **Den** Kuli.

2e Das Fragewort *was für ein-*

	Nominativ	Akkusativ	Dativ
m	was für ein Anzug	was für ein**en** Anzug	(mit) was für ein**em** Anzug
n	was für ein Kleid	was für ein Kleid	(mit) was für ein**em** Kleid
f	was für ein**e** Kette	was für ein**e** Kette	(mit) was für ein**er** Kette
Pl.	was für Schuhe	was für Schuhe	(mit) was für Schuhen

Das Fragewort *was für ein-* ist unbestimmt, die Antwort ist mit dem unbestimmten Artikel.
Was für ein Kleid hast du auf deiner Hochzeit getragen? – **Ein** weißes (Kleid).

2f Singular und Plural

	Singular	Plural		Singular	Plural
-e	der Tisch	die Tische	–	der Computer	die Computer
-en	die Zahl	die Zahlen	-er	das Kind	die Kinder
-n	die Tasche	die Taschen	-s	das Auto	die Autos
-nen	die Lehrerin	die Lehrerinnen	mit Umlaut	der Stuhl	die Stühle
				das Haus	die Häuser

3 Pronomen

3a Personalpronomen

Nominativ	Akkusativ	Dativ
ich	mich	mir
du	dich	dir
er	ihn	ihm
es	es	ihm
sie	sie	ihr
wir	uns	uns
ihr	euch	euch
sie	sie	ihnen
Sie	Sie	Ihnen

Ich rufe dich morgen an.

Können Sie mir bitte helfen?

Gehört das Auto euch?

Der Schrank ist alt. Er ist schön.
Die Küche ist klein. Sie ist praktisch.

Das Bett ist neu. Es ist modern.
Die Blumen sind schön. Sie sind rot.

3b Reflexivpronomen

		Reflexivpronomen
ich	freue	mich
du	freust	dich
er/es/sie/man	freut	sich
wir	freuen	uns
ihr	freut	euch
Sie/sie	freuen	sich

Guten Tag, ich möchte mich vorstellen. Mein Name ist …

genauso: sich ärgern, sich (wohl) fühlen, sich kennenlernen, sich verlieben, sich streiten, sich trennen, sich entschuldigen, sich anmelden, sich anziehen, …

3c Relativpronomen

	Nominativ	Akkusativ	Dativ
m	der	den	dem
n	das	das	dem
f	die	die	der
Pl.	die	die	**denen**

Ich suche ein Hotel, das günstig ist.

→ **Relativsätze** siehe **7c**

3d Das unpersönliche Pronomen *man*

Wie schreibt **man** das?
Hier darf **man** nicht rauchen.

In Sätzen mit *man* steht das Verb in der 3. Person Singular.

3e Artikel als Pronomen

Wie finden Sie den blauen Anzug? — **Der** ist nicht schlecht. **Den** nehme ich.
Wie gefällt Ihnen die Bluse? — **Die** gefällt mir gut. **Die** nehme ich.
Wie finden Sie die Hose? — **Die** ist nicht schön. **Die** nehme ich nicht.
Wie gefallen Ihnen die Schuhe? — **Die** finde ich gut. **Die** kaufe ich.

4 Präpositionen

4a Temporale Präpositionen

um	um 8 Uhr, um halb 10, um 13 Uhr 30 Der Film beginnt um 20 Uhr.
bis	Der Film geht bis 22 Uhr.
von ... bis	Der Film geht von 20 Uhr bis 22 Uhr.

an	+ Dativ	Am Montagnachmittag geht sie ins Kino.
nach	+ Dativ	Nach der Pause hat sie einen Termin.
vor	+ Dativ	Es ist Viertel vor acht.
ab	+ Dativ	Kinder ab 13 Jahren müssen auf der Straße fahren.

4b Lokale Präpositionen

Wo?	**bei**	Sie ist beim Friseur.
	in	Sie ist im Supermarkt.
Wohin?	**zu**	Sie geht zur Post.
	nach	Sie fährt nach Italien.
	in	Sie fliegt in die Schweiz.
Woher?	**von**	Sie kommt von der Arbeit.
	aus	Sie kommt aus Frankreich.

i

an + dem → am

bei + dem → beim
in + dem → im

zu + der → zur
zu + dem → zum

von + dem → vom

4c Präpositionen mit Dativ

bei	Ich wohne bei meinen Verwandten. Sie arbeitet bei der Volksbank.
nach	Nach dem Deutschkurs möchte ich eine Arbeit suchen.
aus	Ich gehe jeden Morgen um acht Uhr aus dem Haus.
mit	Ich fahre mit meiner Freundin nach Hamburg.
zu	Ich gehe jeden Tag zur Sprachschule.
von	Um 13 Uhr komme ich von der Sprachschule nach Hause.
seit	Sie wohnt seit einem Jahr in München.

4d Präpositionen mit Akkusativ

für	Für den Antrag brauchen Sie einen Pass und ein Foto.
durch	Der Zug fährt durch das Höllental.
um	Man kann sehr gut um den Schluchsee wandern.
ohne	Die Frau trinkt Früchtetee ohne Zucker.
gegen	Gestern bin ich leider gegen einen Baum gefahren.

4e Als

Er arbeitet als Erzieher.

4f Wechselpräpositionen mit Akkusativ oder Dativ

Wohin? → Präposition + Akkusativ

Wo? → Präposition + Dativ

Er geht ins Kino.	**in**	Er ist im Kino.
Der Bus fährt an die Kreuzung.	**an**	Der Bus steht an der Kreuzung.
Er geht auf den Markt.	**auf**	Er ist auf dem Markt.
Sie stellen den Papierkorb unter den Tisch.	**unter**	Der Papierkorb steht unter dem Tisch.
Sie hängen die Lampe über den Tisch.	**über**	Die Lampe hängt über dem Tisch.
Er fährt das Auto vor die Garage.	**vor**	Das Auto ist vor der Garage.
Sie bringen das Fahrrad hinter das Haus.	**hinter**	Das Fahrrad ist hinter dem Haus.
Sie stellen die Mülltonnen neben das Haus.	**neben**	Die Mülltonnen sind neben dem Haus.
Er stellt den Herd zwischen die Spüle und den Kühlschrank.	**zwischen**	Der Herd steht zwischen der Spüle und dem Kühlschrank.

Stellen und *legen* – *stehen* und *liegen*

Wohin? → *stellen* oder *legen*

Wohin legt sie die Tischdecke? –
Auf den Tisch.

Wohin stellt sie die Vase? –
Auf die Kommode.

Wo? → *stehen* oder *liegen*

Wo liegt die Tischdecke? –
Auf dem Tisch.

Wo steht die Vase? –
Auf der Kommode.

5 Adjektive

5a Adjektive nach dem Nomen

Adjektive nach dem Nomen haben keine Endung.

Der Schrank ist neu.
Das Sofa ist bequem.

Ich finde den Schrank schön.
Ich finde das Sofa langweilig.

5b Adjektive vor dem Nomen

Zwischen Artikel und Nomen haben Adjektive eine Endung.

	Nominativ			Akkusativ		
m	der	elegant**e**	Anzug	den	elegant**en**	Anzug
	ein	elegant**er**	Anzug	einen	elegant**en**	Anzug
	kein	elegant**er**	Anzug	keinen	elegant**en**	Anzug
	mein	elegant**er**	Anzug	meinen	elegant**en**	Anzug
n	das	wunderschön**e**	Kleid	das	wunderschön**e**	Kleid
	ein	wunderschön**es**	Kleid	ein	wunderschön**es**	Kleid
	kein	wunderschön**es**	Kleid	kein	wunderschön**es**	Kleid
	mein	wunderschön**es**	Kleid	mein	wunderschön**es**	Kleid
f	die	schick**e**	Bluse	die	schick**e**	Bluse
	eine	schick**e**	Bluse	eine	schick**e**	Bluse
	keine	schick**e**	Bluse	keine	schick**e**	Bluse
	meine	schick**e**	Bluse	meine	schick**e**	Bluse
Pl.	die	bequem**en**	Schuhe	die	bequem**en**	Schuhe
	–	bequem**e**	Schuhe	–	bequem**e**	Schuhe
	keine	bequem**en**	Schuhe	keine	bequem**en**	Schuhe
	meine	bequem**en**	Schuhe	meine	bequem**en**	Schuhe

Er trägt einen eleganten Anzug, sie trägt ein wunderschönes Kleid. Sie sind ein fantastisches Brautpaar.

Aber das sind keine eleganten Schuhe!

5c Adjektive im Komparativ

schön – schön**er**
hell – hell**er**
kurz – kürz**er**

(!) gern – **lieber**
(!) gut – **besser**
(!) viel – **mehr**

Naomi ist kleiner als Alex.

Katia ist genauso groß wie Klaus.

5d *Zu* + Adjektiv

Das Auto ist groß. 🙂

Das Auto ist zu groß. 🙁

6 Wörter im Satz

6a Verneinung mit *nicht* und *kein*

ein → kein

Ich habe **einen** Tisch / **ein** Sofa / **eine** Waschmaschine / Stühle.
Ich habe **keinen** Tisch / **kein** Sofa / **keine** Waschmaschine / **keine** Stühle.
Ich habe **kein** Geld / **keine** Zeit / **keine** Lust.

nicht

Heute kommt er. Morgen kommt er **nicht**.
Sie isst gern Käse. Sie isst **nicht** gern Käse.
Ich arbeite viel. Ich arbeite **nicht** viel.

6b Aussagesätze und W-Fragen

	Position 2	
Woher	**kommen**	Sie?
Ich	**komme**	aus Costa Rica.
Wie	**heißt**	Ihr Sohn?
Er	**heißt**	Lukas.
Was	**sind**	Sie von Beruf?
Ich	**bin**	Lehrerin.

Am Wochenende	**besuche**	ich meine Freunde.
Ich	**besuche**	am Wochenende meine Freunde.
Dann	**machen**	wir eine Radtour.

6c Ja/Nein-Fragen (Satzfragen)

Kommen	Sie aus München?
Haben	Sie morgen Zeit?
Möchtest	du einen Kaffee?
Kennt	ihr Berlin?

6d Satzklammer (trennbare Verben, Modalverben, Perfekt)

Wann	**holst**	du morgen die Kinder	**ab?**
Ich	**hole**	sie am Nachmittag	**ab.**
Frau Steiner	**muss**	morgen früh	**aufstehen.**
Frau Kuhn	**will**	am Wochenende nicht	**arbeiten.**
Früher	**habe**	ich in der Stadt	**gewohnt.**

6e *Ja, nein* und *doch*

Frage ohne Negation

Hast du Zeit?
- 🙂 Ja, natürlich habe ich Zeit.
- 🙁 Nein, leider habe ich keine Zeit.

Frage mit Negation

Hast du keine Zeit?
- 🙂 **Doch**, natürlich habe ich Zeit.
- 🙁 Nein, leider habe ich keine Zeit.

7 Sätze verbinden

7a Sätze verbinden mit *und, aber, denn, oder*

Ich gehe in den Supermarkt	**und** (ich) kaufe Käse.
Ich spreche Spanisch,	**aber** Fatima spricht Türkisch.
Am Sonntag habe ich frei,	**denn** ich muss nicht arbeiten.
Im Urlaub fahren wir nach Spanien,	**oder** wir fliegen nach Costa Rica.

7b Nebensätze

In Nebensätzen steht das konjugierte Verb am Satzende. Trennbare Verben stehen zusammen am Satzende.

Nebensätze mit *weil, dass, wenn, damit*

Er ist zufrieden, **weil** er eine gute Stelle	hat.
Ich finde, **dass** Kinder im Internet viel lernen	können.
Sie kann aufs Gymnasium gehen, **wenn** sie gute Noten	bekommt.
Er macht einen Kurs, **damit** er bessere Chancen auf dem Arbeitsmarkt	hat.

Auch: **Wenn** sie gute Noten bekommt, (dann) kann sie aufs Gymnasium gehen.
Damit er bessere Chancen auf dem Arbeitsmarkt hat, macht er einen Kurs.

Nebensätze mit Fragewort und *ob*

Weißt du, **wo** der Brief	ist?
Wissen Sie, **wann** der Zug	abfährt?
Weißt du, **ob** der Chef heute	kommt?
Ich weiß nicht, **ob** ich die Stelle nehmen	soll.

7c Relativsätze

Relativsätze im Nominativ und im Akkusativ

Das ist der Mann. Der Mann arbeitet in der Apotheke.
Das ist der Mann, der in der Apotheke arbeitet.

Das ist der Mann. Ich habe den Mann gefragt.
Das ist der Mann, den ich gefragt habe.

Relativsätze mit Präposition

Das sind meine Freunde. Ich bin mit den Freunden in den Urlaub gefahren.
Das sind meine Freunde, mit denen ich in den Urlaub gefahren bin.

→ **Relativpronomen** siehe **3c**

8 Wortbildung

Komposita

die Haftpflicht + die Versicherung = die Haftpflichtversicherung
(!) der Beruf + der Anfänger = der Beruf**s**anfänger
die Familie + das Mitglied = das Familie**n**mitglied

9 Datum

9a Wann ...? – Am ...

1–19 + *ten*	**ab 20 + *sten***
am 1. – am **ersten**	am 20. – am zwanzig**sten**
am 2. – am zwei**ten**	am 21. – am einundzwanzig**sten**
am 3. – am **dritten**	...
...	am 30. – am dreißig**sten**
am 7. – am **siebten**	am 31. – am einunddreißig**sten**
am 8. – am **achten**	...
...	

Wann haben Sie geheiratet?

Am 9.9.1999.

9b Welcher Tag ...?

Welcher Tag ist heute? Heute ist der neunte Vierte.

Unregelmäßige Verben

Die Liste enthält alle unregelmäßigen Verben aus **Pluspunkt Deutsch A1 und A2**.

Infinitiv	**Präsens** **3. Person Sg. er/es/sie/man**	**Perfekt** **3. Person Sg. er/es/sie/man**
abbiegen	biegt ab	ist abgebogen
abfahren	fährt ab	ist abgefahren
abfliegen	fliegt ab	ist abgeflogen
abgeben	gibt ab	hat abgegeben
abheben	hebt ab	hat abgehoben
abnehmen	nimmt ab	hat abgenommen
anbieten	bietet an	hat angeboten
anfangen	fängt an	hat angefangen
anhalten	hält an	hat angehalten
ankommen	kommt an	ist angekommen
annehmen	nimmt an	hat angenommen
anrufen	ruft an	hat angerufen
anschließen	schließt an	hat angeschlossen
anziehen	zieht an	hat angezogen
auffallen	fällt auf	ist aufgefallen
aufladen	lädt auf	hat aufgeladen
aufstehen	steht auf	ist aufgestanden
ausfallen	fällt aus	ist ausgefallen
ausgeben	gibt aus	hat ausgegeben
ausgehen	geht aus	ist ausgegangen
aussehen	sieht aus	hat ausgesehen
ausziehen	zieht aus	ist ausgezogen
beginnen	beginnt	hat begonnen
behalten	behält	hat behalten
bekommen	bekommt	hat bekommen
beraten	berät	hat beraten
besprechen	bespricht	hat besprochen
bestehen	besteht	hat bestanden
bewerben (sich)	bewirbt sich	hat sich beworben
bieten	bietet	hat geboten
binden	bindet	hat gebunden
bleiben	bleibt	ist geblieben
bringen	bringt	hat gebracht
denken	denkt	hat gedacht
dürfen	darf	hat gedurft
eingeben	gibt ein	hat eingegeben
einladen	lädt ein	hat eingeladen
eintragen	trägt ein	hat eingetragen
empfehlen	empfiehlt	hat empfohlen
einschlafen	schläft ein	ist eingeschlafen

Infinitiv	Präsens 3. Person Sg. er/es/sie/man	Perfekt 3. Person Sg. er/es/sie/man
entnehmen	entnimmt	hat entnommen
essen	isst	hat gegessen
fahren	fährt	ist gefahren
fallen	fällt	ist gefallen
fernsehen	sieht fern	hat ferngesehen
finden	findet	hat gefunden
fliegen	fliegt	ist geflogen
geben	gibt	hat gegeben
gefallen	gefällt	hat gefallen
gehen	geht	ist gegangen
gewinnen	gewinnt	hat gewonnen
haben	hat	hat gehabt
halten	hält	hat gehalten
heben	hebt	hat gehoben
heißen	heißt	hat geheißen
helfen	hilft	hat geholfen
herunterladen	lädt herunter	hat heruntergeladen
kennen	kennt	hat gekannt
kommt	kommt	ist gekommen
können	kann	hat gekonnt
lassen	lässt	hat gelassen
laufen	läuft	ist gelaufen
leid tun	tut leid	hat leid getan
lesen	liest	hat gelesen
liegen	liegt	hat gelegen
losgehen	geht los	ist losgegangen
mitbringen	bringt mit	hat mitgebracht
mitfahren	fährt mit	ist mitgefahren
mitgeben	gibt mit	hat mitgegeben
mitkommen	kommt mit	ist mitgekommen
mitnehmen	nimmt mit	hat mitgenommen
mögen	mag	hat gemocht
müssen	muss	hat gemusst
nachsehen	sieht nach	hat nachgesehen
nachsitzen	sitzt nach	hat nachgesessen
nachsprechen	spricht nach	hat nachgesprochen
nehmen	nimmt	hat genommen
nennen	nennt	hat genannt
passieren	passiert	ist passiert
reinkommen	kommt rein	ist reingekommen
riechen	riecht	hat gerochen
scheinen	scheint	hat geschienen
schlafen	schläft	hat geschlafen
schließen	schließt	hat geschlossen
schreiben	schreibt	hat geschrieben

Infinitiv	Präsens 3. Person Sg. er/es/sie/man	Perfekt 3. Person Sg. er/es/sie/man
schwimmen	schwimmt	ist geschwommen
sehen	sieht	hat gesehen
sein	ist	ist gewesen
sitzen	sitzt	hat gesessen
sprechen	spricht	hat gesprochen
stattfinden	findet statt	hat stattgefunden
stehen	steht	hat gestanden
stehlen	stiehlt	hat gestohlen
streichen	streicht	hat gestrichen
streiten	streitet	hat gestritten
tragen	trägt	hat getragen
treffen	trifft	hat getroffen
trinken	trinkt	hat getrunken
überweisen	überweist	hat überwiesen
umsteigen	steigt um	ist umgestiegen
umziehen	zieht um	ist umgezogen
unterhalten (sich)	unterhält sich	hat sich unterhalten
unternehmen	unternimmt	hat unternommen
unterschreiben	unterschreibt	hat unterschrieben
verbringen	verbringt	hat verbracht
vergessen	vergisst	hat vergessen
vergleichen	vergleicht	hat verglichen
verlassen	verlässt	hat verlassen
verschieben	verschiebt	hat verschoben
verschlafen	verschläft	hat verschlafen
verschreiben	verschreibt	hat verschrieben
verstehen	versteht	hat verstanden
vorbeikommen	kommt vorbei	ist vorbeigekommen
vorlesen	liest vor	hat vorgelesen
vorschlagen	schlägt vor	hat vorgeschlagen
vorsprechen	spricht vor	hat vorgesprochen
wegfahren	fährt weg	ist weggefahren
wehtun	tut weh	hat wehgetan
weiterfahren	fährt weiter	ist weitergefahren
werden	wird	ist geworden
werfen	wirft	hat geworfen
wiederkommen	kommt wieder	ist wiedergekommen
wissen	weiß	hat gewusst
zunehmen	nimmt zu	hat zugenommen
zurückbringen	bringt zurück	hat zurückgebracht
zurückfahren	fährt zurück	ist zurückgefahren
zurückkommen	kommt zurück	ist zurückgekommen
zurückschreiben	schreibt zurück	hat zurückgeschrieben

Verben mit Präpositionen

Verben mit Präposition + Akkusativ

sich anmelden für
sich ärgern über
sich bewerben um
denken an
sich freuen auf
sich freuen über
impfen gegen
sich informieren über
sich interessieren für
sprechen über
sich verlassen auf
warten auf

Verben mit Präposition + Dativ

sprechen mit
teilnehmen an
telefonieren mit
träumen von

Hörtexte

Hier finden Sie alle Hörtexte, die nicht oder nicht vollständig im Buch abgedruckt sind.

LEKTION 1 Meine Geschichte

B 1b

- Erzählen Sie doch ein bisschen. Woher kommen Sie? Wo haben Sie früher gelebt?
- Ich bin Afghane, ich bin in Kabul geboren und habe in der Ukraine studiert, Radiotechnik. Da, an der Universität habe ich meine Frau kennengelernt. Sie kommt aus der Ukraine und hat Russisch und Weltliteratur studiert. Sie war dann Lehrerin. Nach dem Studium sind wir nach Afghanistan gegangen, ich habe eine gute Stelle bekommen. Meine Frau hat nicht gearbeitet, das war nicht möglich, sie war zu Hause mit den Kindern. Ich hatte eine interessante Arbeit, aber die Situation in Afghanistan war sehr schwierig, und ist immer schwieriger geworden und meine Frau hatte immer Angst. Dann haben wir gesagt, wir müssen weggehen. Wir haben Verwandte und Freunde in Großbritannien, in den USA und in Deutschland und dann haben wir uns für Deutschland entschieden. Warum? Ich weiß nicht. Die Großmutter von meiner Frau hat immer gesagt, dass Deutschland gut ist, sie mochte Goethe und hat den Kindern deutsche Märchen erzählt. Ja, dann haben uns unsere Verwandten in Deutschland geholfen. Deshalb sind wir nach Deutschland gegangen.
- Frau Taskin, Sie sind dann nach Deutschland gekommen, Ihre Verwandten haben geholfen, aber Sie haben nicht bei den Verwandten gewohnt. Wie war der Anfang in Deutschland?
- Am Anfang haben wir in einem Wohnheim für Ausländer gewohnt, in Gersfeld. Die Wohnung von unseren Verwandten war zu klein. Und die erste Zeit in Deutschland war sehr schwer. Ich war oft depressiv. Mein Mann hat keine Arbeit gefunden, wir hatten viele Probleme mit den Ämtern und Behörden. Mein Mann hat dann einen Sprachkurs gemacht, ich hatte keine Zeit, ich war zu Hause bei den Kindern, wir haben fünf Kinder und ich hatte kaum Kontakt zu anderen Leuten. Unsere Verwandten wohnen in Hamburg und unsere Freunde in München. Das ist weit weg. Wir haben nur manchmal am Telefon gesprochen. Das war eine schwere Zeit. Darüber möchte ich nicht viel sprechen.
- Aber jetzt geht es Ihnen gut. Wie haben Sie das geschafft?
- Jetzt geht es uns gut. Wie haben wir das geschafft? Mein Mann hat eine Arbeit gefunden. Sie ist nicht so interessant, aber er verdient gut. Und ich bin aktiv geworden. Ich kann nicht zu Hause sitzen, dann werde ich krank. Ich muss immer etwas machen, ich helfe gern anderen Menschen, brauche Kontakt mit anderen Menschen. Eine richtige Arbeit habe ich nicht gefunden, ich bin Russischlehrerin und in deutschen Schulen gibt es nicht viel Russischunterricht. Das ist schade. Aber ich gebe Russischunterricht für Kinder in einem Verein. Denn

die Kinder sollen nicht nur Deutsch lernen, sie sollen auch ihre Muttersprache lernen. Einmal in der Woche kommen sie zu uns und wir machen Unterricht. Und die Eltern kommen auch, und wir reden viel, trinken Tee und helfen uns gegenseitig, geben uns Tipps. Manchmal gehen wir auch zusammen zu einem Amt oder einer Behörde. Das ist ganz wichtig für mich.

C 4a

1. Ich habe früher immer nur die Grammatik gelernt. Das ist auch wichtig, aber ich habe gemerkt, Wörter sind noch viel wichtiger. Man muss viele Wörter kennen und verstehen, dann kann man Deutsche besser verstehen.
2. Fehler, Fehler, Fehler – man darf einfach keine Angst haben. Früher habe ich immer Angst gehabt, ich habe lieber gar nicht gesprochen. Aber dann lernt man auch nicht. Jetzt spreche ich viel und probiere viel, natürlich mache ich auch Fehler, aber so lerne ich auch.

Alles Klar 2a

Ich war in meiner Heimat Lehrerin, Mathematiklehrerin. Und ich möchte jetzt auch in Deutschland als Lehrerin arbeiten. Aber dann muss ich sehr gut Deutsch sprechen können. Deshalb möchte ich Deutsch lernen. Das ist ganz wichtig für mich. Ich muss alles lernen: lesen, schreiben, hören und natürlich auch sprechen. Hören mache ich nicht so gern, die Deutschen sprechen so schnell und ich verstehe dann nicht gut. Ich sage immer: „Bitte sprechen Sie langsam", aber die Deutschen sprechen immer schnell. Das ist schwer für mich. Deshalb lese ich sehr gern. Dann habe ich genug Zeit. Ich kann auch mal ein Wort im Wörterbuch suchen und dann kann ich alles verstehen. So kann ich gut lernen.

Alles Klar 8

Sie können sagen: Bitte sprechen Sie langsam. – Sie können Wortkarten schreiben. – Sie können einen Tanzkurs besuchen. – Sie können die CDs zu Hause viel hören. – Sie können jeden Tag ein bisschen schreiben. – Sie können viel mit Deutschen sprechen. – Sie dürfen keine Angst haben.

LEKTION 2 Medien

A 2b

1. Das Internet ist ganz gut. Nachmittags mache ich mit meinen Freunden gern Online-Spiele und ich finde viele Informationen für meine Hausaufgaben. Auch in der Schule haben wir schon mit dem Internet gearbeitet. Aber ich glaube, ich kann auch ohne Internet leben.
2. Ich bin jetzt 77. Früher habe ich das Internet nie gebraucht. Warum jetzt? Bücher sind einfach besser. Aber meine Frau ist ganz begeistert. Sie hat einen Internetkurs besucht und schreibt jetzt immer E-Mails an ihre Freundinnen. Oft surft sie den ganzen Abend im Internet.
3. Das Internet ist für mich sehr wichtig, weil ich es für meine Arbeit als Übersetzerin brauche. Ich schicke die Übersetzungen per E-Mail und es gibt auch viele Wörterbücher. Wörterbücher aus Papier brauche ich nur noch sehr selten.
4. Ich finde das Internet sehr praktisch, weil ich mit meinen Freunden in China chatten kann. Außerdem lerne ich jetzt Deutsch und im Internet gibt es viele Übungen.

Später will ich studieren und im Studium ist das Internet noch wichtiger.

B 4a

1. Ihr Fernseher gefällt Ihnen nicht mehr? Bild und Ton sind schlecht? Elektro-Hanser hat super Angebote für Fernseher und moderne Elektronik. Zum Beispiel Fernseher: jetzt nur 179 Euro. Geöffnet montags bis samstags 10.00 bis 20.00 Uhr, donnerstags auch bis 22.00 Uhr. Elektro-Hanser – 18 Filialen in ganz Deutschland. Auch in Ihrer Nähe.
2. Der Arbeitstag war hart, Sie kommen müde nach Hause – dann ist es Zeit für den Büning Abendtee und der Abend wird ruhig und gemütlich. Der Abendtee – ein Tee aus dem Hause Büning. Jetzt bei Edeka – 100 g für nur 2,99 Euro.

B 6a

- Guten Abend, meine Damen und Herren, das Diskussionsthema heute ist das Fernsehen. Was ist positiv, was ist negativ? Wir haben einige Gäste eingeladen. Frau Hegel, was meinen Sie?
- Ja, also, das Fernsehen bietet gute Informationen. Und ich mag auch die Tiersendungen.
- Was denken Sie, Herr Friedrichsen?
- Naja, im Radio gibt es mehr Informationssendungen. Und die Unterhaltung ist im Fernsehen auch schlecht. Gute Sendungen kommen immer sehr spät.
- Frau Wissmann, was ist Ihre Meinung?
- Hm, es gibt zu viel Werbung. Außerdem ist Fernsehen nicht gut für Kinder.
- Und was sagen Sie, Herr Gottfried?
- Es gibt gute Familiensendungen. Kinder lernen in den Kindersendungen viel. Das finde ich sehr positiv.

Alles Klar 6

Herr Schmidt benutzt viele Medien. – Sein Handy benutzt er täglich, weil er viel unterwegs ist. – Er muss immer erreichbar sein. – Er surft im Internet, weil er Informationen braucht. – Er liest Zeitschriften, weil es entspannend ist. – Fernsehen mag er nicht. – Er ist dagegen, dass Kinder viel fernsehen.

LEKTION 3 Endlich Wochenende

B 4b

- Restaurant am Park, guten Abend?
- Guten Abend, ich möchte gern für Samstagabend einen Tisch reservieren. Haben Sie da noch etwas frei?
- Einen Moment, bitte. Ich schau mal in unser Buch für Reservierungen. Um wie viel Uhr möchten Sie denn kommen?
- Gegen 19 Uhr.
- Und wie viele Personen sind Sie?
- Drei Personen. Und wir hätten gern einen Tisch auf der Terrasse.
- Oh, das tut mir leid. Da sind alle Tische reserviert ... Warten Sie, um 21.00 Uhr kann ich Ihnen einen Tisch auf der Terrasse reservieren. Oder können Sie so spät nicht mehr kommen?
- Doch, um neun passt auch gut.
- Sehr schön, wie ist Ihr Name?
- Gros.
- Wie schreibt man das? Mit „s“ oder mit „ß“?
- Mit einem „s“.
- Sehr schön, Frau Gros. Bis Samstagabend. Auf Wiederhören.
- Auf Wiederhören.

Alles Klar 7

Essen im Restaurant. – Guten Tag, die Speisekarte, bitte. – Ich hätte gern ein Steak. – Ich nehme auch noch einen Salat. – Ich trinke ein Mineralwasser. – Wir möchten zahlen. – Was macht das zusammen? – 20 Euro, das stimmt so.

LEKTION 4 Schule

A 5

1. ◖ Guten Tag, Frau Unlütük.
   ◖ Guten Tag, Herr Meier. Können Sie mir sagen, welche Noten meine Tochter dieses Jahr auf dem Zeugnis hat?
   ◖ Natürlich. Yasmin hat ein Sehr gut in Deutsch und ein Gut in Sport.
   ◖ Oh, das ist sehr schön. Wir möchten sie gern an der Realschule anmelden.
   ◖ Das ist eine gute Entscheidung.
2. ◖ Guten Morgen, Herr Sanchez.
   ◖ Guten Morgen, Marcel. In einigen Monaten machst du ja deinen Realschulabschluss. Hm, sehr schön. Deine Note in Deutsch ist viel besser. Ein Gut. Was ist denn mit deinem Ausbildungsplatz bei der Firma Sennfilder?
   ◖ Die Personalchefin hat gesagt, wenn meine Deutschnote ein Befriedigend oder besser ist, bekomme ich den Ausbildungsplatz.
3. ◖ Na, Svenja, was machen die Abi-Klausuren?
   ◖ Es läuft ganz gut. Ich habe fast alles Sehr gut und Gut. Nur in Chemie habe ich ein Ausreichend im Test. Tja, damit kann ich jetzt leider nicht Medizin studieren.

B 3

◖ Herzlich Willkommen zu unserem Elternabend! Es ist wirklich schön, dass Sie Zeit haben. Ihre Kinder sind ja neu an unserer Schule und da gibt es sicher viele Fragen! Frau Yildirim?

◖ Wann machen sie eine Klassenfahrt? Wie teuer ist das?

◖ Wir machen in der sechsten Klasse eine Klassenfahrt und dann alle zwei Jahre, das kostet so ungefähr 200–250 Euro.

◖ Müssen die Kinder die Klassenfahrt oder den Schwimmunterricht machen?

◖ Ja, alle Kinder müssen teilnehmen. Noch etwas anderes: Wir sammeln jedes Jahr für unsere Klassenkasse 20 Euro pro Kind. Davon bezahlen wir zum Beispiel kleine Ausflüge.

◖ Was brauchen die Kinder dieses Jahr für die Schule?

◖ Wir haben hier eine Liste für Sie, da können Sie sehen, welche Bücher, Hefte und Stifte Ihre Kinder in der Schule brauchen. Alle anderen Bücher bekommen sie von der Schule.

◖ Dürfen die Kinder Handys in die Schule mitnehmen?

◖ Sie müssen das Handy oder MP3-Player in der Schule ausschalten.

Alles Klar 6

Wenn er viel lernt, bekommt er gute Noten. – Wenn er gute Noten hat, bekommt er ein gutes Abitur. – Wenn er ein gutes Abitur bekommt, kann er studieren. – Wenn er studiert, muss er viel lernen. – Wenn er viel lernt, bekommt er gute Noten.

Station 1

1b

1. Ich heiße Veronika Burger. Ich bin Hotelfachfrau und arbeite an der Rezeption. Später will ich ein Fachstudium machen und Hotelmanagerin werden.
2. Ich bin Auszubildender und will Koch werden. Meine Ausbildung dauert drei Jahre. In zwei Jahren bin ich fertig. Einmal, manchmal zweimal in der Woche gehe ich zur Berufsschule. Dort lerne ich die Theorie, in der Hotelküche die Praxis.
3. Mein Name ist Alexandra Babel. Ich räume die Gästezimmer auf. Eigentlich bin ich Studentin. Die Arbeit hier ist nur ein Nebenjob, denn ich brauche das Geld für mein Studium. Beim Zimmerpersonal arbeiten viele Mitarbeiter ohne Ausbildung.
4. Mein Name ist Sven Matschak. Ich bin Hotelmanager im Hotel Sonnenhof. Ich habe eine Ausbildung zum Hotelfachmann gemacht. Danach habe ich fünf Jahre in verschiedenen Hotels gearbeitet. Vor drei Jahren habe ich ein Fachstudium gemacht und jetzt bin ich Manager.

Prüfungsvorbereitung 2a

- Praxis Dr. Saus. Hier spricht Melanie Frei. Was kann ich für Sie tun?
- Guten Tag, mein Name ist Hartmut Medo. Ich habe Halsschmerzen und brauche ganz schnell einen Termin. Am besten noch heute Vormittag, vielleicht in einer Stunde, also um elf Uhr?
- Tut mir leid. Das Wartezimmer ist schon voll. Geht es heute Nachmittag um drei?
- Ja, das geht.
- Oh, Entschuldigung! Ich sehe gerade, dass ich da schon einen Patienten eingetragen habe. Geht es auch eine halbe Stunde später?
- Um 15.30 Uhr? Naja, wenn es sein muss.
- Also dann bis 15.30 Uhr. Auf Wiederhören, Herr Medo.
- Auf Wiederhören.

Prüfungsvorbereitung 3

- Guten Tag, mein Name ist Carlos Gonzalez. Ich habe hier einen Antrag auf Kindergeld für meine Familie und mich.
- Wollen Sie den Antrag abgeben?
- Ja, aber ich verstehe nicht alles. Können Sie mir helfen?
- Darf ich den Antrag bitte mal sehen? Hier haben Sie alles eingetragen. Aber hier fehlt ein Kreuz.
- Ja, was heißt „Erstantrag“? Können Sie mir das erklären?
- Haben Sie schon einmal einen Kindergeldantrag gestellt?
- Nein, das ist mein erster Antrag auf Kindergeld.
- Dann ist das Ihr Erstantrag und Sie kreuzen das Feld an. Wie viele Kinder haben Sie denn?
- Wir haben zwei Kinder.
- Dann ist der Antrag also für zwei Kinder. Haben Sie alle Unterlagen?

LEKTION 5 Am Arbeitsplatz

A1

1. - Kannst du mir sagen, wie der neue Kollege heißt?
   - Sein Name ist Friesinger.

2. ◖ Können Sie mir erklären, was das heißt?
◖ Oh, tut mir leid. Das verstehe ich auch nicht.
3. ◖ Können Sie mir sagen, wann der Chef kommt?
◖ Ich glaube, er kommt um zehn Uhr.

A 5a

1. Weißt du, wo meine Brille ist?
2. Darf ich fragen, wo Sie den Pullover gekauft haben?
3. Können Sie mir erklären, wie der Automat funktioniert?
4. Entschuldigen Sie, wissen Sie, wie spät es ist?

C 1a

◖ Herr Gebert, ich glaube, der neue Kopierer ist kaputt.
◖ Aber nein! Er funktioniert sehr gut.
◖ Aber ich kann keine Kopien machen! Der alte Kopierer war besser. Dieser Kopierer ist so kompliziert. Wo starte ich den Kopierer?
◖ Ich erkläre Ihnen das. Diese Taste ist die Start-Taste.
◖ Ja, jetzt kommen Kopien. Aber so vieles ist anders!
◖ Auch das erkläre ich Ihnen gern. Der Kopierer hat drei Fächer für Papier. Diese Fächer sind für A4-Papier und dieses Fach ist für A3-Papier.

D 1a

1. ◖ Spedition Mehring, Nicole Olsen am Apparat.
◖ Guten Morgen, Frau Olsen. Hier spricht Peter Frei. Ich bin erkältet und kann heute nicht kommen.
◖ Gute Besserung, Herr Frei. Gehen Sie heute noch zum Arzt?
◖ Ja, heute Nachmittag. Ich schicke Ihnen dann eine Krankmeldung.
2. ◖ Frau Siegmann, haben Sie das Regal schon eingeräumt?
◖ Nein, noch nicht. Ich war bis jetzt an Kasse zwei, weil viele Kunden zahlen wollten.
3. ◖ Entschuldigung, ist hier noch frei?
◖ Natürlich. Nehmen Sie Platz ... Sie sind neu hier in der Firma, richtig?
◖ Ja, ich arbeite seit drei Tagen hier. Mein Name ist Günther Gebert.
◖ Ich heiße Martina Obermann. Gefällt es Ihnen bei uns?
◖ Ja, hier ist es nicht schlecht. Die Kollegen sind nett und ...

Alles Klar 6

Könnten Sie mir bitte helfen? – Könnten Sie mir bitte einen Schlüssel geben? – Könnten Sie mir bitte den Brief zeigen? – Wissen Sie, wo der Hausmeister ist? – Können Sie mir sagen, wann der Chef kommt? – Wissen Sie, wie der Kopierer funktioniert? – Wissen Sie, was es heute in der Kantine gibt?

LEKTION 6 Wohnen nach Wunsch

B 1a

1. ◖ Guten Tag, wir möchten uns vorstellen. Wir sind die neuen Nachbarn, Olaru ist mein Name.
◖ Guten Tag, mein Name ist Blatt. Hoffentlich fühlen Sie sich hier wohl. Haben Sie Kinder?
◖ Ja, wir haben zwei Jungen, sie sind fünf und acht Jahre alt.
◖ Oh, das ist schön, ich habe auch zwei Jungen, Zwillinge. Sie sind sieben.

- Wir haben vorher in der Stadt gewohnt, und die Wohnung war laut und klein. Hier haben wir Platz. Das ist wunderbar. Ich freue mich, dass wir diese Wohnung bekommen haben.

2.
- Guten Tag, wir sind die neuen Nachbarn, Olaru ist mein Name.
- Guten Tag.
- Ehm, wir wollten uns nur kurz vorstellen.
- Ja und?
- Ehm, ja also, dann gehen wir mal wieder, einen schönen Tag noch.
- Ohje, das kann ja lustig werden.

3.
- Guten Tag, wir möchten uns vorstellen. Wir sind die neuen Nachbarn, Olaru ist mein Name und das ist meine Frau.
- Guten Tag, freut mich Sie kennenzulernen, woher kommen Sie denn?
- Jetzt kommen wir aus Köln, unsere Heimat ist aber Rumänien.
- Ah, Rumänien, wir wollten immer schon einmal nach Rumänien. Wir sehen immer im Fernsehen Reportagen über fremde Länder. Das ist so interessant.
- Ja, Rumänien ist ein wunderschönes Land. Wir haben viele Fotos, vielleicht möchten Sie einmal kommen, dann trinken wir einen Tee und zeigen Ihnen Fotos.
- Oh, wir möchten Sie nicht stören, Sie haben jetzt bestimmt viel zu tun. Ein Umzug ist immer viel Arbeit.
- Nein, nein, das geht schon. Wir freuen uns, wenn Sie kommen. Vielleicht am nächsten Wochenende?
- Ja, ...

C 4a

- Guten Tag, können Sie mir helfen?
- Ja, gern, was kann ich für Sie tun?
- Ich möchte meine Wohnung streichen und brauche Farbe und Pinsel.
- Ja, Wandfarbe haben wir da drüben und die Pinsel finden Sie links neben der Farbe im Regal. Wir haben auch ein Sonderangebot: drei Eimer Wandfarbe plus Rolle nur 44,90 €.
- Ja, das nehme ich, eine Rolle ist besser als ein Pinsel.
- Brauchen Sie auch eine Leiter?
- Nein, eine Leiter habe ich schon.

Alles Klar 6

Guten Tag, wir möchten uns vorstellen. – Wir sind die neuen Nachbarn. – Wir haben vorher außerhalb gewohnt. – Das war nicht sehr praktisch. – Wir mussten viel mit dem Auto fahren. – Hier ist es viel besser. – Es gibt viele Geschäfte.

LEKTION 7 Feste feiern

B 4a

- Uschi, erzähl doch mal die Geschichte von der Hochzeit mit Pannen.
- Ja, gerne, also, das ist nicht meine Geschichte, das ist die Geschichte von einer Freundin von meiner Schwester. Sie heißt Elke. Und Elke, die hat immer Pech. Also Elke hat geheiratet und das war mal wieder typisch. Sie haben alles super organisiert: erst Standesamt, dann ein wunderschönes Restaurant im Wald und abends tanzen. Elke organisiert immer alles ganz genau. Naja, und dann kommt der Hochzeitstag. Erst war alles gut. Sie waren auf dem Standesamt, Elke hatte ein tolles Kleid, der Mann war

auch sehr elegant, der Standesbeamte hat eine schöne Rede gehalten und sie haben Ringe getauscht. Dann sind sie aus dem Standesamt rausgekommen und da waren alle Freunde und Verwandte und haben Reis geworfen. Elke war total glücklich. Ja, und dann hat es ein bisschen geregnet, also sie sind zum Restaurant gefahren und es hat immer mehr geregnet. Sie mussten vom Parkplatz zum Restaurant laufen und sind patschnass geworden. Das schöne Kleid! Aber es wurde noch schlimmer. Sie kommen zum Restaurant und da hängt ein Schild: Heute geschlossen! Die Tür war zu, kein Mensch war da!

- Was war denn passiert? Wie kann das sein?
- Keine Ahnung, ich glaube im Restaurant haben sie ein falsches Datum notiert. Aber jedenfalls, was konnten sie machen? Sie sind dann im Regen durch die Stadt gelaufen und haben ein Restaurant für 30 Leute gesucht. Elke hat die ganze Zeit geheult.
- Und haben sie etwas gefunden?
- Ja, sie haben dann eine kleine Pizzeria gefunden, nicht besonders gut, aber es war Platz für 30 Personen und die haben auch noch was zu Essen gemacht. Aber tanzen war dann natürlich nicht möglich. Es war schon eine ziemliche Katastrophenhochzeit.
- So viel Pech, die Armen, aber hat das Glück für die Ehe gebracht? Wie geht ...

Alles Klar 7

Ich habe heute Geburtstag und mache eine Party. – Ich lade viele Gäste ein. – Meine Freundin hat mir geholfen. – Wir haben Getränke und Musik besorgt. – Meine Gäste bringen Essen mit. – Ich habe schon viele Geschenke bekommen. – Meine Eltern haben mir ein Kochbuch geschenkt. – Meine Schwester hat mir Theaterkarten geschenkt. – Mein Bruder hat mir eine Schachtel Pralinen geschenkt. – Es klingelt, der erste Gast kommt.

Station 2

1c

1. Ich heiße Kirsten Seiler und arbeite bei der Stadt. Wir pflegen die Parks, pflanzen dort Blumen und Bäume und wir schneiden sie. Früher habe ich in einer Gärtnerei gearbeitet. Da habe ich nur Pflanzen verkauft. Das war sehr langweilig.
2. Tim Umland ist mein Name. In meiner Werkstatt stelle ich Möbel her, aber keine Türen oder Fenster. Das habe ich in meiner Ausbildung auch gelernt, aber ich finde die Herstellung von Möbeln interessanter. Ich mag meine Arbeit und den Kontakt zu den Kunden.
3. Mein Name ist Paul Sattler. Ich lege Elektroleitungen und manchmal rufen mich die Leute auch, weil sie wollen, dass ich den Herd anschließe. Ich habe eine eigene Firma.

2a

- Herr Reimann, Sie sind Maler von Beruf und haben einen kleinen Betrieb. Wie viele Leute arbeiten bei Ihnen?
- Meine Frau Hilde macht die Büroarbeiten. Außerdem haben wir noch vier Angestellte und einen Lehrling, wir sind also zusammen sieben Personen im Betrieb.
- Können Sie uns vielleicht kurz erklären: Was bedeutet Lehrling und was bedeutet Malergeselle?

- Der Lehrling, oder wie man meistens sagt, der Auszubildende, lernt den Beruf. Die Ausbildung dauert drei Jahre. Wenn er fertig ist, macht er eine Prüfung und ist dann Malergeselle.
- Wann haben Sie Ihre Ausbildung zum Malergesellen gemacht?
- Vor 25 Jahren. Später habe ich dann Lehrgänge gemacht und jetzt bin ich Malermeister.
- Meister? Was bedeutet das?
- Nach den Lehrgängen habe ich noch eine Prüfung gemacht. Als Meister darf ich unter anderem junge Leute in meinem Beruf ausbilden.
- Muss man auch die Meisterprüfung machen, wenn man Geselle ist?
- Nein, aber mit der Meisterprüfung hat man gute Chancen im Beruf.

3a

- Wir ziehen hier bald ein, aber die weiße Farbe an den Wänden gefällt uns nicht.
- Ich habe hier einige Muster. Sie können sich eine Farbe aussuchen.
- Na ja, Blau gefällt mir nicht, aber vielleicht Gelb oder Orange?
- Wenn wir die Arbeiten anfangen, können wir an der Wand zuerst Probeanstriche machen.
- Einverstanden. Wie teuer sind die Arbeiten?
- Vielleicht 800 bis 1000 Euro. Ich mache Ihnen noch ein genaues Angebot.
- Und wie lange dauert das?
- Ich denke, wir können in zwei Tagen fertig sein.

LEKTION 8 Neue Chancen

A 1a

- Herr Thabit, Sie machen gerade einen Computerkurs. Warum haben Sie diesen Kurs angefangen?
- In meinem Beruf muss ich immer mehr mit dem Computer arbeiten. Ich kann natürlich Emails und Texte schreiben, aber mehr kann ich nicht und das ist schade. Denn in meinem Beruf brauche ich vieles. Ich muss z. B. oft zu anderen Firmen fahren und unsere Produkte vorstellen. Das kann man mit Power Point wunderbar machen. Ich mache das immer noch mit Prospekten und Katalogen. Aber das ist nicht modern. Jetzt machen alle das mit Power Point. Deshalb möchte ich das auch lernen. Ich bin natürlich abends oft müde, aber es sind ja nur fünf Termine. Und ich finde, es macht auch Spaß. Die anderen Teilnehmer sind auch nett und manchmal gehen wir danach noch zusammen in eine Kneipe.

C 2a

- Fahrschule Gillig, guten Tag.
- Guten Tag, mein Name ist Abiska, ich interessiere mich für einen Kurs bei Ihnen. Ich möchte eine Ausbildung zum Gabelstaplerfahrer machen. Wann ist der nächste Termin?
- Wir haben laufend Kurse, Sie können z. B. nächsten Montag und Dienstag teilnehmen.
- Gut, das möchte ich gerne machen. Wie kann ich mich anmelden?
- Sie können sich im Internet anmelden, gehen Sie auf die Seite www.fahrschule-gillig.de, dann klicken Sie auf Anmeldung und dann kommen Sie zum Anmeldeformular. Sie können natürlich auch hier bei uns

vorbeikommen. Montags bis freitags zwischen neun und achtzehn Uhr.
- Vielen Dank für Ihre Informationen.
- Gern geschehen.
- Auf Wiederhören.
- Auf Wiederhören.

Alles Klar 6

Freuen Sie sich auch auf den Urlaub? – Freuen Sie sich auch auf den Sommer? – Ärgern Sie sich auch über Politiker? – Ärgern Sie sich auch über das Wetter? – Interessieren Sie sich auch für Fußball? – Interessieren Sie sich auch für Mode?

LEKTION 9 Gesund leben

C 2a

- Guten Tag, Frau Doktor Heinemann. Ich möchte Max untersuchen lassen.
- Guten Tag, Frau Nie. Hallo Max! Genau, heute machen wir die nächste Vorsorgeuntersuchung – die U9. Haben Sie den Vorsorgepass dabei?
- Ja, hier ist er. Bitte schön.
- Gut, dann fangen wir mit den Augen an. Max, kannst du mir sagen, was du auf dem Bild siehst?
- Das ist ein Haus.
- Ganz toll, Max. Du kannst dir ein Spielzeug aus der Dose nehmen.
- Kann ich den Hund haben?
- Na klar.
- Frau Doktor, wir möchten uns auch gerne noch von Ihnen beraten lassen. Was meinen Sie, ist es besser, wenn wir Max gegen Grippe impfen lassen?
- Also, bei Kindern empfehle ich das nicht. Aber im Impfpass sehe ich, dass die Tetanus-Impfung fehlt! Dann muss ich Max noch impfen.
- Gut, dann machen wir das gleich.
- Ich will aber nicht. Das tut bestimmt weh.
- Das ist nur ein kleiner Pieks. Und dann wirst du nicht krank.
- Nein, ich will aber nicht!
- Oh je.

D 1a

1. - Guten Tag, was kann ich für Sie tun?
   - Ich habe hier ein Rezept für mein Kind.
   - Einen Moment, bitte. Hier, bitte.
   - Was kostet das?
   - Oh, das ist frei. Kinder müssen bis zum 18. Lebensjahr nichts bezahlen.
2. - Ja, bitte?
   - Der Doktor hat mir dieses Medikament verschrieben.
   - Ich glaube, das haben wir im Moment nicht da. Ich schau mal nach – richtig – ich kann es aber für Sie bestellen.
   - Wann ist das Medikament denn da?
   - Ach, das geht schnell. Sie können es heute Nachmittag abholen.
   - Nein, das geht nicht. Ich probiere es in einer anderen Apotheke.
3. - Guten Tag.
   - Guten Tag, haben Sie dieses Medikament?
   - Ja, das haben wir. Hier, bitte schön.
   - Wie oft muss ich die Tabletten einnehmen?
   - Dreimal täglich. Wenn Sie einen empfindlichen Magen haben, empfehle ich Ihnen, dass Sie die Tabletten nach dem Essen nehmen.

- Wieso? Haben die Tabletten denn Nebenwirkungen?
- Meistens nicht, aber es kann schon mal zu Magenschmerzen kommen. Selten haben Patienten auch Kopfschmerzen.
- Das hört sich ja nicht gut an.
- Aber die meisten Patienten haben keine Probleme.
- Gut. Wie viel muss ich zahlen?
- Fünf Euro, bitte.
- Auf Wiedersehen.
- Auf Wiedersehen und gute Besserung.

Alles Klar 4a

- Hallo, Herr Müller, wie geht es Ihnen?
- Na ja, es geht so.
- Wieso? Was ist denn los?
- Ach, im Beruf ist es im Moment sehr stressig. Ich muss sehr viel arbeiten und schlafe auch noch schlecht.
- Wenn Sie nicht schlafen können, machen Sie doch einen Spaziergang.
- Nein, ich wohne mitten in der Stadt, das macht keinen Spaß.
- Wenn Sie nicht gern spazieren gehen, können Sie ein warmes Bad nehmen.
- Nein, ich habe nur eine Dusche. Das geht nicht.
- Wenn Sie keine Badewanne haben, können Sie eine Entspannungsübung machen.
- Ach, ich mag einfach keine Entspannungsübungen
- Also wissen Sie, wenn Ihnen meine Tipps nicht gefallen, dann machen Sie doch, was Sie wollen!

Alles Klar 7

Ich habe hier ein Rezept. – Wie oft muss ich die Tabletten nehmen? – Wie lange muss ich die Tabletten nehmen? – Welche Nebenwirkungen hat das Medikament? – Was kostet das Medikament? – Wann kann ich das Medikament abholen?

LEKTION 10 Arbeitssuche

Auftaktseite 2

- Liebe Hörerinnen und Hörer, heute sprechen wir über das Thema Arbeitssuche von Migranten. Wir haben drei Gäste im Studio: Olga Dimitrova aus Russland, Ernesto García aus Ecuador und Valerie Boumard aus Frankreich. Frau Dimitrova, welche Erfahrungen haben Sie mit der Arbeitssuche gemacht?
- Ich habe lange nach Arbeit gesucht. Ich habe viele Bewerbungen geschrieben und die Antworten waren immer negativ. Dann hatte der Supermarkt bei mir in der Nachbarschaft einen Aushang, dass sie Personal brauchen. Ich habe mit der Chefin gesprochen und jetzt arbeite ich dort.
- Und wie war das bei Ihnen, Herr García?
- In meiner Heimat Ecuador habe ich als Gärtner gearbeitet. Hier in Deutschland habe ich zuerst einen Sprachkurs und dann ein Praktikum bei der Stadtgärtnerei gemacht. Nach dem Praktikum habe ich dort einen richtigen Arbeitsplatz bekommen.
- Und wie haben Sie Ihren Arbeitsplatz gefunden, Frau Boumard?
- Ich hatte Glück. Eine Freundin von mir arbeitet in einem Restaurant. Dort haben sie Leute gesucht und meine Freundin hat ihrem Chef erzählt, dass ich Arbeit suche. Ich habe dann auch mit dem Chef gesprochen und konnte schon am nächsten Tag als Kellnerin anfangen.

A 1a

- Herr Nussbaum, Sie sind Personalberater. Was erwarten Arbeitgeber heute von ihren Mitarbeitern?
- Wichtig ist natürlich die Ausbildung, aber es gibt allgemeine Eigenschaften für jeden Beruf. Zum Beispiel erwarten die Arbeitgeber immer, dass ihre Mitarbeiter zuverlässig sind.
- Was bedeutet zuverlässig?
- Der Arbeitgeber will sicher sein, dass die Mitarbeiter pünktlich kommen und ihre Arbeit gut machen. Wenn z. B. ein Busfahrer zu spät oder gar nicht zur Arbeit kommt, kommen vielleicht auch viele andere Leute zu spät zur Arbeit.
- Was ist außerdem wichtig?
- In vielen Berufen arbeitet man mit anderen zusammen, dann muss man teamfähig sein.
- Können Sie ein Beispiel für teamfähig nennen?
- In einem Restaurant zum Beispiel muss alles sehr schnell gehen. Köche und Kellner sind ein Team, das heißt sie arbeiten zusammen, damit die Gäste ihr Essen schnell bekommen. Da ist es wichtig, dass die Mitarbeiter gut im Team arbeiten. Die Arbeitgeber erwarten auch engagierte Mitarbeiter, das heißt, die Mitarbeiter sollen Interesse an der Arbeit haben und sie wichtig nehmen und die Arbeitnehmer müssen belastbar sein.
- Können Sie das Wort belastbar etwas genauer erklären?
- Manchmal gibt es Stress. Belastbar bedeutet, dass die Mitarbeiter dann ruhig bleiben. In der Weihnachtszeit z. B. haben Verkäufer und Verkäuferinnen sehr viel Arbeit. Die Kaufhäuser sind voll und die Kunden haben viele Fragen. Die Mitarbeiter müssen freundlich bleiben. Außerdem wollen Arbeitgeber oft, dass ihre Mitarbeiter flexibel sind, dass sie also zu verschiedenen Zeiten arbeiten können und eventuell länger arbeiten, z. B., weil es mehr Arbeit gibt oder ein Kollege krank ist.
- Herr Nussbaum, vielen Dank für das Gespräch.

C 3a

- Guten Tag, Frau Alves Freitas, mein Name ist Silvia Holm. Nehmen Sie Platz. Haben Sie den Weg gut gefunden?
- Ja, das war kein Problem. Ich bin schon oft an Ihrem Hotel vorbeigekommen.
- Möchten Sie einen Kaffee?
- Ja, gerne, vielen Dank.
- Also, Frau Alves Freitas, warum interessieren Sie sich für die Stelle?
- Ich habe nach meinem Studium mehrere Jahre in einem Hotel als Rezeptionistin gearbeitet. Die Arbeit war sehr interessant. Dann bin ich nach Deutschland gekommen und habe geheiratet. Ich habe schon in Brasilien Deutsch gelernt und dann auch in Berlin mehrere Sprachkurse gemacht bis zum Niveau C1. Seit einigen Monaten bin ich Frühstücksassistentin im Hotel Avalon, aber ich möchte gerne wieder an der Rezeption arbeiten, denn ich finde die Arbeit dort interessanter.
- Wir sind ein großes Hotel und die Gäste, meistens Geschäftsleute, bleiben oft nur ein oder zwei Nächte. Sie machen die Reservierungen, geben den Gästen die Zimmerschlüssel und rechnen am Ende ab, wenn sie abreisen. Manchmal kann die Arbeit sehr hektisch sein. Ist Stress bei der Arbeit ein Problem für Sie?

- Ich bin sicher, dass ich das schaffe. Stress kenne ich auch von meinen anderen Arbeitsstellen.
- An der Rezeption haben wir Schichtarbeit, immer von 6.00 Uhr bis 14.00 Uhr und von 14.00 bis 22.00 Uhr, in der Nacht arbeiten bei uns Aushilfen, meistens Studenten. Haben Sie schon in Schichtarbeit gearbeitet?
- In Brasilien habe ich immer so gearbeitet.
- Dann sollten wir noch über das Gehalt sprechen. Wir zahlen 1.500 Euro im Monat plus Zuschläge für Schichtarbeit und Wochenendarbeit.
- Das ist mehr als bisher.
- Vielen Dank für das Gespräch, Frau Alves Freitas. Sie hören bald von uns.
- Auf Wiedersehen, Frau Holm. Vielen Dank für das interessante Gespräch. Ich freue mich über eine positive Antwort.

Alles Klar 7

Ich habe Ihre Anzeige in der Zeitung gelesen. – Ich interessiere mich für Ihre Stelle als Fahrer. – Ist die Stelle noch frei? – Bekommt man einen festen Stundenlohn? – Und wie sind die Arbeitszeiten? – Ich möchte gerne halbtags arbeiten. Ist das möglich?

LEKTION 11 Von Ort zu Ort

A 1a

- Ich habe hier Fotos von unserem Urlaub im letzten Jahr. Hier sind Fotos aus dem Restaurant. Das ist die Kellnerin, die so unfreundlich war.
- Schau mal, hier: Das ist das Museum, das immer geschlossen war. Und dann dieses Foto: Das ist der Strand, der so schmutzig war.
- Hier ist noch ein Foto: Das sind die Nachbarn, die abends immer sehr laut waren. Der Urlaub war wirklich nicht schön.
- Weißt du was? In diesem Jahr buchen wir in einem anderen Reisebüro einen richtig schönen Urlaub.

A 4

1.
   - Guten Tag, Herr Maffei. Wollen Sie wieder Bahnfahrkarten kaufen?
   - Nein, heute möchte ich eine Reise für zwei Personen in die Türkei buchen.
   - Wann wollen Sie reisen?
   - Meine Frau und ich wollen im Sommer Urlaub machen. Wir suchen eine kleine Ferienwohnung, die am Meer liegt. Wir wollen zwei Wochen bleiben.
   - Ich habe hier einen Katalog mit Angeboten, die günstig sind. Ich empfehle Ihnen Antalya. Hier sind einige Fotos mit Ferienwohnungen am Meer.
   - Darf ich mal sehen? ... Ja, die Fotos sind sehr schön und diese Wohnung gefällt mir sehr gut. Wie ist es mit den Flügen?
   - Hier habe ich einen Flug: Sie fliegen am 24. Juli in Frankfurt ab. Der Rückflug ist dann am 7. August. Flug und Ferienwohnung kosten zusammen 920 Euro für zwei Personen.

- Das klingt gut, die Reise nehme ich. Braucht man für die Türkei eigentlich ein Visum?
- Als Deutscher brauchen Sie nur einen Reisepass oder Ausweis, der noch drei Monate gültig ist, aber kein Visum.
- Dann können wir also mit den Pässen ohne Visum fliegen?
- Ja, so ist es.

2.
- Guten Tag, ich brauche einen Hin- und Rückflug nach Moskau. Der Hinflug soll am 4. Mai von München sein und der Rückflug am 7. Mai.
- Ich schaue mal ... So, hier habe ich einen Flug, aber der ist ziemlich teuer. Hin- und Rückflug kosten zusammen 479 Euro.
- Das macht nichts. Ich mache eine Geschäftsreise und die Firma bezahlt. Dann brauche ich noch ein Hotel. Es soll im Stadtzentrum liegen.
- Gerne. Da gibt es zum Beispiel das Hotel Metropol. Soll ich die Buchung machen?
- Ja, bitte. Mein Name ist Kerstin Bloch und meine Adresse ist ...
- Langsam, langsam! Ich muss alles in den Computer geben ...

B 1a

1.
- Notrufzentrale. Was kann ich für Sie tun?
- Guten Tag, hier spricht Frauke Gut. Ich bin auf der A 27. Ich habe eine Autopanne.
- Wo sind Sie genau?
- Hier auf der Notrufsäule steht Kilometer 166,9.
- Wie weit ist Ihr Auto von der Säule entfernt?
- Ungefähr 400 Meter.
- Wir schicken sofort den Pannendienst.

2.
- Entschuldigen Sie bitte, ich glaube, Sie sitzen auf meinem Platz.
- Haben Sie eine Reservierung für diesen Platz?
- Ja, Wagen 7, Platz 41. Hier steht es.
- Ich habe auch Platz 41... Oh, aber in Wagen 6! Entschuldigen Sie bitte!
- Das macht nichts. Mir ist das auch schon passiert.

Alles Klar 6

Kennen Sie eine Sprachschule, die Deutschkurse anbietet? – Kennen Sie ein Café, das auch Internet hat? – Kennen Sie einen Kindergarten, der in der Nähe liegt? – Kennen Sie eine Schule, die Russisch anbietet? – Kennen Sie ein Geschäft, das immer frisches Gemüse hat? – Kennen Sie ein Restaurant, das türkische Spezialitäten anbietet?

Station 3

3a

- Frau Arkaeva, Sie kommen aus der Ukraine und arbeiten als Krankenschwester in einem Krankenhaus in Köln. Haben Sie Ihre Ausbildung in Deutschland gemacht?
- Die Ausbildung habe ich in meinem Heimatland gemacht. In Deutschland musste ich dann noch einen Lehrgang machen, um die staatliche Anerkennung als Krankenschwester zu bekommen.
- Wie lange hat das gedauert?
- Ungefähr ein Jahr. Der Lehrgang hatte 30 Stunden pro Woche.
- Haben Sie auch eine Prüfung gemacht?
- Ja, am Ende war die Prüfung. Und ich musste nachweisen, dass ich Deutsch auf dem

Niveau B1 spreche. Deshalb habe ich auch das Zertifikat Deutsch gemacht.
- Wie gefällt Ihnen Ihr Beruf?
- Ich arbeite gern mit Menschen und Medizin ist ein sehr interessantes Fach. Man lernt immer etwas Neues.
- Welche Aufgaben haben Sie?
- Viele Leute denken zum Beispiel, dass das Pflegepersonal nur Medikamente bringt, Betten macht oder Patienten wäscht. Aber wir haben viele Aufgaben.
- Können Sie einige nennen?
- Ein Aufgabenbereich ist Hygiene. Es ist wichtig, dass die Patienten im Krankenhaus nicht noch andere Krankheiten bekommen. Auch die Ärzte und Krankenschwestern sollen keine Infektionskrankheiten bekommen. Das bedeutet zum Beispiel, dass wir uns regelmäßig die Hände waschen und desinfizieren.
  Wichtig ist auch Organisation. Wir müssen den Patienten die Medikamente bringen, aber es ist auch wichtig, wann sie die Medikamente bekommen und, dass sie die richtigen Medikamente nehmen. Das organisieren wir auch.
  Die Patienten haben verschiedene Krankheiten und deshalb ist die Pflege unterschiedlich. Oft können sie nicht aufstehen oder sie brauchen Hilfe beim Essen und Anziehen. Patienten, die immer im Bett liegen, müssen wir beim Bettenmachen oder Waschen drehen und heben.
- Wie arbeiten Sie mit den Ärzten zusammen?
- Die Ärzte sagen uns zum Beispiel, welche Medikamente die Patienten bekommen und, wie wir sie auf Untersuchungen vorbereiten sollen. Aber wir haben verschiedene Aufgaben. Die Ärzte behandeln die Patienten, wir pflegen sie. Die Ärzte sind nicht unsere Vorgesetzten.
- Ist Ihr Beruf anstrengend?
- Ja, das kann ich sagen. Wenn wir zum Beispiel Patienten heben müssen, ist das nicht gut für den Rücken.
- Wie sind Ihre Arbeitszeiten?
- Meine Arbeitszeit dauert acht Stunden und es gibt eine Früh- und Spätschicht. Man arbeitet zwölf Tage ohne Pause und dann bekommt man vier Tage frei. Das ist mein Wochenende.

LEKTION 12 Treffpunkte

A 3a

1.
   - Ich gehe gerne zum Nachbarschaftshaus. Es gibt da ein tolles Projekt, das „Going social"heißt. Das ist so ein soziales Projekt für ältere Menschen oder auch Kinder oder behinderte Menschen. Wir Jugendliche gehen zu einem Menschen und helfen ihm. Ich gehe z. B. einmal in der Woche zu einer älteren Frau. Sie möchte gerne lernen, wie man mit einem Computer Mails schreibt und so. Und das zeige ich ihr und helfe ihr. Ich finde es toll, wenn ein älterer Mensch noch etwas Neues lernen möchte.
   - Bekommst du dafür Geld?
   - Nein, das mache ich natürlich ehrenamtlich.
2.
   - Es gibt im Nachbarschaftshaus ein wunderbares Projekt, das „Going social" heißt. Das sind alles Jugendliche, die helfen uns alten Menschen. Ich bin so froh, wissen Sie, ich kann vieles nicht mehr machen und dann ist das Leben oft so langweilig. Und die Ulyana kommt

einmal in der Woche und liest mir vor oder zeigt mir Sachen am Computer und manchmal erzählt sie von der Schule. Dann kommt wieder Leben in meine Wohnung. Ich bin so dankbar, und ich glaube, Ulyana macht es auch Spaß.

B 3a

- Frau Meier, sind Sie Mitglied in einem Verein?
- Ja, natürlich. Ich wohne in Böblingen. Das ist eine kleine Stadt, hier sind die Vereine ganz wichtig. Ich glaube, dass es keinen Menschen hier gibt, der nicht in einem Verein ist.
- Erzählen Sie doch bitte, in welchen Vereinen sind Sie?
- Also ich mache z. B. regelmäßig eine Gymnastikgruppe für Frauen, einmal pro Woche, deshalb bin ich im Sportverein. Mein Sohn und mein Mann spielen Fußball, deshalb sind wir als Familie auch im Fußballverein. Mein Mann arbeitet da auch ehrenamtlich als Trainer für eine Kindermannschaft. Ja, und dann sind wir auch im Musikschulverein, denn mein Sohn spielt Gitarre und hat in der Musikschule Unterricht. Ja, und außerdem sind wir im Karnevalsverein. Ich weiß auch nicht warum. Früher habe ich gerne Karneval gefeiert und da bin ich in den Verein eingetreten, aber jetzt waren wir schon lange nicht mehr da. Wir zahlen bloß noch einmal im Jahr unseren Mitgliedsbeitrag, aber das ist nicht so viel, nur 60 Euro.

Alles Klar 2

1.
   - Guten Tag, mein Name ist Marin, ich möchte gerne mit Frau Berger sprechen.
   - Tut mir leid, Frau Berger ist noch nicht da, sie kommt erst um 14 Uhr.
   - Gut, dann rufe ich später noch einmal an. Auf Wiederhören.
   - Auf Wiederhören.
2.
   - Guten Tag, Stein mein Name, ich möchte mit Herrn Stanka sprechen.
   - Einen Moment, ...
   - Hallo, hören Sie, Herr Stanka spricht gerade. Ich kann Ihnen die Durchwahl geben.
   - Ja, bitte.
   - Das ist die 329, also 33 56 09 und dann die 329.
   - Gut, dann probiere ich es später noch einmal, danke schön.
   - Gern geschehen.

Alles Klar 7

Können Sie mir bitte die Durchwahl geben? – Entschuldigung, Sie sind falsch verbunden. – Tut mir leid, Sie haben sich verwählt. – Bitte verbinden Sie mich mit dem zuständigen Sachbearbeiter. – Entschuldigen Sie bitte die Störung.

LEKTION 13 Banken und Versicherungen

A 3a

- Entschuldigen Sie bitte, können Sie mir helfen? Ich möchte gern 50 Euro von dem Geldautomaten abheben.
- Ja, natürlich. Also zuerst müssen Sie Ihre EC-Karte in den Schlitz stecken. Dann müssen Sie Ihre Geheimzahl eingeben und auf „Bestätigen“ drücken.

- Wo ist denn „Bestätigen"?
- Hier die grüne Taste. Dann wählen Sie den Betrag aus – in Ihrem Fall 50 Euro.
- Ah, ja.
- Jetzt müssen Sie Ihre Karte wieder entnehmen und da sind schon Ihre 50 Euro.
- Ach, das ist ja eigentlich ganz einfach.
- Ja, wenn man weiß, wie es geht. Wenn Sie noch mal Hilfe brauchen, melden Sie sich!

C 1a

- Guten Tag, kann ich Ihnen helfen?
- Ja, ich interessiere mich für den Fernseher.
- Ah, der LCD-Fernseher LV 75 mit dem 46-Zoll-Bildschirm. Der ist diese Woche im Angebot und hat ein tolles Bild.
- Was soll der Fernseher denn kosten?
- Der kostet normalerweise 949 Euro, diese Woche für nur 849 Euro. Sie sparen 100 Euro.
- Ja, wirklich gut, aber leider noch zu teuer für uns.
- Dann hätten wir ganz günstig den LX 100 mit 26 Zoll Bildschirmdiagonale für 349 Euro – ein echtes Schnäppchen.
- Na ja, aber der ist uns zu klein.
- Und hier der LV 278, elegantes Design, super Bild.
- Wie groß ist der?
- Moment, ah hier Bildschirm 37 Zoll. Und das Beste: Er kostet nur 666 Euro.
- Das hört sich gut an! Aber wir müssen uns das noch einmal überlegen.

Alles Klar 5

Der Fernseher? Der ist viel zu groß! – Das Essen? Das ist viel zu salzig! – Das T-Shirt? Das ist doch viel zu teuer! – Die Wohnung? Nein, die ist viel zu klein! – Die Musik? Ich finde die viel zu laut! – Ja, das ist gut, das gefällt mir wunderbar! – Mir auch, das ist wunderbar!

LEKTION 14 Freunde und Bekannte

A 2a

- Entschuldigung, haben Sie einen Moment Zeit für eine Umfrage?
- Wie lange dauert das denn?
- Nur drei Minuten, eine Umfrage zum Thema „Freundschaft".
- Ja, gut. Das mache ich.
- Danke. Also, die erste Frage: Worüber sprechen Sie mit guten Freunden?
- Hm, also wir sprechen oft über unsere Hobbys.
- Wofür interessieren Sie sich in Ihrer Freizeit?
- Ich mache gern Malkurse oder Computerkurse.
- Worüber sprechen Sie nicht so gern?
- Nicht so gern spreche ich über meine Ehe und über sehr private Dinge.
- Mit wem unternehmen Sie am liebsten etwas?
- Das ist einfach: Am liebsten mache ich etwas mit meiner Cousine Antonia.
- Und mit wem fahren Sie gerne in den Urlaub?
- Ach, ich fahre gern mit meiner Familie oder auch mit meiner Freundin weg.

- Eine letzte Frage noch: Auf wen können Sie sich immer verlassen?
- Na auf meinen Mann!

B 1a

- Herzlich willkommen liebe Hörerinnen und Hörer. Heute begrüßen wir im Studio Frau Geilich, die mit uns über ihre beste Freundin Alin sprechen wird. Guten Tag, Frau Geilich.
- Guten Tag, Herr Heiling.
- Vielen Dank, dass Sie uns etwas über Ihre Freundschaft mit Ihrer Freundin Alin erzählen wollen. Wie haben Sie sich kennengelernt?
- Wir sind schon in der Schule Freundinnen gewesen. Wir haben uns oft nach der Schule getroffen, wenn wir gelernt haben. Dann haben wir auch etwas zusammen unternommen. Wir sind in die Tanzschule gegangen oder am Wochenende auch in die Disko.
- Hatten Sie auch mal Probleme in Ihrer Freundschaft?
- Hm, eigentlich nicht – ich habe mich nur über eins geärgert.
- Und worüber?
- Alin ist leider manchmal zu spät gekommen. Darüber habe ich mich schon sehr geärgert. Aber jetzt macht sie das nicht mehr.
- Wie oft sehen Sie sich jetzt?
- Oh wir telefonieren drei- bis viermal pro Woche und treffen uns meistens einmal im Monat.
- Woran erinnern Sie sich gern?
- Wir sind immer stundenlang mit den Kindern im Wald spazieren gegangen und haben viel geredet und viel Spaß gehabt.
- Vielen Dank, Frau Geilich.

Alles Klar 3b

- Wofür interessierst du dich?
- Ich interessiere mich für Autorennen.
- Woran denkst du gerade?
- Ich denke gerade an meine Kinder.
- Mit wem telefoniert er gerade?
- Er telefoniert mit seinem Bruder.
- Wovon spreche ich immer?
- Du sprichst immer von Fußball!

Alles Klar 5

Ein wahrer Freund trägt mehr zu unserem Glück bei als tausend Feinde zu unserem Unglück. – Freundschaft, das ist wie Heimat.

Station 4 Prüfungsvorbereitung DTZ

Teil 1

Beispiel

Guten Tag, Sie sind mit der Bank 28 verbunden. Haben Sie eine Frage zu Ihrem Konto, drücken Sie die 1. Haben Sie eine Frage zu einem Angebot, z. B. Kredite oder Sparpläne, drücken Sie die 2. Möchten Sie einen Kundenberater sprechen, drücken Sie die 3.

1. Sehr geehrte Damen und Herren, der Intercity 9264 nach Freiburg fährt heute nicht auf Gleis vier, sondern auf Gleis sieben ein. Ich wiederhole: Der Intercity 9264 nach Freiburg fährt heute von Gleis sieben. Wir bitten um Ihr Verständnis.
2. Guten Tag, Sie sind mit dem Kulturzentrum Mühlheim an der Ruhr verbunden. Leider rufen Sie außerhalb unserer Geschäftszeiten an. Sie können uns montags bis freitags von 9.30 bis 17.00 Uhr erreichen. An den Wochenenden und feiertags

von 12.00 bis 15.00 Uhr. Vielen Dank und auf Wiederhören.

3. Guten Tag, Elektro-Lux – der Marktführer für Elektroartikel. Leider sind zurzeit alle Mitarbeiter im Gespräch. Bitte legen Sie nicht auf, wir leiten Sie gleich weiter. In der Zwischenzeit können Sie hören, welche Artikel wir diese Woche im Angebot haben. LCD-Fernseher, 22 Zoll von Phillips für 348 Euro ...

Teil 2

4. Und hier das Wetter: Endlich wird es Sommer. Heute war es noch etwas kalt, aber morgen steigen die Temperaturen auf 24 bis 26 Grad und so bleibt es auch am Wochenende: sonnig und warm. Erst ab Montag wird es wieder kälter und kann auch regnen.
5. Und nun noch die Verkehrsinformationen: Auf der A40 Duisburg Richtung Essen zwischen dem Kreuz Kaiserberg und Mülheim sieben Kilometer Stau wegen eines liegengebliebenen LKWs. Der Stau auf der A4 hat sich aufgelöst und Sie haben wieder freie Fahrt.

Teil 3

Beispiel

- Guten Tag, was kann ich für Sie tun?
- Guten Tag, ich habe letzte Woche diesen Rasierapparat für meinen Mann gekauft. Leider gefällt er ihm nicht. Kann ich ihn umtauschen?
- Haben Sie die Quittung? Dann ist das kein Problem.

6+7

- Ich möchte dieses Jahr wieder nach Italien fliegen. Am liebsten nach Capri.
- Capri ist wirklich wunderschön – wo möchten Sie denn gerne wohnen?
- Ich suche eher ein ruhiges und schönes Hotel – haben Sie da was?
- Da habe ich einen Geheimtipp für Sie ...

8+9

- Du Marco, ich will doch die Küche renovieren. Kannst du mir beim Streichen helfen?
- Ja klar, kein Problem, wann willst du das denn machen?
- Ja, am liebsten so schnell wie möglich, kannst du nächstes Wochenende?
- Nächstes Wochenende passt wirklich nicht gut. Aber übernächstes Wochenende habe ich noch keine Verabredung.
- Gut, das passt auch gut bei mir ...

10+11

- Hallo Svenja, das Theaterstück war toll.
- Hallo Sine, schön, dass es dir gefallen hat.
- Ja, sag mal, seit wann bist du eigentlich Mitglied im Theaterverein?
- Hm, jetzt proben wir schon für das fünfte Theaterstück – also drei Jahre.
- Theaterspielen finde ich total interessant.
- Dann mach doch auch mit!
- Das wäre wirklich toll – geht das denn einfach so?
- Klar, ...

Alphabetische Wortliste

Die alphabetische Wortliste enthält den Wortschatz der Lektionen 1–14 sowie der Stationen des Kursbuches (Teilband 1 und 2). Zahlen, grammatische Begriffe sowie Namen von Personen, Städten und Ländern sind in der Liste nicht enthalten. Wörter, die zum Wortschatz des ***Test Start Deutsch 2*** und des ***Deutsch-Test für Zuwanderer (B1)*** gehören, sind markiert.
Die Zahlen geben an, wo die Wörter zum ersten Mal vorkommen (z. B. 5/B1a bedeutet Lektion 5, Block B, Übung 1a).
AT bedeutet Auftaktseite der jeweiligen Lektion.
Ein · oder ein _ unter dem Wort zeigt den Wortakzent:
ạ = kurzer Vokal
a̲ = langer Vokal
ab|fliegen = trennbares Verb

Nach dem Nomen finden Sie immer den Artikel und die Pluralform:
" = Umlaut im Plural
Sg. = dieses Wort gibt es (meistens) nur im Singular
Pl. = dieses Wort gibt es (meistens) nur im Plural

A

A4-/A3-Papier, das, Sg. 5/C1b
ạb|fliegen, ạbgeflogen 11/A4
Ạbflug, der, "-e 11/A5
Ạbflugort, der, -e 11/A4
ạb|heben, ạbgehoben 13/AT2
Abitu̲r, das, Sg. 4/A2a
Ạblöse, die, Sg. 6/A1b
ạb|nehmen (1), ạbgenommen (Gewicht) 9/AT1a
ạb|nehmen (2), ạbgenommen (Blut) 9/C1
Ạbrechnung, die, -en 12/klar3
ạb|schicken 2/C1a
Ạbschluss, der, "-e 4/A2a
Ạbschnitt, der, -e 4/B5a
Ạbstand, der (hier: Sg.) 6/A1b
ach so 6/A1b
Ạkku, der, -s 5/C2a
akti̲v 1/B1d
ạlle 2/B3b
Alles Gu̲te! 7/C4a
Ạlltag, der, Sg. 9/E1
ạls (Sie arbeitet als Busfahrerin.) 5/AT1b
Ạltenpflegekurs, der, -e 8/AT1a
amerika̲nisch 1/A1a
ạn|bieten, ạngeboten 8/C4
Ạnfang, der, "-e 1/B1d
Ạnfänger/in, der/die, -/-nen 8/A1a
Ạngestellte, der/die, -n 9/B1a
Ạngst, die, Sg. 1/A1a
ạn|hängen 2/C1a
ạn|melden 4/A2a
ạn|melden (+ sich + für) 8/C
ạn|nehmen, ạngenommen (hier: eine Stelle annehmen) 10/B2
ạn|schauen 5/B1
ạn|schließen, ạngeschlossen 9/C5
Ạnschlusszug, der, "-e 11/klar1
Ạnschrift, die, -en 10/C1a
ạnstrengend 9/E1
Ạnzeige, die, -n 5/C2a
ạn|zeigen 13/C3b
Apothe̲ker/in, der/die, -/-nen 9/D1b
Ạrbeitnehmer/in, der/die, -/-nen 10/C4a

Arbeitsberater/in, der/die, -/-nen **8/B1a**
Arbeitsmarkt, der, Sg. **8/A2**
Arbeitspause, die, -n **10/C3a**
Arbeitsplatz, der, “-e **5/AT**
Arbeitsstelle, die, -n **9/B1a**
Arbeitssuche, die, Sg. **10/AT**
Arbeitsvertrag, der, “-e **10/AT1**
ärgern (+ sich + über) **8/B3a**
Arzthelferin, die, -nen **9/C1**
Attest, das, -e **9/C1**
auf|fallen, aufgefallen **7/C2a**
auf|hängen **6/C4b**
auf|laden, aufgeladen **11/A7a**
auf|machen (hier: ein Geschäft aufmachen) **8/A1b**
auf|passen **4/klar2**
Ausbildung, die, -en **4/A2a**
Ausbildungsjahr, das, -e **4/A2a**
Ausbildungsplatz, der, “-e **4/klar3**
aus|drucken **13/AT2**
aus|geben, ausgegeben **8/A1b**
Aushang, der, “-e **10/AT2**
Aushilfe, die, -n **10/A2**
Auslandsversicherung, die, -en **9/B1b**
aus|leihen, ausgeliehen **13/AT2**
aus|probieren **1/C2a**
ausreichend **4/A5**
aus|schalten **5/C2b**
außerhalb **6/AT1**
aus|wählen **2/C1b**
Ausweis, der, -e **11/C2a**
auswendig **1/C2a**
aus|ziehen, ausgezogen **12/klar3**
autogenes Training, Sg. **9/E1**
Automat, der, -en **13/A2a**
Autopanne, die, -n **11/B2a**
Autoradio, das, -s **2/B3b**
Autounfall, der, “-e **11/B1b**
Autowerkstatt, die, “-en **4/A2a**

B

baden **13/C2**
Badesachen, Pl. **11/A6a**
Badewanne, die, -n **9/klar4b**
Bargeld, das, Sg. **13/AT2**
Batterie, die, -n **13/C3a**
Bedingung, die, -en **10/A2**
beenden **5/C2a**
befreundet sein **14/B2**
befriedigend **4/A5**
behalten, behalten **1/C2a**
Behinderung, die, -en **12/A1a**
beide **4/A2a**
Beispiel, das, -e **12/B1b**
Bekannte, der/die, -n **10/AT2**
belastbar **10/A1a**
Beleg, der, -e **5/A3**
belegt **12/C1a**
beraten, (hier: sich beraten lassen) **12/A1a**
Beratung, die, -en **12/A2a**
Bericht, der, -e **5/B1**
Berufsanfänger/in, der/die, -/-nen **13/B3a**
Berufsausbildung, die, Sg. **10/C1a**
berufsbezogen **8/A2**
Berufschance, die -n **8/A3**
Berufserfahrung, die, -en **10/A2**
Berufsschule, die, -n **4/A1**
Bescheid sagen **5/B1**
besetzt **11/B2b**
besondere, -s, -r **13/B3b**
besonders **12/B1b**
besorgen **7/C3a**
besprechen, besprochen **4/B5a**
Besprechung, die, -en **5/B5**
bestätigen **13/A3b**
bestehen, bestanden **3/A2a**
betrachten **11/A1a**
Betrag, der, “-e **13/A3b**
Betreffzeile, die, -n **2/C1b**
Betriebsfeier, die, -n **7/A1**
Betriebsrat, der, “-e **5/B1**
Betriebsversammlung, die, -en **5/B1**
bewegen (+ sich) **9/AT1a**
bewerben (+ sich + um), beworben **8/B1c**
Bewerbung, die, -en **4/klar3**
Bewerbungsfoto, das, -s **10/C1c**
Bewerbungsmappe, die, -n **10/AT1**
Bewerbungsschreiben, das, - **10/C1c**
Bezahlung, die, -en **10/B3**
Bibliotheksausweis, der, -e **13/AT1**
bieten, geboten **2/B3b**
binden, gebunden **5/AT1a**
Biologie, die, Sg. **4/AT1b**
bisher **9/B1a**
blühen **14/C1b**
Blumenstrauß, der, “-e **5/AT1a**
Blut, das, Sg. **9/C1**
Boden, der, “- **3/A3a**
Bohrschrauber, der, - **6/C4a**
Braut, die, “-e **7/B1b**
Bräutigam, der, -e **7/B1c**
Brautkleid, das, -er **7/B1a**
Brautpaar, das, -e **7/B4b**
Brieftasche, die, -n **11/A6a**

buchen 11/A4
Buddhist/in, der/die, -en/-nen 7/D1
bügeln 9/C5
Bürgerbüro, das, -s 12/C3
Busfahrer/in, der/die, -/-nen 5/AT1b

C

Campingplatz, der, "-e 11/A3b
CD, die, -s 1/C5
Chance, die, -n 8/A2
chatten 2/A1
Chemie, die, Sg. 4/AT1b
Christ/in, der/die, -en/-nen 7/D1
Co (hier: E-Mail und Co) 2/C
Computerführerschein, der, -e 8/C3a
Computerkenntnisse, Pl. 8/B1c
Computerkurs, der, -e 8/AT1
Computerkurs, der, -e 1/C5
Computerprogramm, das, -e 5/B3

D

dabei|haben 9/B1a
dabei sein 7/C2a
dafür 2/B7
dagegen 2/B7
damals 4/B1a
damit 8/A2
dass 2/B6c
Datei, die, -en 2/C1a
Decke, die, -n 6/C3a
denken, gedacht 2/A2a
depressiv 1/B1d
deshalb 1/A1a
Deutschkenntnisse, die, Pl. 10/A2
Deutschprüfung, die, -en 14/A3
Deutschprüfung, die, -en 3/A2a
Deutschtest, der, -s 3/A2a
Deutschübung, die, -en 2/A2c
Diätmenü, das, -s 2/B5
dick 9/AT1a
Dieb, der, -e 13/B2a
diese, -s, -er 5/C1b
Digitalkamera, die, -s 13/C3a
Ding, das, -e 12/klar7
direkt 8/klar1
doch (hier: Doch, ich habe Zeit.) 3/B1b
Dokument, das, -e 9/B1a
dreimal 9/D2b
drüben 6/klar3
drücken 5/C2a
Dübel, der, - 6/C4a
Duft, der, "-e 13/B5
Durchschnitt, der, Sg. (hier: im Durchschnitt) 2/B3b
Durchwahl, die, -en 12/C1a

E

echt 7/B3
Ehe, die, -n 14/A2a
ehrenamtlich 12/A3b
ehrlich 10/A3
eigen 1/A
Eigenschaft, die, -en 10/A2
ein|bauen 9/C5
ein|checken 11/AT1
ein|geben, eingegeben 13/A3b
Einkommen, das, Sg. 13/A2a
einmal 8/C4
ein|räumen 5/D1b
einsam 6/B3a
ein|schalten 2/B3b
ein|schlafen, eingeschlafen 9/E2
ein|zahlen 13/A1
einzig 7/C2a
Eisenbahnfahrkarte, die, -n 11/C2a
Elektroabteilung, die, -en 5/klar2
Elektroartikel, der, - 5/A4
Elternabend, der, -e 4/B3
Elterncafé, das, -s 12/A2a
E-Mail, die, -s 2/C
E-Mail-Adresse, die, -n 2/C1a
E-Mail-Programm, das, -e 2/C1b
endlich 3/AT
Energie, die, Sg. 2/B5
eng 7/B1a
engagieren (+ sich) 12/A1a
engagiert 10/A1a
entnehmen, entnommen 13/A3b
entspannen (+ sich) 9/AT1a
entspannend 2/AT2
Entspannung, die, Sg. 9/B2a
Entspannungsübung, die, -en 9/klar4b
Erde, die, Sg. 13/B5
erfahren, erfahren 11/klar1
erinnern (+ sich + an) 14/B1b
ernähren (+ sich) 9/AT1a
ernst 12/AT1
eröffnen 13/A2a
erreichbar 2/AT2
erschöpft 6/B3b
erst 1/A1a

erzählen 1/A
Erzieher/in, der/die, -/-nen 5/AT
Essen, das, - 7/A5
Existenzgründerkurs, der, -e 8/A2

F

Fach (1), das, "-er (Schulfach) 4/A5
Fach (2), das "-er 5/C1b
Fahrer/in, der/die, -/-nen 10/A2
Fahrradtour, die, -en 9/klar5
Fahrzeug, das, -e 13/B4a
Fall, der, "-e (hier: in diesem Fall) 9/B1a
fallen, gefallen 3/A3a
Familienmitglied, das, -er 13/B3a
Familienwagen, der, - 13/B4a
Fan, der, -s 14/B3a
fantastisch 6/B3a
Farbroller, der, - 6/C4a
Farsi 1/B2a
fast 12/B1b
Fehler, der, - 1/C2a
Feierabend, der, -e 2/B5
Feiertag, der, -e 7/AT2a
Fensterbank, die, "-e 13/klar4
Ferienwohnung, die, -en 11/A2
Fernsehen, das, Sg. 2/B
Fernsehfilm, der, -e 2/B1a
Fernsehprogramm, das, -e 2/B1a
fertig 5/B1
fest 10/A5
fest|stellen 1/A1a
Festtag, der, -e 7/D
fettarm 9/AT1a
fit 6/B3b
Fitnessstudio, das, -s 3/C1a
fleißig 4/A3
flexibel 10/A1a
Florist/in, der/die, -en/-nen 5/AT
Flug, der, "-e 11/AT1
Flugticket, das, -s 11/A5
Förderung, die, -en 8/B1a
Fortbildung, die, -en 8/B1b
Fortgeschrittene, der/die, -n 8/A1a
Fotoapparat, der, -e 7/klar5
Fotokopierer, der, - 5/klar5
Frauenfreundschaft, die, -en 14/A1b
Freitagvormittag, der, -e 5/B1
freiwillig 12/A4a
Freude, die, Sg. 14/C1b
freuen (+ sich) 6/B2a
freundlich 4/AT1b
Freundschaft, die, -en 14/AT2
Freundschaftsgeschichte, die, -n 14/B
Freundschaftsverein, der, -e 12/B1b
frisch 9/E1
froh 7/C4a
fröhlich 7/B3
fühlen (+ sich) 6/B3a
Fußballstadion, das, -stadien 3/A2a
Fußboden, der, "- 6/C2

G

Gabel, die, -n 3/A3a
Gameboy, der, -s 2/AT1
Garantieschein, der, -e 13/C3b
Gartenstuhl, der, "-e 13/klar4
Gast, der, "-e 3/A3a
Gastgeber/in, der/die, -/-nen 7/C1
Gebrauchtwagen, der, - 13/B4a
Geburtstag, der, -e 7/A1
Gedanke, der, - 14/C
Gedicht, das, -e 6/B3a
geduldig 10/A3
geeignet sein 11/A3a
Gefühl, das, -e 14/A1b
gegen 9/C1
Geheimzahl, die, -en 13/A3b
gemeinsam 12/AT1
Gemüsesuppe, die, -n 13/klar4
Gerät, das, -e 12/klar7
Gericht, das, -e 13/B2a
Geschäftsreise, die, -n 11/AT1
Geschenk, das, -e 7/C1
Geschichte (1), die, Sg. 1/AT
Geschichte (2), die, Sg. (hier: Schulfach) 4/AT1b
Geschirr, das, Sg. 7/A3
Gespräch, das, -e 5/C2a
Gesprächsthema, das, -themen 2/B3b
gesund 2/B5
Getreideprodukt, das, -e 9/A1a
getrennt (hier: Zusammen oder getrennt?) 3/B4a
gewinnen, gewonnen 1/A1a
gewohnt sein 10/C4a
Gitarre, die, -n 8/A3
Gitarrenkurs, der, -e 8/A3
Glückwunsch, der, "-e 3/B1a
Grammatik, die, -en 1/C4a
Gras, das, "-er 14/C2
Grund, der, "-e 1/A1a
gründen 1/A1a
Grundschule, die, -n 4/A1

Guthaben, das, - 13/A2a
Gymnasium, das, Gymnasien 4/A1

H

Haftpflichtversicherung, die, -en 13/B1
Haftung, die, Sg. 13/B3b
Halbpension, die, Sg. 11/A3a
Hammer, der, "- 6/C4a
Handball, der, "-e 10/C1a
Handschuh, der, -e 7/B1a
Handtuch, das, "-er 11/A6a
Hauptschulabschluss, der, "-e 4/B1a
Hauptschule, die, -n 4/A1
Hauptspeise, die, -n 3/B5a
Hausaufgabenhilfe, die, -n 12/A1a
Hausratversicherung, die, -en 13/B1
Haustier, das, -e 6/A1a
Heimwerkerkurs, der, -e 8/AT1a
Heiratsurkunde, die, -n 9/B1a
hektisch 1/AT1b
herzkrank 1/A1a
Herzkrankheit, die, -en 1/A1a
Herzlichen Glückwunsch! 3/B1a
Hilfe, die, -n 4/B5a
hilfsbereit 7/B3
Hindu, der/die, -s 7/D1
Hinflug, der, "-e 11/A5
Hochzeitsfeier, die, -n 7/A1
hoffentlich 6/B2a
höflich 5/A5a
Hotel, das, -s 2/klar5
Hotelfachfrau, die, -en 4/klar5
Humor, der, Sg. 14/C3a

I

impfen (+ gegen) 9/C1
Informatiklehrer/in, der/die, -/-nen 8/B1c
Information, die, -en 2/B3b
Informationssendung, die, -en 2/B6b
informieren 2/B7
informieren (jmd. + über) 8/B1c
informieren (+ sich + über) 8/B3a
Initiativbewerbung, die, -en 10/AT2
Innenstadt, die, "-e 6/AT1
installieren 5/B1
Institution, die, -en 8/B1a
Instrument, das, -e 5/AT1a
Interesse, das, -n 10/C1a
interessieren (+ sich + für) 8/B
interkulturell 7/D
international 12/C1a
Internetanbieter, der, - 2/C2
Internetzugang, der, "-e 2/C2

J

jederzeit 8/C2b
jemand 6/A4
Job, der, -s 3/B1a
Jubiläum, das, Jubiläen 7/A4
Jude/Jüdin, der/die, -n/-nen 7/D1
Jugend, die, Sg. 14/B3a
jung 1/B1a

K

Kaffeemaschine, die, -n 13/C4
Kalender, der, - 7/D
Kalligraphie, die, Sg. 8/C5a
Kamera, die, -s 13/B2a
Karneval, der, -s 12/C3
Karte, die, -n 13/AT1
Katze, die, -n 3/A3a
Kaution, die, -en 6/A1b
Kenntnisse, Pl. 10/C1a
Kerze, die, -n 7/A3
Kette, die, -n 7/A3
Kfz-Mechatroniker/in, der/die, -/-nen 4/A2a
Kfz-Versicherung, die, -en 13/B1
Kilometer, der, - 11/B2a
Kindersendung, die, -en 2/B1a
Kinofilm, der, -e 8/klar5
Klasse, die, -n, (Schulklasse) 4/AT1b
Klassenarbeit, die, -en 4/B3
Klassenfahrt, die, -en 4/B3
Klassenkasse, die, -n 4/B3
Klassenlehrer/in, der/die, -/-nen 4/B1a
Kleinwagen, der, - 13/B4a
Kneipe, die, -n 13/C2
Knopf, der, "-e 5/C2a
Kochidee, die, -n 8/A3
Komödie, die, -n 14/B3a
Konto, das, Konten 13/A1
Kopierer, der, - 5/C1a
Kosten, Pl. 4/B5a
kostenlos 13/A2a
Krawatte, die, -n 7/A3
kreativ 10/A3
Küchenhilfe, die, -n 10/B3
Kühlregal, das, -e 5/D2b
kündigen 6/A3b

Kunst, die (hier: Schulfach) 4/AT1b
Kunstunterricht, der, Sg. 4/B3
Kursprogramm, das, -e 8/C3b
küssen (+ sich) 6/B4a

L

lächeln 12/AT1
lachen 12/AT1
Landkarte, die, -n 11/C2a
lassen, gelassen 9/C4a
laufen, gelaufen (hier: das Radio läuft) 2/B3b
Lautsprecher, der, - 11/klar1
Lebenslauf, der, "-e 10/C1a
legen 6/C3a
leicht 10/B3
leid tun, leid getan 5/A2b
Leiter, die, -n 6/C4a
Lerntyp, der, -en 1/C3
Liebesfilm, der, -e 3/klar6
Lieblingsfach, das, "-er 4/AT1b
LKW-Fahrer/in, der/die, -/-nen 8/A3
LKW-Führerschein, der, -e 8/AT1a
Löffel, der, - 3/A3a
löschen 2/C1a
Luft, die, Sg. 9/E1
lustig 1/C2a

M

machen (hier: Das macht 10 Euro.) 3/B4a
machen (hier: Das macht nichts!) 11/B2a
Magenschmerzen, Pl. 9/D1b
Makler/in, der/die, -/-nen 6/A1b
malen 8/C5a
Malkurs, der, -e 14/A2a
mangelhaft 4/A5
Männerfreundschaft, die, -en 14/A1b
Männerurlaub, der, -e 14/B3a
Maschine, die, -n 12/A2
Mathematik, die, Sg. 4/AT1b
Mathematiklehrer/in, der/die, -/-nen 1/klar2a
matt 6/B3b
Medien, Pl. 2/AT
Medizin, die, Sg. 4/A2a
mehrmals 14/B1b
meisten (hier: die meisten) 5/AT1b
meistens 6/A4
melden 13/B2a
Menü, das, -s 5/C2b
merken 13/B2a
Messer, das, - 3/A3a
mieten 12/C1a
Mietwagen, der, - 13/B4a
Mieter/in, der/die, -/-nen 6/A3a
Milchprodukt, das, -e 9/A1a
Million, die, -en 12/B1b
mit (hier: mit sechs Jahren) 4/A2a
Mitarbeiter/in, der/die, -/-nen 5/B1
mit|geben, mitgegeben 4/B5a
Mitglied, das, -er 12/B1b
Mitgliedsbeitrag, der, "-e 12/B1b
Mitte, die, Sg. 2/AT1
mit|teilen 9/B1a
Mitteilung, die, -en 5/B
Mode, die, -n 8/klar5
modisch 7/klar6
Möglichkeit, die, -en 8/B1c
monatlich 13/A2a
Monatskarte, die, -n 13/AT2
Monatsmiete, die, -n 6/A1b
Moslem/in, der/die, -s/-nen 7/D1
Motor, der, -en 5/AT1a
MP3-Player, der, - 2/AT1
mündlich 6/A3b
Museum, das, Museen 11/A1b
Musiksendung, die, -en 2/klar2b

N

na ja 14/B3a
nach (hier: Das Radio ist nach dem Fernsehen Nummer 2.) 2/B3b
Nachbarschaftshaus, das, "-er 12/A
Nachhilfe, die, Sg. 4/A2a
Nachname, der, -n 10/C1a
nach|sitzen, nachgesessen 4/B1a
Nachspeise, die, -n 3/B5a
nach|sprechen, nachgesprochen 1/C2a
nachts 7/klar4
Nagel, der, "- 6/C4a
nähen 8/A2
Nähkurs, der, -e 8/A2
nämlich 4/A2a
Nationalmannschaft, die, -en 1/A1a
natürlich 1/B2a
Nebenwirkung, die, -en 9/D1b
negativ 1/A1c

nervös 9/E2
neugierig 12/AT1
Neujahr, das, Sg. 7/C4a
Neuwagen, der, - 13/B4a
normal 7/C2a
normalerweise 7/A5
Note, die, -n 4/AT1b
Notiz, die, -en 5/B5
Notrufsäule, die, -n 11/B1b
Notrufzentrale, die, -n 11/B1b
notwendig 9/B1a
nützlich 2/A3

O

ob 10/B1c
Obstkorb, der, "-e 7/A3
öffentlich 6/AT2
Ohrring, der, -e 7/B1b
Online-Banking, das, Sg. 13/A2a
Online-Spiel, das, -e 2/A2c
Orangenöl, das, -e 9/E1
Ordner, der, - 5/A3
organisieren 12/A1a
Ostern 7/C4a

P

Pannendienst, der, -e 11/B1b
Parfüm, das, -s 7/A3
Party, die, -s 7/C1
Pausenregel, die, -n 5/B3
per 11/klar1
Personalberater/in, der/die, -/-nen 10/A1a
persönliche Daten 10/C1a
pflanzen 9/C5
Physik, die, Sg. 4/AT1b
Pilot/in, der/die, -en/-nen 5/AT
PIN, die, -s 13/A2a
Pinsel, der, - 6/C4a
Pizzafahrer/in, der/die, -/-nen 10/B1b
Platz (hier: auf Platz eins) 2/B3b
Platz nehmen, Platz genommen 5/D2a
Platzreservierung, die, -en 11/B2b
Pokal, der, -e 1/A1a
Politik, die, Sg. 8/B3a
Politikerwitz, der, -e 14/B4a
politisch 1/A1a
Polizist/in, der/die, -en/-nen 5/AT1b
positiv 1/A1c
Post, die, Sg. 5/B4a
Praktikum, das, Praktika 10/AT2
Praline, die, -n 7/A3
prima 6/B3b
privat 8/C4
pro 2/B3b
Profifußballer/in, der/die, -/-nen 1/A1a
Prospekt, der, -e 5/B1
Pros(i)t Neujahr! 7/C4a
Provision, die, -en 6/A1b
Prozent, das, -e 11/C1a
prüfen 13/C3b
Punkt, der, -e 13/AT2
pünktlich 4/A3

Q

Quittung, die, -en 13/C3b
Quiz, das, Sg. 2/B1a

R

Rad, das, "-er 11/C1a
Raum, der, "-e 4/B5a
Realschule, die, -n 4/A1
Rechtschutzversicherung, die, -en 13/B1
Regel, die, -n 1/C2a
Regensachen, Pl. 11/C2a
rein 14/B3a
reinigen 9/C4a
Reinigungskraft, die, "-e 10/C4a
Reisebüro, das, -s 10/A4
Reisedokument, das, -e 11/A7b
Reiseführer, der, - 11/C2a
Reisende, der/die, -n 11/AT1
Reiseplanung, die, Sg. 11/C
Reisevorbereitung, die, -en 11/A
Reisezeit, die, -en 11/A5
Reklamation, die, -en 13/C3a
reklamieren 13/C
renovieren 6/C1
Rentenversicherung, die, -en 13/B1
Rentner/in, der/die, -/-nen 2/A2a
Reparatur, die, -en 8/C4
reparieren 5/AT1a
reservieren 3/B4a
romantisch 7/B1a
Rotwein, der, -e 3/B4a
Rückflug, der, "-e 11/A5
Rucksack, der, "-e 11/A6a
Russischlehrer/in, der/die, -/-nen 1/B1d

S

Sachbearbeiter/in, der/die, -/-nen 7/klar6
Sache, die, -n 13/B2a
samstags 3/AT2
Samstagvormittag, der, -e 6/A1b
Satz, der, "-e 1/C2a
sauber 1/AT1b
Säule, die, -n 11/B2a
Schachtel, die, -n 7/A3
schade 7/A2b
Schaden, der, "- 13/B2a
schaffen 1/B
Schalter, der, - 12/C3
schenken 7/A3
Schichtarbeit, die, Sg. 10/A2
Schirm, der, -e 3/A3a
Schlafsack, der, "-e 11/C2a
schlank 2/B5
Schleier, der, - 7/B1a
Schmuck, der, Sg. 7/A3
Schokoladeneis, das, Sg. 13/klar4
Schraube, die, -n 6/C4a
schriftlich 1/C2a
Schulbildung, die, Sg. 10/C1a
Schüler/in, der/die, -/-nen 2/A2a
Schulhof, der, "-e 4/AT1b
Schuljahr, das, -e 4/A2a
Schulzeit, die, Sg. 4/B2a
Schutz, der, Sg. 13/B3b
schwach 6/B3b
Schwiegereltern, Pl. 3/C1a
schwierig 1/B3
Schwimmunterricht, der, Sg. 4/B3
selber 9/C5
selbstverständlich 5/A4
Sendung, die, -en 2/B1b
Serviette, die, -n 3/A3a
sicher 10/B2
Silvester 7/AT1a
SIM-Karte, die, -n 5/C2a
SMS, die, - 3/B1a
Software, die, Sg. 5/B1
Softwareprogramm, das, -e 8/B1c
Sonnenhut, der, "-e 11/A6a
Sonntagabend, der, -e 3/B4a
sonntags 3/AT2
sozial 12/A1a
spannend 2/AT2
sparen 9/C5
Spaziergang, der, "-e 9/E1
Spedition, die, -en 5/D2b
speichern 2/C1a
Speisekarte, die, -n 3/A3a
Sportsendung, die, -en 2/B1a
Sportunterricht, der, Sg. 4/B3
Sportverein, der, -e 12/B1b
Sportwagen, der, - 13/B4a
Sprachkurs, der, -e 1/B1d
Spritze, die, -n 9/C1
Spruch, der, "-e 14/C3a
Staatsbürgerschaft, die, -en 1/A1a
Städtereise, die, -n 11/C1a
Stadtwerke, Pl. 12/klar3
Stand, der, "-e 12/C1a
Standmiete, die, -n 12/C1a
stark 6/B3a
Start-Taste, die, -n 5/C1b
Stau, der, -s 11/AT1
Steak, das, -s 3/B4a
stecken 13/A3b
stehlen, gestohlen 13/B2a
Stelle, die, -n 8/B1c
stellen (hier: eine Frage stellen) 4/B1a
stellen 5/D2b
steuern 5/AT1a
Stiftung, die, -en 1/A1a
stimmen (hier: Stimmt so.) 3/B4a
stimmen (hier: Das stimmt.) 8/B1c
Stimmung, die, Sg. 7/C2a
Störung, die, -en 12/C1a
Strafe, die, -n 12/C3
Strauß, der, "-e 13/B5
streichen, gestrichen 6/C1
streng 4/AT1b
Stress, der, Sg. 7/klar4
stressig 9/E1
Studienplatz, der, "-e 4/A2a
Studium, das, Sg. 1/B1c
stundenlang 14/B2
Stundenlohn, der, "-e 10/B1b
surfen 2/AT1
sympathisch 6/B1b

T

Tablette, die, -n 9/D1b
Tageszeitung, die, -en 2/B3a
Tai Chi 8/C4
Tanzfläche, die, -n 7/C2a
Tanzschule, die, -n 14/B1b
Tapete, die, -n 6/C2
tapezieren 6/C1
Taschengeld, das, Sg. 4/B4
Taschentuch, das, "-er 7/B1a
Taste, die, -n 5/C1b
Tarif, der, -e 13/B3b
Tätigkeit, die, -en 10/A2
Tatsache, die, -n 14/B3a

tauschen 7/B4b
Teamarbeit, die, Sg. 10/C4a
teamfähig 10/A1a
Technik, die, Sg. 4/A2a
Teddybär, der, -en 7/A3
teilen (+ sich etwas) 14/AT2
teilnehmen (+ an) 8/B1c
Teilzeit, die, Sg. 10/A2
Telefonzentrale, die, -n 12/C1a
Teller, der, - 3/A3a
Text, der, -e 2/C1a
Thriller, der, - 14/B3a
Ticket, das, -s 11/C2b
Tierfilm, der, -e 2/B1a
Tiersendung, die, -en 2/klar2b
tja 14/B3a
Topf, der, “-e 13/B5
Tourismus, der, Sg. 10/A4
Tourist/in, der/die, -en/-nen 7/klar6
transportieren 9/C5
Transportwagen, der, - 13/B4a
Traum, der, “-e 10/A4
traurig 12/AT1
Treffpunkt, der, -e 12/AT
trennen (+ sich) 6/B4a

U

überall 11/C1a
überlegen (+ sich) 13/A2a
übermorgen 7/C3b
übernachten 4/klar2
überprüfen 5/AT1a
überraschen 6/C1
Übersetzer/in, der/die, -/-nen 2/A2a
Überstunde, die, -n 10/C3a
Übung, die, -en 1/C2a
Übungsheft, das, -e 4/B4
umarmen (+ sich) 12/AT1
Umfrage, die, -n 9/A2a
um|melden (+ sich) 12/C2
Umzug, der, “-e 7/klar4
unbedingt 1/C5
unbegrenzt 6/A3b
unfreundlich 6/B1b
ungemütlich 13/C2
ungenügend 4/A5
ungesund 9/AT1a
Universität, die, -en 1/B1a
unkompliziert 7/C2a
unpünktlich 14/B2
unsicher 8/A1b
unsympathisch 6/B1b
unter- (hier: der untere Abschnitt) 4/B5a
unterhalten (+ sich) 7/C2a
Unterkunft, die, “-e 11/C2b
unternehmen, unternommen 14/A1b
Unterschied, der, -e 14/A1b
unterschiedlich 12/B1b
unwichtig 2/AT2
Urlaubsfoto, das, -s 11/A1a
Urlaubsreise, die, -n 11/AT1
Ursache, die (hier: Keine Ursache!) 12/C1a

V

Vase, die, -n 6/C3b
Veranstaltung, die, -en 12/B1b
verbinden, verbunden 12/C1a
verbringen, verbracht 3/C1a
verdienen 1/A1a
Verein, der, -e 1/B1d
vergleichen, verglichen 2/A1
Verkehrsmeldung, die, -en 2/B3b
Verkehrsverbund, der, -e 12/C3
verlassen (+ sich + auf) 14/A1b
verlassen, verlassen 1/A1a
verlieben (+ sich) 6/B4a
vermieten 6/A1b
Vermieter/in, der/die, -/-nen 6/A3a
Vermutung, die, -en 2/A2b
verraucht 13/C2
verschieben, verschoben 5/B1
verschieden 10/A1a
verschlafen, verschlafen 8/A3
verschreiben, verschrieben 9/D1b
versichert sein 9/B1a
Versicherung, die, -en 13/AT
verstehen (+ sich), verstanden 14/B3a
versuchen 9/E1
vertrauen 14/B3a
verwählen (+ sich) 12/C1a
Visum, das, Visa 11/A4
Vizemeister/in, der/die, -/-nen 1/A1a
Vizeweltmeister/in, der/die, -/-nen 1/A1a
Vollzeit, die, Sg. 10/A2
Voraussetzung, die, -en 10/A2
Vorbereitung, die, -en 7/klar3
vorgestern 7/C2a
vorher 6/B2a
vor|legen 12/C3
Vorort, der, -e 6/AT1
Vorschlag, der, “-e 11/C2b
vor|schlagen, vorgeschlagen 11/C2b
Vorsorgeuntersuchung, die, -en 9/C4a
Vorspeise, die, -n 3/B5a

vor|sprechen, vorgesprochen 1/C2a
vor|stellen (+ sich) 6/B2a
Vorstellungsgespräch, das, -e 10/AT1

W

wach 2/B5
Wagen, der, - 11/B2a
Wagenheber, der, - 13/B4a
Wagennummer, die, -n 11/B2b
Wagenreparatur, die, -en 13/B4a
Wagentür, die, -en 13/B4a
wählen 4/B1a
Waldspaziergang, der, "-e 14/B2
Wand, die, "-e 6/C2
Wanderkarte, die, -n 11/A6a
Wanderung, die, -en 11/A7b
Wandfarbe, die, -n 6/C4a
Wärme, die, Sg. 14/C1b
warum 2/AT2
Wäscherei, die, -en 10/B3
Was für ein/eine ... ? 7/B2
Wecker, der, - 8/A3
weg 4/A2a
Weihnachten 7/AT1a
weil 2/A2c
weinen 14/C1a
weiter 1/A1a
weiter|arbeiten 10/C4a
weiter|bilden (+ sich) 8/B1c
Weiterbildungsmaßnahme, die, -n 8/B1a
weitere 2/C1a
Welt, die, Sg. 2/B3b
weltweit 13/A2a
wenige 9/A2b
wenn 4/A2a
Werbespot, der, -s 2/B5
Werbung, die, Sg. 2/B4a
werden, geworden 1/A1a
werfen, geworfen 7/B4b
Werk, das, -e 13/C3b
Werkstatt, die, "-en 5/B3
Wetterbericht, der, -e 2/B3b
wichtig nehmen 10/A1a
wissen, gewusst 5/A3
Wochenendarbeit, die, Sg. 10/A2
wohl|fühlen (+ sich) 6/B2a
Wohlfühlsessel, der, - 2/B5
Wonne, die, Sg. 14/C2
Wort, das, "-er 1/C2a
Wortkarte, die, -n 1/C2a
wozu 8/A3
wunderschön 7/B1a

Y

Yoga-Kurs, der, -e 9/E1

Z

z. B. = zum Beispiel 13/B3b
Zahn, der, "-e 9/C4a
zahlen 3/klar2a
zeigen 5/B3
Zeitarbeitsfirma, die, -firmen 10/AT2
Zeitschrift, die, -en 2/B3a
Zeitstrahl, der, Sg. 1/A1b
Zelt, das, -e 11/C2a
zentral 6/AT1
Zettel, der, - 6/A1b
Zeugnis, das, -se 4/A5
Ziel, das, -e 8/A2
Zinsen, meistens Pl. 13/A2a
zu Ende 4/B5a
zu (hier: Die Stadt ist zu groß.) 1/AT1b
zu|hören 1/C2a
zu|nehmen, zugenommen 9/AT1a
zurück|bekommen, zurückbekommen 13/C3b
zurück|bringen, zurückgebracht 4/B5a
zurück|schreiben, zurückgeschrieben 3/A2a
zurzeit 12/C1a
zusammen|arbeiten 10/A1a
zuständig 12/C1a
zuverlässig 10/A1a
zu|zahlen 9/D1b
zweimal 9/D2b
Zwilling, der, -e 1/A1a

Antwortbogen

Hören

Teil 1				
1	⬭ Richtig		⬭ Falsch	1
2	⬭ a	⬭ b	⬭ c	2
3	⬭ Richtig		⬭ Falsch	3
4	⬭ a	⬭ b	⬭ c	4

Lesen

Teil 1				
1	⬭ a	⬭ b	⬭ c	1
2	⬭ a	⬭ b	⬭ c	2
3	⬭ a	⬭ b	⬭ c	3
4	⬭ a	⬭ b	⬭ c	4
5	⬭ a	⬭ b	⬭ c	5

Hören

Teil 1

1	⬭ A	⬭ B	⬭ C	1
2	⬭ A	⬭ B	⬭ C	2
3	⬭ A	⬭ B	⬭ C	3

Teil 2

4	⬭ A	⬭ B	⬭ C	4
5	⬭ A	⬭ B	⬭ C	5

Teil 3

6	⬭ Richtig		⬭ Falsch	6
7	⬭ A	⬭ B	⬭ C	7
8	⬭ Richtig		⬭ Falsch	8
9	⬭ A	⬭ B	⬭ C	9
10	⬭ Richtig		⬭ Falsch	10
11	⬭ A	⬭ B	⬭ C	11

Lesen

Teil 1

12	⬭ A	⬭ B	⬭ C	12
13	⬭ A	⬭ B	⬭ C	13
14	⬭ A	⬭ B	⬭ C	14
15	⬭ A	⬭ B	⬭ C	15
16	⬭ A	⬭ B	⬭ C	16

Teil 2

17	⬭ A	⬭ B	⬭ C	⬭ D	⬭ E	⬭ F	⬭ X	17
18	⬭ A	⬭ B	⬭ C	⬭ D	⬭ E	⬭ F	⬭ X	18
19	⬭ A	⬭ B	⬭ C	⬭ D	⬭ E	⬭ F	⬭ X	19

Teil 3

20	⬭ Richtig		⬭ Falsch	20
21	⬭ A	⬭ B	⬭ C	21
22	⬭ Richtig		⬭ Falsch	22
23	⬭ A	⬭ B	⬭ C	23

Teil 4

24	⬭ A	⬭ B	⬭ C	24
25	⬭ A	⬭ B	⬭ C	25
26	⬭ A	⬭ B	⬭ C	26
27	⬭ A	⬭ B	⬭ C	27
28	⬭ A	⬭ B	⬭ C	28
29	⬭ A	⬭ B	⬭ C	29

Bildkarten

1 Medien. Ordnen Sie zu.

1

2

3

4

5

6

7

8

9

10

11

12

- ◯ der Fernseher
- ◯ das Radio
- ◯ das Handy
- ◯ die Tageszeitung
- ◯ die Zeitschrift
- ◯ das Buch
- ◯ die Playstation
- ◯ der Film
- ◯ die CD
- ◯ die DVD
- ◯ der MP3-Player
- ◯ der Gameboy

2 Rund um den Computer. Ordnen Sie zu.

◯ der Drucker	◯ das Internet	◯ der Scanner
◯ der Bildschirm	◯ das Laufwerk	◯ die Tastatur
◯ die CD-Rom	◯ die Maus	◯ der Laptop
◯ die Datei	◯ das Computerprogramm	◯ das Dokument
◯ die E-Mail		◯ der Rechner

3 Berufe. Ordnen Sie zu.

- ◯ die Übersetzerin
- ◯ die Hotelfachfrau
- ◯ der Ingenieur
- ◯ die Erzieherin
- ◯ die Pilotin
- ◯ der Kfz-Mechatroniker
- ◯ die Floristin
- ◯ der Polizist
- ◯ der Restaurantfachmann
- ◯ das Zimmermädchen
- ◯ der Hotelmanager
- ◯ der Elektroniker
- ◯ die Gärtnerin
- ◯ der Installateur

4 Im Restaurant. Was sehen Sie auf dem Tisch? Ordnen Sie zu.

- ◯ die Gabel
- ◯ die Kerze
- ◯ der Pfeffer
- ◯ der Teller
- ◯ die Flasche
- ◯ das Messer
- ◯ das Salz
- ◯ die Serviette
- ◯ der Löffel
- ◯ das Öl
- ◯ das Glas
- ◯ die Tasse

5 Speisen. Ordnen Sie zu.

- ◯ Sauerbraten mit grünen Bohnen und Klößen
- ◯ Schweinefilet an Pfeffersauce mit Backkartoffel
- ◯ Rindersteak mit Pommes Frites und Salatgarnitur
- ◯ Matjesfilet mit Bratkartoffeln
- ◯ Rindergeschnetzeltes mit Champignons und Reis
- ◯ Spaghetti mit Basilikum-Pesto und Tomaten

6 Wohnen. Ordnen Sie zu.

- ◯ das Hochhaus
- ◯ das Mietshaus
- ◯ das Einfamilienhaus
- ◯ das Reihenhaus

- ◯ der Altbau
- ◯ der Neubau
- ◯ der Bauernhof

- ◯ die Großstadt
- ◯ die Kleinstadt
- ◯ das Dorf

7 Feste. Ordnen Sie zu.

Fastnacht – Fasching – Karneval

- ◯ das Kostüm
- ◯ das Konfetti
- ◯ die Luftschlange
- ◯ der Umzug
- ◯ der Luftballon

Ostern

- ◯ das Osterei
- ◯ der Osterhase
- ◯ die bemalten Eier
- ◯ die Schokoladeneier
- ◯ der Osterzopf
- ◯ der Osterstrauß

Sankt Martin

- ◯ die Laterne
- ◯ der Sankt Martin
- ◯ der Mantel
- ◯ das Pferd

Nikolaus

- ◯ der Nikolaus
- ◯ der Stiefel
- ◯ die Süßigkeiten

1

2

Weihnachten

- ◯ der Weihnachtsbaum
- ◯ die Weihnachtsgans
- ◯ die Geschenke
- ◯ der Adventskranz
- ◯ der Adventskalender
- ◯ die Kerze

1

3

2

4

Silvester

- ◯ die Rakete
- ◯ das Bleigießen
- ◯ das Feuerwerk
- ◯ die Böller

1 Was macht der Arzt? Was kann man beim Arzt machen? Ordnen Sie zu.

1

2
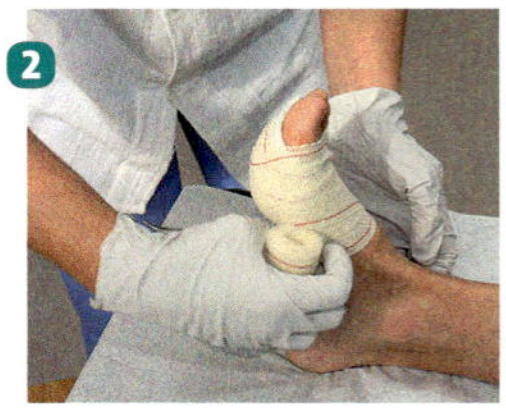

3

4
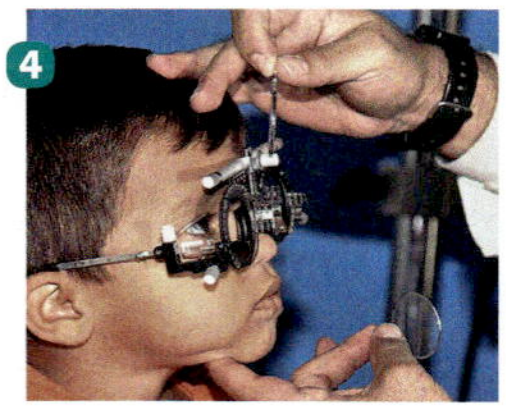

5
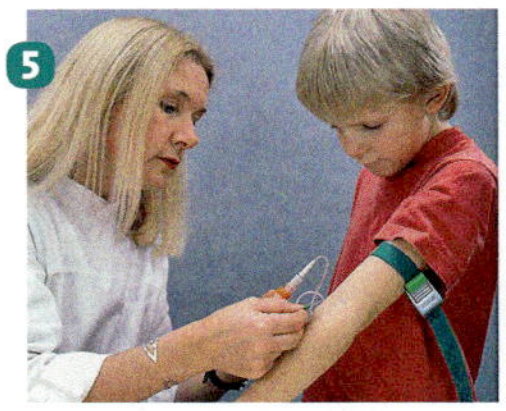

6

7
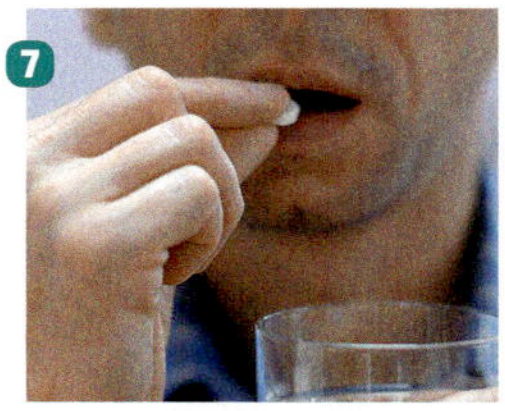

8
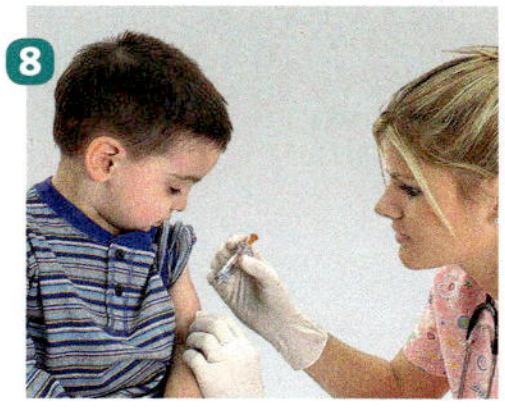

9

10

11
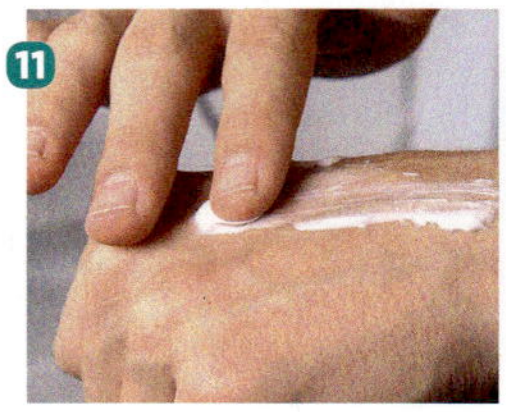

12
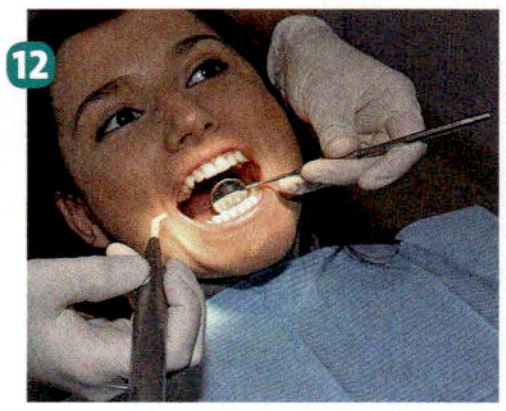

13
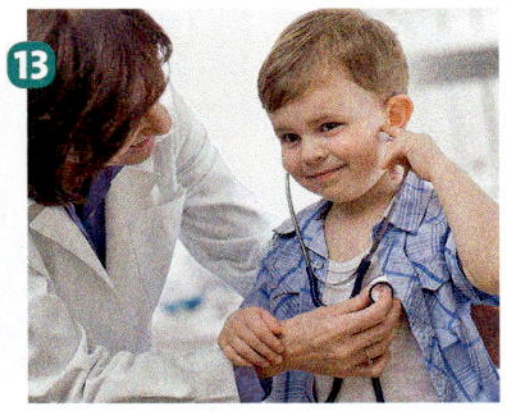

14
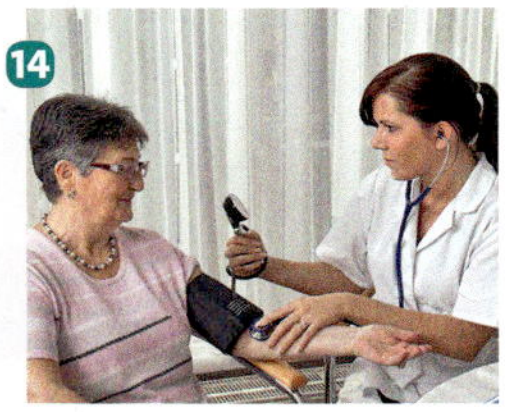

15
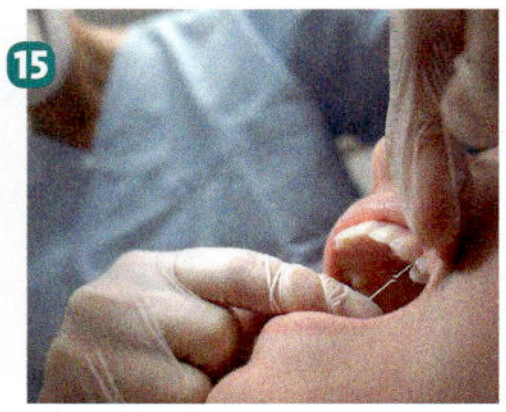

- ◯ eine Spritze geben
- ◯ ein Medikament verschreiben
- ◯ die Zähne reinigen
- ◯ die Wunde verbinden
- ◯ einen Termin vereinbaren
- ◯ Blut abnehmen
- ◯ den Blutdruck messen
- ◯ Tabletten nehmen
- ◯ die Zähne kontrollieren
- ◯ den Patienten krankschreiben
- ◯ den Patienten untersuchen
- ◯ Fieber messen
- ◯ eine Salbe auftragen
- ◯ die Augen testen
- ◯ das Medikament abholen

2 Adjektive. Wie sind die Personen? Ordnen Sie zu.

1

2

3

4

5

6

7

8

9

10

11

12

- ◯ belastbar
- ◯ fleißig
- ◯ flexibel
- ◯ teamfähig
- ◯ engagiert
- ◯ fröhlich
- ◯ nervös
- ◯ traurig
- ◯ ernst
- ◯ kreativ
- ◯ pünktlich
- ◯ unpünktlich

3 Urlaub und Freizeit. Was machen die Leute? Ordnen Sie zu.

- ◯ das Zelt aufbauen
- ◯ Holz hacken
- ◯ eine Sandburg bauen
- ◯ mit dem Hund spazieren gehen
- ◯ einen Drachen steigen lassen
- ◯ Enten füttern
- ◯ verstecken spielen
- ◯ Feuer machen
- ◯ ein Loch buddeln
- ◯ sich im Liegestuhl entspannen
- ◯ sich sonnen
- ◯ wandern

- ◯ im Meer baden
- ◯ ein Picknick machen
- ◯ Eis essen
- ◯ Ball spielen
- ◯ in der Hängematte schlafen
- ◯ grillen
- ◯ eine Radtour machen
- ◯ malen
- ◯ angeln
- ◯ klettern
- ◯ fotografieren

Prüfungsvorbereitung DTZ: Sprechen

Bildquellen

Cover © Cornelsen Verlag, Miethe – **U2** © Cornelsen Verlag, Dr. V. Binder – **S. 9** links und oben rechts: © Cornelsen Verlag, Herold – **S. 10** 2: © Gerald Asamoah Stiftung für Herzkranke Kinder; 3: © iStockphoto, Viisimaa (RF) – **S. 11** © Cornelsen Verlag, Herold – **S. 12** A, B, D, E: © Taskin – **S. 13** © Jin – **S. 15** © Cornelsen Verlag, Herold – **S. 19** © Cornelsen Verlag, Miethe – **S. 20** links: © Fotolia, cdrcom (RF); 2. von links: © iStockphoto, Kemter (RF); 2. von rechts: © iStockphoto, Stubbs (RF); rechts: © iStockphoto (RF) – **S. 21** © iStockphoto, Schmidt (RF) – **S. 23** links: © Fotolia, Pellinni (RF); Mitte: © Fotolia, nachbelichtet (RF); rechts: © Fotolia, Perets (RF) – **S. 25** © Fotolia, Monkey Business (RF) – **S. 26** 1: © Pixelio, Kahnt; 2: © Digitalstock, Lange (RF); 3: © Fotolia, rgbdigital.co.uk (RF); 4: © Fotolia, Fatman73 (RF); 5: © Fotolia, Lye (RF) – **S. 33** 2: © Cornelsen Verlag, Herold; 3: © Fotolia, Pumba (RF) – **S. 35** oben: © Fotolia, ft_photography (RF); Mitte: © Fotolia, moonboard (RF); unten: © Fotolia, bilderbox (RF) – **S. 39** Mitte und rechts: © Verlag Fraus, Karel Brož – **S. 41** oben: © Fotolia, Bürgi (RF); unten: © iStockphoto, monkey business images (RF) – **S. 42** © iStockphoto, Neustockimages (RF) – **S. 44** oben: © Cornelsen Verlag, Herold; unten: © Cornelsen Verlag, Schulz – **S. 49** oben links: © 123RF, Scariya (RF); oben rechts: © Shotshop, danstar (RF); Mitte links: © iStockphoto, Horrocks (RF); Mitte rechts: © Fotolia, Lerich (RF); unten: © Cornelsen Verlag, Herold – **S. 50** links: © iStockphoto, Reid (RF); 2. von links: © iStockphoto, Bas (RF); 2. von rechts: © Getty Images, Robbins (RF); rechts: © iStockphoto, Weibell (RF) – **S. 53** oben links: © Digitalstock, Pobitzer (RF); unten links: © iStockphoto, Fatur (RF); Mitte: © Christian Kielmann; rechts: © Fotolia, Kurhan (RF) – **S. 58** © Cornelsen Verlag, Herold – **S. 59** links: © Fotolia, Nemec (RF); 2. von links: © iStockphoto, O'Claire (RF); 2. von rechts: © Cornelsen Verlag, Herold – **S. 63** Mitte und rechts: © Jin – **S. 64** oben: © Fotolia, Monkey Business (RF); unten: © iStockphoto, Lane (RF) – **S. 66** © Cornelsen Verlag, Herold – **S. 68** unten: © iStockphoto, Jankowska (RF) – **S. 69** oben links: © Fotolia, Kaarsten (RF); 2. von links oben: © Fotolia, mine (RF); 3. von links oben: © Fotolia, photoGrapHie (RF); 3. von rechts oben: © Fotolia, Heim (RF); 2. von rechts: © Fotolia, Adler (RF); rechts: © Fotolia, simonkr (RF); unten links: © Fotolia, Webgalerist (RF); 2. und 3. von links unten: © Fotolia, Reitz-Hofmann (RF); 3. von rechts unten: © Fotolia, Durst (RF) – **S. 73** oben Mitte: © Jin; unten links: © iStockphoto, Legg (RF); unten Mitte: © Fotolia, Fischbach (RF) – **S. 76** oben: © Digitalstock, Hähnel (RF); unten: © Fotolia, Jackson (RF) – **S. 78** oben: © Getty Images, Baxter (RF); Mitte: © Digitalstock, housewife (RF); unten: © iStockphoto, Parnell (RF) – **S. 79** A: © Fotolia, reises (RF); B: © Fotolia, Bcubic (RF); C: © Fotolia, anulu (RF); D: © Fotolia, Albersmann (RF) – **S. 80** oben: © iStockphoto, Cutler (RF); Mitte: Wikimedia Commons, CC Attr. 3.0, © Praefcke – **S. 80/81** Hrsg.: Beauftragter des Senats von Berlin für Integration und Migration: © Gertrud Wagemann – **S. 81** oben: Wikipedia, CC Attr. 3.0, © Gründer – **S. 84** links: © Fotolia, Comtat (RF); 2. von links: © Fotolia, nsphotography (RF); Mitte: © Fotolia, Young (RF); 2. von rechts: © Fotolia, fotofrank (RF); rechts: © Fotolia, Prokop (RF) – **S. 89** oben links: © iStockphoto, Goodwin (RF); unten links: © iStockphoto, Shironosov (RF); oben Mitte: © Gillig Fahrschule; rechts: © Pixelio, Sturm – **S. 90** links: © iStockphoto, btrenkel (RF); 2. von links: © Peschel; Mitte: © iStockphoto, Coenders (RF); 2. von rechts: © Fotolia, Henlisatho (RF); rechts: © Fotolia, Kzenon (RF) – **S. 92** © Internationaler Bund IB – **S. 93** © Cornelsen Verlag, Herold – **S. 94** © Gillig Fahrschule – **S. 95** oben: © iStockphoto, Shironosov (RF) – **S. 99** oben links: © Fotolia, Monkey Business (RF); unten links: © iStockphoto, Schindler (RF); oben Mitte: © Fotolia, Kroener (RF); unten Mitte: © Fotolia, Helgason (RF); oben rechts: © iStockphoto, Phillips (RF); unten rechts: © Fotolia, danielschoenen (RF) – **S. 101** oben: © Techniker Krankenkasse; © BARMER GEK; © BKK; © AOK; © IKK Südwest; unten links: © AOK-Mediendienst; unten rechts: © Fotolia, Saloutos (RF) – **S. 102** oben links: © iStockphoto, nyul (RF); oben rechts: © Fotolia, reklektastudios (RF); unten Mitte: © Fotolia, Duplass (RF); unten rechts: © iStockphoto, Rao (RF) – **S. 104** © Cornelsen Verlag, Herold – **S. 105** oben links: © iStockphoto, Chauvin (RF); oben Mitte: © Fotolia, Cervo (RF); oben rechts: © iStockphoto, Ljubisavljevic (RF); unten rechts: © Fotolia, marioArte (RF) – **S. 109** 1: © Fotolia, Leitner (RF); 2: © Fotolia, Sanders (RF); 3: © iStockphoto, Gregor (RF); 4: © Fotolia, pixelot (RF); 5: © iStockphoto, Chaplin (RF) – **S. 111** oben links: © Fotolia, auremar (RF); oben Mitte: © iStockphoto, Chutka (RF); oben rechts: © iStockphoto, brockwell (RF); unten: © Fotolia, chris74 (RF) – **S. 112** links: © iStockphoto, Hähnel (RF); rechts: © Fotolia, Coburn (RF) – **S. 113** © Fotolia, Fuhr (RF) – **S. 114** © Getty images, Peterson (RF) – **S. 115** © iStockphoto, Gregor (RF) – **S. 119** links: © Cornelsen Verlag, Herold; oben rechts: © Fotolia, Steinbach (RF); unten rechts: © Fotolia, Pfluegl (RF) – **S. 120** oben: © Fotolia, detailblick (RF); unten: © Fotolia, Klementiev (RF) – **S. 123** links: © Fotolia, Bues (RF); rechts: © Cornelsen Verlag, Herold – **S. 124** links: Fotolia, Digitalpress (RF); 2. von links: © Fotolia, Waldteufel (RF); 3. von links: Wikipedia, gemeinfrei, © Krok; 2. von rechts: Wikipedia, GNU, CC Attr. Sha 1.2, © Beyer; oben rechts: © Fotolia, fotoman (RF); unten rechts: © Pixelio, Joujou – **S. 125** links: © Fotolia, Eberle (RF); rechts (kleines Foto): © Pixelio, Sodeikat; rechts (großes Foto): © Fotolia, Kröger (RF) – **S. 129** rechts: © Fotolia, tom (RF) – **S. 130** links: © iStockphoto, Young (RF); 2. von rechts: © iStockphoto, Locke (RF); rechts: © iStockphoto, Yeulet (RF) – **S. 133** unten rechts: © iStockphoto, Shironosov (RF) – **S. 134** © Nachbarschaftshaus Urbanstraße e.V. – **S. 135** oben links: © Fotolia, Duplass (RF); unten links: © Fotolia, deanm1974 (RF); oben rechts: © iStockphoto, Dean (RF); unten rechts: © Fotolia, Pfluegl (RF) – **S. 136** oben links: © iStockphoto, Krinke (RF); oben Mitte: © iStockphoto, Zhorov (RF); oben rechts: © Tenbrock; Mitte links: © Fotolia, Fritzen (RF); Mitte: Deutsch-Indische Kulturgesellschaft Tübingen e.V., © Becker; Mitte rechts: © Pro Asyl; unten links: © Funk; unten Mitte: © Hefuna – **S. 141** links: © iStockphoto, Petkov (RF); 2. von links: © Pixelio, Weiss; Mitte: © Fotolia, rgbdigital.co.uk (RF); 2. von rechts: © Fotolia, Yuganov (RF); rechts: © Pixelio, Morlok – **S. 143** oben links: © Cornelsen Verlag, Herold; 2. von rechts oben: © iStockphoto, Avdeev (RF); 2: © Fotolia, michanolimit (RF) – **S. 144** © Fotolia, Sanders (RF) – **S. 145** rechts: © iStockphoto, Sekulic (RF) – **S. 146** 1: © Fotolia, Bujack (RF); 3 + 5: © Fotolia, Thaut Images (RF); 4: © Fotolia, Häßler (RF); 6: © Fotolia, Engine Images (RF) – **S. 149** © mauritius images, Radius images (RF) – **S. 153** oben links: © iStockphoto, Klaschik (RF);

unten links: © iStockphoto, Martinez (RF); oben rechts: © iStockphoto, Coenders (RF); unten rechts: © iStockphoto, digitalskillet (RF) – **S. 154** oben links: © iStockphoto, Killer (RF); oben rechts: © Fotolia, Herget (RF) – **S. 157** links: © Fotolia, Rodriguez (RF); rechts: © Fotolia, ewolff (RF) – **S. 158** © iStockphoto, Losevsky (RF) – **S. 172** © iStockphoto, Cudic (RF) – **S. 173** © iStockphoto, Fucher (RF) – **S. 178** © Jin – **S. 179** © Digitalstock, Hähnel (RF) – **S. 235** 1: © Fotolia, Ölei (RF); 2: © Fotolia (RF); 3: © Fotolia, zmajdoo (RF); 4: © Fotolia, dinostock (RF); 5: © Fotolia, Pargeter (RF); 6: © Fotolia, Andrushchenko (RF); 7: © Adpic, Baumann (RF); 8: © Fotolia, rgbdigital.co.uk (RF); 9: © Fotolia, cs333 (RF); 10: © Pixelio, Rose; 11: © Fotolia, massi b (RF); 12: © Fotolia, Pfluegl (RF) – **S. 236** © Jahnke GmbH & Co. KG – **S. 237** 1: © Fotolia, Valentin (RF); 2: © Digitalstock, Költzsch (RF); 3: © Fotolia, Kzenon (RF); 4 und 13: © iStockphoto, 1001nights (RF); 5: © Fotolia, ArtmannWitte (RF); 6: © Fotolia, Dmitrijevs (RF); 7: © Fotolia, Winters (RF); 8: © iStockphoto, Yeulet (RF); 9: © iStockphoto, Driedger (RF); 10: © iStockphoto, Gumerov (RF); 11: © iStockphoto, Kashkin (RF); 12: © Fotolia, moonboard (RF); 14: © Fotolia, puje (RF) – **S. 238** oben und 12: © Fotolia, carlos (RF); Mitte: © Fotolia, Hildebrandt (RF); 9: © Fotolia, Patschull (RF); 1: © Fotolia, Oechsner (RF); 2: © Fotolia, yamix (RF); 3: © Fotolia, Jürgens (RF); 4: © Fotolia, Alen-D (RF); 5: © Fotolia, kameramann (RF); 6: © Fotolia, msheldrake (RF) – **S. 239** 1: © Pixelio, Sterzl; 2: © Digitalstock, Leitner (RF); 3: © Fotolia, Panoramo.de (RF); 4: © Fotolia, LianeM (RF); 5: © Fotolia, Rietsch (RF); 6: © Fotolia, Thomas B. (RF); 7: © Fotolia, ArTo (RF); 8: © Fotolia, Balk (RF); 9: © Fotolia, Design4all (RF); 10: © Fotolia, Dragon (RF) – **S. 240** 1. Reihe links: © Fotolia, kai-creativ (RF); 1. Reihe rechts: © Shutterstock, Merlini (RF); 2. Reihe links: © Pixelio, Hauk Medien Archiv; 3. Reihe links: © Fotolia, der twix (RF); 3. Reihe rechts: © Fotolia, Patrizier-Design (RF); 4. Reihe links: © Pixelio, Schütz; 4. Reihe rechts: © Fotolia, Kenckophotography (RF); 5. Reihe links: © Pixelio, BSS; 6. Reihe: © www.dein-allgaeu.de – **S. 241** 1. Reihe: © Pixelio, Patzal; 2. Reihe links: © Fotolia, Teamarbeit (RF); 2. Reihe rechts: © Fotolia, drubig-photo (RF); 3. Reihe links: © iStockphoto, svehlik (RF); 3. Reihe rechts: © Project Photos (RF); 4. Reihe links: © Fotolia, Bogdanski (RF); 4. Reihe rechts: © Fotolia, Kempf (RF); 5. Reihe links: © Fotolia, Bram J. Meijer (RF); 5. Reihe rechts: © Pixelio, gnubier – **S. 242** 1: © iStockphoto, Locke (RF); 2: © iStockphoto, fatur (RF); 3: © Fotolia, luna (RF); 4: © Fotolia, reflektastudios (RF); 6: © iStockphoto, furabolo (RF); 7: © Fotolia, somenski (RF); 8: © Fotolia, Duplass (RF); 9: © iStockphoto, Rao (RF); 10: © Fotolia, Wydmuch (RF); 11: © Fotolia, Eppele (RF); 12: © Fotolia, negrobike (RF); 13: © iStockphoto, nyul (RF); 14: © Fotolia, Sanders (RF); 15: © Fotolia, maennerbeiderarbeit (RF) – **S. 246** oben: © Fotolia, Rochau (RF) – **U3** © Cornelsen Verlag, Dr. V. Binder

S. 9 unten rechts: © picture-alliance/ZB/dpa-Report, Hirschberger – **S. 10** 1: © picture-alliance, Defodi – **S. 12** C: © ullstein bild, phototek – **S. 29** links: © ullstein bild, Meißner; rechts: © picture-alliance/HB-Verlag – **S. 33** 1: © mauritius images, Matthias – **S. 39** links: © picture-alliance/ZB, Büttner – **S. 43** links: © ullstein bild, Pilger-Feiler; rechts: © ullstein bild/CARO, Oberhäuser – **S. 59** rechts: © mauritius images/image broker, Begste – **S. 63** links: © ullstein bild, Schöning – **S. 68** oben: © picture-alliance/dpa/dpaweb/Fotoreport, Ossinger – **S. 73** oben links: © mauritius images, Photononstop; rechts: © picture-alliance/dpa/epa-Bildfunk, Badawi –

S. 80 unten: © ullstein bild, Tollkühn – **S. 81** Mitte: © picture-alliance/dpa/afp; unten: © picture-alliance/Bildagentur Huber, Schmid – **S. 89** unten Mitte: © picture-alliance/ZB, Kalaene – **S. 95** unten: © ullstein bild, sinopictures/Readfoto – **S. 102** unten links: © mauritius images, Walker – **S. 121** © picture-alliance/dpa, Haid – **S. 130** 2. von links: © mauritius images, Raith – **S. 132** © mauritius images, Siepmann – **S. 133** oben links: © ullstein bild/CARO, Oberhäuser; unten links: © picture-alliance/ZB/dpa-Report, Woitas; oben rechts: © mauritius images, Gilsdorf – **S. 136** unten rechts: © picture-alliance/dpa, Matzerath – **S. 143** 2. von links oben: © mauritius images/imagebroker, Hollweck; oben rechts: © ullstein bild, Hackenberg – **S. 145** links: © ullstein bild, photothek – **S. 146** 2: © mauritius images, Ripp – **S. 148** © picture-alliance/ZB, Thieme – **S. 154** unten: © mauritius images, Merten – **S. 242** 5: © mauritius images, Walker – **S. 246** unten: © picture-alliance/dpa, Kumm